KB059714

파괴적
혁신 4.0

파괴적 혁신 4.0

클레이튼 크리스텐슨

김태훈 옮김

Clayton M. Christensen

기업의 생존과 성장을 위한 11가지 핵심 가이드

세종서적

차례

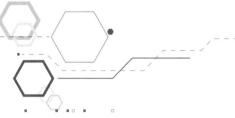

INNOVATION

THE
CLAYTON M.
CHRISTENSEN
READER

클레이튼 크리스텐슨Clayton M. Christensen은 파괴적 혁신 이론의 주창자로 유명하다. 그는 이 이론을 통해 이미 시장에 자리 잡은 대기업들을 향해 기존 사업방식에 너무 익숙해지지 말라고 경고한다. 그가 관찰한 바에 따르면, 대기업들은 이익과 매출을 계속 늘리기 위해 수준 높은 소비자들을 만족시킬 제품을 개발하는 경향을 보인다. 이 전략은 아무리 성공적이더라도 나중에 훨씬 더 큰 시장을 형성할지 모르는 다른 소비자들의 수요를 충족시킬 기회를 간과한다. 그에 따라 신생 기업이 저렴한 가격으로 폭넓게 수용되는 단순한 제품을 출시한다('파괴적 혁신'). 이런 제품은 점진적 혁신을 통해 개선되며, 계속 고가 시장으로 나아가면서 독창적인 기업이 이루는 파괴를 완성한다.

파괴에 대한 크리스텐슨의 연구는 미묘한 의미를 지니며 종종 오해를 받아왔다. 대단히 혁신적인 기술이 모두 '파괴적'이지는 않다(그런데도 언론과 전문가들은 이 단어를 남발한다). 모든 신생 기업이 기존 기업을 이기지는 않는다. 모든 대기업이 파괴에 의해 무너진 것은 아니다. 『허버드 비즈니스 리뷰Harvard Business Review』에 실린 크리스텐슨의 파괴와 관련된 글들을 읽으면 핵심 이론을 비롯해 위협에 대비하고 극복하는 방법을 보다 정확하게 파악할 수 있다.

크리스텐슨이 그려주는 큰 그림 중 많은 부분이 각각의 논문에 담긴 사례 연구에서 나온다. 그는 세심한 이야기꾼이며, 그가 제시하는 사례들은 우화와 같은 역할을 한다. 설득력 있고 인상적인 이 사례들은 독자들이 그의 생각을 해당 산업에서 적용할 수 있는 맥락을 제공한다. 크리스텐슨의 연구 내용을 접한 사람들은 소규모 철강 회사(파괴적인 기업!)의 성공과 디지털 이큅먼트Digital Equipment Corporation, DEC(무너진 기업!)의 운명을 잘 안다. 또한 최고의 밀크셰이크(수행 과제를 지닌 제품)를 만드는 데 필요한 요소와 아이팟iPod이 본격적인 성공을 거둔 MP3 플레이어(혁신적인 사업 모델)인 이유를 안다. 크리스텐슨은 〈11. 당신의 삶을 어떻게 평가할 것인가〉에서 한 유력 CEO가 전략을 바꿔 시장의 하단으로 향하도록 설득한 사례를 들려준다. 다음은 그가 회고한 내용이다.

"만약 그때 그로브의 재촉에 떠밀려 마이크로프로세서 사업에 대해 어떤 생각을 가져야 하는지 말했다면 아마 묵살당했을 것이다. 나는 그에게 무엇을 생각해야 하는지가 아니라 어떻게 생각해야 하는지에 대해 조언했다."

크리스텐슨의 글은 독자들에게도 같은 역할을 한다.

이 책은 『하버드 비즈니스 리뷰』에 실렸던 크리스텐슨의 핵심적이고 영향력 있는 글들을 모은 것이다. 크리스텐슨은 이 글들을 통해 파괴와 관련된 다양한 요소를 살핀다. 이 요소들을 이해하는 일은 전략 팀, 제품개발부, 조직의 리더들에게 대단히 중요하다.

이 책에 실린 글의 목록을 살펴보자.

파괴적 혁신의 위협: 좋은 기업들에 나쁜 일이 생기는 이유를 밝히는 핵심 이론이다. 〈**1. 파괴적 기술: 변화의 물결에 올라타다**〉는 합리적인 태도로 이익을 중시하는 기존 기업들이 파국을 맞는 이유를 밝히는 큰 그림을 그린다. 이 글은 디스크 드라이브를 중심으로 애플Apple과 디지털 이큅먼트를 비롯한 여러 사례를 통해 대기업들이 주시해야 할 패턴이 있음을 보여준다.

조직 구조: 〈**2. 파괴적 변화의 도전에 대한 대응**〉은 파괴를 막는 혁신이 이루어지도록 조직 구조를 구축하는 방법을 설명한다. 크리스텐슨은 독자적인 틀을 내세워 디지털 이큅먼트의 운명이 역전된 양상을 설명한다.

제품 혁신: 〈**3. 마케팅 부진: 원인과 해법**〉은 뛰어난 경영자들이 성공적인 혁신을 이루지 못하는 이유를 살핀다. 여기서 크리스텐슨은 제품 혁신의 원칙이 아니라 조직 및 경영 구조에 초점을 맞춘다. 고객들이 제품을 찾게 만드는 과제('수행 과제')를 이해하면 진정한 가치를 지닌 제품이나 서비스 혹은 브랜드를 개발할 수 있다. 크리스텐슨은 '밀크셰이크' 사

례를 통해 제품 개발자들이 고려해야 할 점들을 보여준다.

재무적 수단: 기존 재무적 유인은 종종 혁신의 매력을 떨어뜨린다. 〈4. **혁신 저해 요소: 재무적 수단이 혁신 역량을 저해하는 양상**〉에서 크리스텐 슨과 공저자들은 할인 현금 흐름, 순 현재 가치, 주당순수익 같은 지표와 더불어 고정비용 및 매몰비용에 대한 태도를 겨냥한다. 그들은 미래 가치 를 고려하는 다른 수단을 활용해서 투자 가치를 평가하라고 권한다.

사업 모델 혁신: 제품 혁신은 필요하지만 진정으로 파괴적인 영향력 을 지니려면 새로운 사업 모델을 통해 시장에 전달되어야 한다. 〈5. **사업 모델 재구성**〉에서 크리스텐슨과 공저자들은 애플의 아이튠즈iTunes부터 CVS의 마이뉴트클리닉스MinuteClinics까지 다양한 사례를 들어 새 사업 모 델이 필요한지 여부와 새 사업 모델을 성공시키는 요소를 파악하는 방법 을 설명한다.

인수합병에서 사업 모델의 역할: 사업 모델을 재구성하려면 때로는 인수 또는 합병에 나서야 한다. 그러나 인수합병의 실패율이 70~90퍼센 트에 이른다. 〈6. **신인수합병 지침서**〉는 인수합병을 추진하는 이유가 명 확하지 않은 것이 실패 요인인 경우가 많다고 설명한다. 기업들은 정말로 사업 모델을 재구성하려는 것인지, 아니면 현 사업 모델을 강화하려는 것 인지 파악해야 한다. 목적이 다르면 적정가 지불부터 직원 및 기타 자원 처리까지 거래를 진행하는 방법도 달라야 한다.

향후 성장 분야 파악: 파괴가 예측된다면 한발 물러서서 시장 전체를 조망해 앞으로 어떤 변화가 일어날지 내다볼 수 있어야 한다. 〈7. **돈이 생**

길 곳으로 달려가라〉는 시장과 산업의 진화 패턴을 설명해 다음 수익원을 예측하는 데 도움을 준다. 이런 예측을 해야만 같은 부문에 속한 다른 기업들에 뒤처지지 않는다.

확장 가능한 핵심: 어디서 중대한 위협이 발생할지 어떻게 알 수 있을까? 〈**8. 파괴에서 살아남기**〉는 잠재적인 파괴적 기업의 사업 모델이 지닌 힘과 함께 기존 기업이 지닌 상대적 우위를 계산하고 어떤 조건에서 파괴적 기업의 우세를 막을 수 있는지 파악하는 데 도움을 준다. 크리스텐슨과 공저자들은 수행 과제 이론을 토대로 '확장 가능한 핵심' 개념을 소개한다. 이는 파괴적 기업의 사업 모델 중에서 고가 시장으로 올라오면서 기존 기업의 사업 영역을 잠식할 수 있는 부분을 가리킨다.

파괴적 혁신 재확인: '파괴적 혁신'이라는 말로 요약되는 생각들은 해당 개념이 처음 제시된 이래 20년 동안 비즈니스와 관련된 사고에서 강력한 요소가 되었다. 그러나 지금은 잘못 이해되고 적용되는 바람에 유용성을 잃을 위험에 처했다. 〈**9. 파괴적 혁신이란 무엇인가: 20년 후 살펴보는 파괴적 혁신 이론의 현재**〉에서 크리스텐슨과 공저자들은 근본 개념을 재확인하고, 정확하게 활용하는 일의 중요성을 보여주며, 20년 동안 현장에서 적용하는 과정에서 얻은 교훈을 나눈다.

좋은 경영 이론의 조건: 우리는 현실을 파악하는 과학적 방법론을 통해 비즈니스 이론을 검증함으로써 해당 이론이 정말로 미래를 예측하는 데 도움이 되는지 가늠할 수 있다. 〈**10. 냉철한 경영자들이 경영 이론을 신경 써야 하는 이유**〉는 구체적인 상황에서 경영 이론이 유효한지 잘 알 수 있도록 더욱 엄격하게 검증해야 한다고 주장한다.

개인적 전략: 크리스텐슨은 연구 범위를 개인적 영역으로 확장해 가끔 좋은 사람들에게 나쁜 일이 생기는 이유는 삶에 대한 전략이 없기 때문이라고 주장한다. 〈11. 당신의 삶을 어떻게 평가할 것인가〉에서 그는 비즈니스 분야의 개념들을 빌려와 지속적인 만족감을 주는 방식으로 경력과 개인적 삶을 관리하라고 조언한다.

크리스텐슨은 경영자의 역할을 미래 성장을 위한 토대를 놓는 것이라고 본다. 그러기 위해서는 파괴적 혁신과 그 위협을 이해할 뿐 아니라 계속 진화하는 기술, 산업, 고객들을 따라잡을 수 있도록 팀과 조직을 이끄는 방법을 알아야 한다.

– 『하버드 비즈니스 리뷰』 편집진 일동

THE
CLAYTON M.
CHRISTENSEN
READER

"
파괴적 혁신에 대한
크리스텐슨의 주요 연구 중
최고만을 한자리에 모으다 "

1. 파괴적 기술

: 변화의 물결에 올라타다

– 클레이튼 크리스텐슨, 조지프 바워

비즈니스에서 가장 일관된 패턴 중 하나는 기술이나 시장이 변할 때 선도적 기업들이 업계 선두를 유지하지 못하는 것이다. 굿이어Goodyear와 파이어스톤Firestone은 레이디얼 타이어 시장에 상당히 늦게 진입했다. 제록스Xerox는 캐논Canon이 소형 복사기 시장을 창출하도록 허용했다. 뷰사이러스이리Bucyrus-Erie는 캐터필러Caterpillar와 디어Deere가 굴착기 시장을 장악하도록 허용했다. 시어스Sears는 월마트Wal-Mart에 시장을 내주었다.

이런 실패의 패턴은 특히 컴퓨터 산업에서 뚜렷하게 드러난다. IBM은 메인프레임 시장을 지배했으나 기술적으로 훨씬 단순한 미니컴퓨터의 부상을 오랫동안 간과했다. 디지털 이큅먼트는 백스VAX 아키텍처 같은 혁신을 통해 미니컴퓨터 시장을 지배했지만, 개인용 컴퓨터 시장을 거의 완전히 놓치고 말았다. 애플 컴퓨터는 개인용 컴퓨터 세계를 선도하면서 사용자 친화적인 컴퓨터의 표준을 세웠으나 휴대용 컴퓨터를 시장에 내놓는 데는 선도주자들보다 5년이나 뒤졌다.

왜 이 기업들은 현재 고객들을 유지하는 데 필요한 기술에는 공격적으로(그리고 성공적으로) 투자하면서 미래 고객들이 요구할 수 있는 다른 기술에 투자할 필요성을 확인하지 못했을까? 당연히 관료주의, 오만함, 무기력한 경영진, 부실한 계획, 단기적 투자 기한 등이 영향을 미쳤을 것이다. 그러나 역설의 핵심에 더욱 근본적인 원인이 있다. 그 역설은 선도적 기업들이 가장 보편적이고 가치 있는 경영신조를 신봉한다는 것이다. 그래서 그들은 고객들 곁에 머무른다.

대다수 경영자는 자신이 주도권을 가진다고 생각한다. 그러나 고객은 기업의 투자 방향을 결정하는 데 상당한 영향력을 발휘한다. 경영자들은 신기술을 도입하거나, 신제품을 개발하거나, 공장을 세우거나, 새 유통망을 구축하기 전에 고객 먼저 살펴야 한다. 고객이 원하는지, 시장은 얼마나 클지, 수익성이 있는지 등을 가늠해야 한다. 이런 문제에 기민하게 답할수록 고객의 필요에 맞는 투자가 이뤄진다.

회사를 잘 경영하려면 이렇게 해야 하지 않을까? 하지만 고객들이 기존 접근법보다 효율적으로 수요를 충족하지 못한다는 이유로 새로운 기술이나 제품 콘셉트 혹은 사업방식을 거부하면 어떻게 될까? 제록스의 고객 기반 중 핵심을 차지한 대규모 복사집들은 작고 느린 복사기를 쓸 일이 없었다. 뷰사이러스이리의 대형 증기식 디젤 엔진 굴착기에 의존하

핵심 정리

굿이어, 제록스, 뷰사이러스이리, 디지털 이큅먼트는 모두 업계를 선도하는 기업이었으나 기술이나 시장이 크게 변할 때 선두를 유지하지 못했다. 이 사실만으로도 충분히 놀랍다. 그러나 실패 원인은 더욱 놀랍다. 거기에 따르면 성공적인 기업들이 현재 빠르게 변화하는 고객의 필요에 대응하기 위해 활용하는 절차 자체가 시장을 변화시키는 기술이 등장할 때 그들을 대단히 취약하게 만든다.

산업을 혁신시킬 잠재력을 지닌 기술이 등장할 때 기존 기업들은 대개 해당 기술에 별다른 매력을 느끼지 못한다. 주류 고객들이 원하는 것이 아니고, 기대 수익이 대기업의 비용 구조를 감당하기에 충분하지 않기 때문이다. 그 결과 신기술은 최고 고객들에게 지금 인기를 끄는 기술에 밀려 간과된다. 이때 다른 기업이 나타나 새로운 시장에서 혁신을 일으킨다. 파괴적 기술이 이 시장에서 자리 잡으면 소규모 혁신이 해당 기술의 성능을 빠르게 개선한다. 그에 따라 주류 고객들이 중시하는 속성을 갖추게 된다.

다음에 일어나는 일은 승리로 이어지는 신속한 외통수와 비슷하다. 신기술은 기존 시장에 침입한다. 고정비가 많이 들고 이윤을 많이 남겨야 하는 기존 기업들이 잠에서 깨어나 커피 향기를 맡을 무렵이면 이미 그 경쟁우위를 당해낼 수 없다.

던 건설업체들은 초기에 작고 힘이 부족하던 유압식 굴착기를 원하지 않았다. IBM의 상업, 정부, 산업 부문 대형 고객들은 미니컴퓨터의 용도를 인식하지 못했다. 각각의 경우 기업들은 고객의 말을 들었고, 고객들이 원하는 제품 성능을 제공했다. 그러나 결국 고객들이 무시하게 만든 기술 때문에 타격을 입고 말았다.

기술 변화에 직면한 다양한 산업을 선도하던 기업들을 지속적으로 살

실행 방법

여기서 중요한 것은 개념의 구분이다.

- **존속적 혁신**Sustaining Innovation은 꾸준히 제품을 개선하는 것이다.

- **파괴적 혁신**Disruptive Innovation은 대개 현재 고객들에게 중요한 여러 측면과 더불어 성능을 희생시키는 대신 (아직) 중시되지 않는 다른 속성들을 제공한다. 이 새로운 속성들은 완전히 다른 시장을 열 수 있다. 예를 들어 소니의 초기 트랜지스터라디오는 음질을 희생시켰지만 휴대용 소형 라디오 시장을 새롭게 열었다.

주류 고객에게 계속 초점을 맞추는 전략은 확실히 효과가 좋다. 하지만 파괴적 기술을 간과하기 쉽다. 그 결과는 단지 기회를 놓치는 것보다 훨씬 파국적일 수 있다. 1976년에 존재하던 하드디스크 드라이브 전문 기업 중 지금 남아 있는 업체가 하나도 없다는 사실이 이 점을 말해준다.

기존 기업들이 파괴적 혁신을 놓치지 않으려면 보다 소소한 규모로 혁신을 파악하고 육성하는 방법을 익혀야 한

핀 결과 이 패턴이 거듭 확인되었다. 확고한 입지를 갖추고 잘 경영되는 기업들은 점진적 개선부터 새롭고 획기적인 접근법까지 신기술을 개발하고 상업화하는 일에서 꾸준하게 업계를 선도한다. 해당 기술이 고객들이 바라는 차세대 성능을 충족하는 한 말이다. 그러나 초기에는 이 기업들이 주류 고객들의 필요를 충족하지 못하고 소규모 시장 혹은 신규 시장에만 어필하는 신기술을 상업화하는 일을 선도하는 경우가 드물다.

잘 경영되는 대다수 기업이 개발한 합리적이고 분석적인 투자 절차를 따르면 기존 시장에서 확인된 고객의 필요에서 사소해 보이거나 아직 존

다. 그렇게 되면 소규모 주문도 의미를 지니고, 모호한 시장도 성장할 시간을 얻는다. 또한 고정비가 충분히 낮아 일찍 이익을 낼 수 있다. 다음은 이를 위한 4단계 지침이다.

1. **기술이 존속적인지 파괴적인지 파악하라.** 마케팅이나 재무 인력이 아니라 기술 인력에게 어떤 기술이 시장을 혁신할 잠재력을 지녔는지 물어보라.

2. **파괴적 기술의 전략적 중요성을 정의하라.** 존속적 기술만 신경 쓰는 최고 고객들에게는 이 질문을 던지지 마라.

3. **파괴적 기술을 위한 초기 시장을 찾아라.** 시장이 아직 존재하지 않는다면 전통적인 시장조사로는 필요한 정보를 얻을 수 없다. 제품과 시장을 대상으로 빠르고, 저렴하게, 반복적으로 실험을 하라.

4. **파괴적 기술을 독립적으로 관리하라.** 파괴적 기술이 성공하려면 회사의 자원을 놓고 기존 제품과 경쟁시키지 말아야 한다.

재하지 않는 시장이나 고객으로 자원을 돌릴 근거를 찾기가 거의 불가능하다. 어차피 기존 고객의 '필요'를 충족하고 경쟁자를 물리치는 일에 회사가 보유한 모든 자원이 투입되기 마련이다. 잘 경영되는 기업의 경우 고객의 필요를 파악하고, 기술적 추세를 예측하고, 수익성을 평가하고, 여러 투자 부문에 걸쳐 자원을 배분하고, 신제품을 시장에 선보이는 데 쓰이는 절차는 정당한 이유에 따라 현재 고객과 시장에 초점을 맞춘다. 이 절차는 고객의 필요에 대응하지 않는 제품과 기술을 걸러내도록 설계되어 있다.

실제로 기업들이 주류 고객에게 초점을 맞추기 위해 활용하는 절차와 인센티브가 너무나 잘 작동해 신규 시장에서 부상하는 중요한 신기술을 보지 못하게 만들었다. 많은 기업이 초기에 주류 고객의 필요를 충족하지 못하는 신기술을 간과한 대가를 치렀다. 예를 들어 1980년대 초반에 개인용 컴퓨터는 주류 미니컴퓨터 사용자들의 '요구'를 충족하지 못했다. 그러나 데스크톱 컴퓨터의 성능은 미니컴퓨터 사용자들의 요구보다 훨씬 빠른 속도로 개선되었다. 그 결과 개인용 컴퓨터가 왕Wang, 프라임Prime, 닉스도프Nixdorf, 데이터 제너럴Data General, 디지털 이큅먼트의 고객들이 요구하는 성능을 따라잡았다. 지금은 수많은 용도에서 미니컴퓨터와 성능 경쟁을 벌이는 수준에 이르렀다. 미니컴퓨터 제조사 입장에서 볼 때 계속 주류 고객 곁에 머무는 한편 신규 시장에서 소규모 고객들이 쓰는 저성능 데스크톱 기술을 무시하는 것은 합리적인 결정이었다. 그러나 이 결정이 결국 파국을 불러왔다.

기존 기업을 무너뜨리는 기술 변화는 대개 '기술적' 관점에서 볼 때 획기적으로 새롭거나 다르지 않다. 다만 두 가지 중요한 특성을 지닌다. 첫째, 대개 다른 성능 속성을 제공한다. 대체로 기존 고객들은 처음엔 이 속성을 중시하지 않는다. 둘째, 기존 고객들이 중시하는 성능 속성도 대단히 빠른 속도로 개선된다. 그래서 나중에는 신기술이 기존 시장까지 침범한다. 이 시점이 되어서야 주류 고객들은 신기술에 대한 욕구를 갖는다. 하지만 안타깝게도 기존 기업들이 대응하기엔 너무 늦어버린다. 신기술 개척자들이 이미 시장을 지배해버리기 때문이다.

따라서 이 범주에 해당하는 신기술을 먼저 포착할 수 있어야 한다. 그런 다음 신기술을 개발하고 상업화하기 위해 기존 고객에게 맞춘 절차와 인센티브로부터 보호해야 한다. 그러기 위한 유일한 방법은 주류 사업에서 독립된 조직을 만드는 것이다.

하드디스크 드라이브 산업만큼 고객에게 지나치게 가까이 머무는 일의 위험성을 극적으로 보여주는 사례도 없다. 1976년부터 1992년 사이 디스크 드라이브의 성능이 정말 놀라운 속도로 개선되었다. 100메가바이트(MB) 디스크의 크기는 5,400세제곱인치에서 8세제곱인치로, 1MB당 비용은 560달러에서 5달러로 줄었다. 물론 기술 변화가 이런 놀라운 성취를 이끌었다. 그중 약 절반은 디스크 드라이브의 성능을 계속 개선하는 데 필수적인 일련의 획기적 진전에서 나왔고, 나머지 절반은 점진적 진전에서 나왔다.

디스크 드라이브 산업의 패턴이 다른 많은 산업에서 반복되었다. 업계를 선도하는 기존 기업들은 고객들이 요구하는 신기술을 개발하고 적용하는 일을 꾸준히 이끌었다. 해당 기술이 이미 보유 중인 기술과 완전히 다른 기술 역량 및 제조 역량을 요구할 때도 예외가 아니었다. 그러나 적극적인 자세로 기술 개발에 임했음에도 불구하고 그 어떤 디스크 드라이브 제조사도 오랫동안 시장을 지배하지 못했다. 일련의 기업들이 시장에 들어와 두각을 드러냈으나 처음에는 주류 고객의 필요를 충족시키지 못하는 기술을 추구한 신생 기업들에 밀려났다. 그 결과 1976년에 존재한 디스크 드라이브 전문 기업 중 지금까지 살아남은 업체는 하나도 없다.

특정한 기술적 혁신이 산업에 미치는 영향의 차이를 설명하려면 '성능 궤적performance trajectories'이라는 개념이 유용하다. 이 개념은 시간이 흐름에 따라 제품의 성능이 개선되는 양상을 말한다. 거의 모든 산업에는 중요한 성능 궤적이 있다. 기계식 굴착기의 경우엔 세제곱미터 단위로 1분당 옮길 수 있는 흙의 양을 늘리는 것이 중요하고, 복사기의 경우엔 1분당 복사량을 늘리는 것이 중요하며, 디스크 드라이브의 경우엔 저장 용량을 늘리는 것이 중요하다. 같은 크기의 디스크 드라이브를 기준으로 저장 용량이 해마다 평균 50퍼센트씩 늘어났다.

기술적 혁신은 다양한 방식으로 성능 궤적에 영향을 미친다. 반면에 '존속적' 기술은 개선율이 일정하다. 즉, 고객들이 이미 중시하는 속성들을 조금 낫게 만든다. 예를 들어 1982년에서 1990년 사이 전통적인 페라이트 헤드ferrite heads와 산화 디스크를 대체한 박막 부품들은 디스크에 정보를 더욱 촘촘하게 기록할 수 있도록 해주었다. 엔지니어들은 페라이트 헤드와 산화 디스크로 짜낼 수 있는 성능의 한계를 밀어붙이려 애썼다. 그러나 이 기술을 쓰는 디스크는 S자 곡선 형태를 따르는 자연적 한계에 이른 것처럼 보였다. 이때 새로운 박막 기술이 부상해 성능 개선의 역사적 궤적을 보존 혹은 유지했다.

다른 한편 '파괴적' 기술은 주류 고객들이 역사적으로 중시하는 것과 완전히 다른 속성 패키지를 제공한다. 이 속성 패키지는 대개 주류 고객들에게 특히 중요한 한두 가지 측면에서 성능이 훨씬 뒤떨어진다. 당연히 주류 고객들은 자신이 알고 이해하는 용도에서는 파괴적 제품을 쓰지 않으려 한다. 파괴적 기술은 초기엔 새로운 시장이나 용도에서만 활용되고 가치를 지닌다. 실제로 파괴적 기술이 새로운 시장을 떠오르게 만드는 경우가 많다. 예를 들어 소니의 초기 트랜지스터라디오는 음질을 희생시켰지만 작은 크기와 가벼운 무게, 휴대성 같은 새롭고 다른 속성 패키지를 제공해 휴대용 라디오 시장을 열었다.

하드디스크 드라이브 산업의 역사에서 선도 기업들은 파괴적 기술의 변화가 일어날 때마다 쓰러졌다. 디스크 드라이브 지름이 14인치에서 8인치, 5.25인치를 거쳐 마침내 3.5인치로 줄어드는 과정이 거기에 해당한다. 신형 아키텍처는 초기에 기존 시장을 이루는 일반 사용자들이 요구하는 것보다 훨씬 작은 저장 용량을 제공했다. 예를 들어 8인치 드라이브는 처음 출시되었을 때 20MB를 제공했는데 당시 핵심 시장인 메인프레임이 요구하는 용량은 보통 200MB였다. 당연히 선도적인 컴퓨터 제조사들은 8인치 아키텍처를 거부했다. 그 결과 200MB 이상의 14인치 드라이브에 주력하던 공급업체들은 파괴적인 제품을 적극적으로 개발하지 않았다. 5.25인치와 3.5인치 드라이브가 부상할 때도 이 패턴이 반복되었다. 기존 컴퓨터 제조사들은 용량 부족을 이유로 신제품을 거부했고, 뒤이어 디스크 드라이브 공급업체들도 같은 태도를 취했다.

그러나 파괴적인 소형 아키텍처들은 저장 용량이 적기는 하지만 다른 중요한 속성들을 만들어냈다. 내부 전력 공급과 작은 크기(8인치), 더 작은 크기와 저비용 스텝 모터stepper motors(5.25인치), 내구성과 가벼운 무게 그리고 낮은 전력 소비(3.5인치)가 그런 속성들이었다. 1970년대 후반부터

1980년대 중반까지 세 가지 드라이브가 출시되면서 각각 미니컴퓨터, 데스크톱 PC, 휴대용 컴퓨터를 위한 새로운 시장이 개발되었다.

드라이브의 크기가 작아진 것은 파괴적 기술 변화에 해당하지만 각각의 경우는 기술적으로 단순했다. 실제로 여러 선도 기업의 엔지니어들은 경영진의 공식적인 승인이 떨어지기 전에 신기술 개발을 추진했으며, 여유 자원으로 시제품을 만들었다. 그러나 선도 기업들은 시기적절하게 신제품을 개발하고 출시할 수 없었다. 파괴적 기술이 부상할 때마다 기존 제조사의 2분의 1에서 3분의 2는 새로운 아키텍처를 활용하는 모델을 출시하지 못했다. 중요한 존속적 기술을 시기적절하게 개발하던 것과는 극명하게 대비되는 현상이었다. 기존 기업들은 겨우 신모델을 출시해도 대개 신생 기업보다 2년 정도 뒤처졌다. 제품 주기가 종종 2년에 불과한 산업에서는 엄청난 격차였다. 세 번에 걸친 신생 기업들의 진입이 이런 혁신을 이끌었다. 그들은 먼저 새로운 시장을 확보한 다음 주류 시장에서 선도 기업들의 왕좌를 빼앗았다.

처음에는 기존 기술보다 열등하고 새로운 시장에서만 유용하던 기술이 어떻게 결국에는 기존 시장에서 선도 기업들을 위협하는 것일까? 파괴적 아키텍처가 새로운 시장에서 자리 잡으면 존속적 혁신이 각 아키텍처의 성능을 가파른 궤적으로 끌어올렸다. 이 궤적은 각 아키텍처의 성능이 곧 기존 시장에 속한 소비자들의 필요를 충족시킬 만큼 가팔랐다. 예를 들어 1980년에 5.25인치 디스크의 저장 용량은 미니컴퓨터 시장에서 필요로 하는 용량보다 훨씬 부족한 5MB에 불과했다. 그러나 1986년

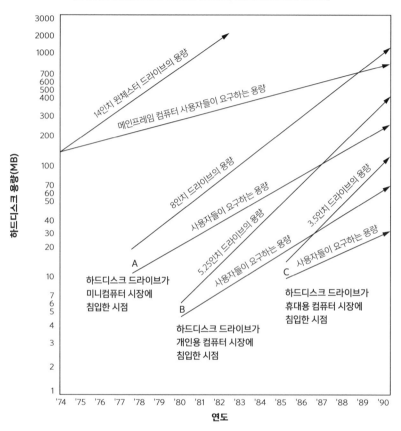

까지 미니컴퓨터 시장에서, 1991년까지 메인프레임 시장에서 본격적인 성능 경쟁을 벌이는 수준으로 올라섰다(그림 '디스크 드라이브의 성능이 시장의 필요를 충족한 과정' 참조).

회사의 매출과 비용 구조는 기술 혁신 계획을 평가하는 데 중요한 역할을 한다. 대체로 파괴적 기술은 기존 기업 입장에서 보면 재무적으로 매력이 떨어진다. 해당 시점에서 파악된 시장에서 기대할 수 있는 매출은 적고, 장기적으로 시장이 얼마나 성장할지 예측하기도 어렵다. 그 결과 경영자들은 대개 해당 기술이 회사의 성장에 의미 있는 기여를 할 수 없으며, 따라서 개발에 필요한 노력을 기울일 가치가 없다고 판단한다. 게다가 기존 기업들은 종종 존속적 기술을 개발하기 위해 파괴적 기술을 개발하는 데 필요한 비용 구조보다 더 높은 비용 구조를 구축한다. 그 결과 경영자들은 파괴적 기술을 개발할지 결정할 때 두 가지 선택지를 갖는다. 파괴적 기술이 초기에 공략하는 '저가 시장'으로 진입해 낮은 이윤을 얻는 것과 존속적 기술을 통해 '고가 시장'으로 진입해 매력적인 높은 이윤을 얻는 것이다(예를 들어 IBM이 메인프레임으로 얻는 이윤은 여전히 PC에서 얻는 이윤보다 높다). 기존 시장을 공략하는 기업에서 합리적인 자원 배분 절차를 따른다면 저가 시장이 아니라 고가 시장을 선택할 수밖에 없다.

　반면 신규 시장에서 파괴적 기술을 추구한 기업의 경영자들은 완전히 다른 관점을 취한다. 기존 기업처럼 높은 비용 구조를 취하지 않는 신생 기업들에는 신규 시장이 충분히 매력적이다. 그들이 신규 시장에서 발판을 마련하고 파괴적 기술이 제공하는 성능을 개선한 후에는 높은 비용 구조를 취한 기업들이 공략하는 고가 시장도 가시권에 들어온다. 신생 기업들이 본격적인 공략에 나서면 미처 대비하지 못한 기존 기업들은 손쉬운 상대가 된다. 아래에서 올라오는 위협을 무시하고 위만 바라보기 때문이다.

　이 시점에서 논의를 중단하고 좋은 교훈을 얻었다고 결론지을 수도 있다. 그 교훈은 현재 고객들의 필요를 충족하지 않는다고 해도 파괴적 잠재력을 지닌 기술에 세심하게 주의를 기울여야 다음에 일어날 변화의 물결을 놓치지 않는다는 것이다. 그러나 패턴을 인식하는 것과 그 패턴을 깨는 법을 아는 것은 완전히 다른 문제다. 신기술로 무장한 신생 기업들이 세 차례에 걸쳐 연속적으로 기존 시장을 침범했지만 디스크 드라이브 산업의 기존 기업들은 앞서 쓰러진 다른 기업들을 보고도 아무런 교훈을 얻지 못했다. 경영진의 단견이나 부실한 선견지명으로는 그 실패를 설명할 수 없다. 문제는 경영진이 과거에 통했던 일을 계속한다는 것이다. 빠르게 커지는 현재 고객들의 수요를 충족하는 일 말이다. 잘 경영되는 성공적인 기업들이 여러 프로젝트에 걸쳐 자원을 배분하기 위해 개발한 절차는 현재 고객들이 원하지 않고 이윤이 매력적이지 않은 프로젝트에 자원을 투입할 수 '없게 한다'.

신기술 개발을 관리하는 일은 회사의 투자 절차와 긴밀하게 연관되어 있다. 용량을 늘리거나 새로운 제품 혹은 절차를 개발하는 것 같은 전략적 프로젝트는 대개 조직의 하부에 있는 엔지니어링 그룹이나 프로젝트 팀에서 준비한다. 이후 회사는 분석적 기획 및 예산 체계를 활용해 여러 프로젝트 중에서 투자 대상을 고른다. 신규 시장에서 신사업을 일구는 제안은 가치를 평가하기가 대단히 어렵다. 시장 규모에 대한 추정치가 확실하지 않기 때문이다. 경영자들은 올바른 베팅을 통해 능력을 평가받는다. 그래서 잘 경영되는 기업의 경우 중간급 및 최상급 관리자들은 확실한 시장을 겨냥하는 프로젝트를 밀어줄 수밖에 없다. 그들은 훈련받은 대로 선도적 고객들 곁에 머물면서 수익성이 보장된 수요를 충족하는 데 자원을 집중한다. 이미 확보된 고객들이 원하는 것을 제공하면 위험성이 줄고 경력이 보호되기 때문이다.

시게이트 테크놀로지Seagate Techonology의 사례는 이런 자원 배분 절차를 토대로 파괴적 기술을 평가하는 데 따른 대가를 보여준다. 캘리포니아 스코츠 밸리에 자리한 시게이트는 공격적인 경영을 통해 어느 모로 보나 마이크로일렉트로닉스microelectronics 산업의 역사에서 큰 성공을 거둔 회사다. 1980년에 설립된 시게이트의 매출은 1986년까지 7억 달러 넘는 수준으로 성장했다. 시게이트는 5.25인치 하드디스크 드라이브의 개발을 선도했으며, IBM 및 IBM 호환 개인용 컴퓨터 제조사의 주요 공급업체였다. 또한 1980년대 중반에 파괴적 기술인 3.5인치 드라이브가 부상할 무렵에는 5.25인치 드라이브 시장을 선도하는 제조사였다.

시게이트의 엔지니어들은 업계 두 번째로 3.5인치 드라이브 시제품을 개발했다. 회사의 자금 지원이 충분하지 않은 상황에서도 1985년 초에 이미 80여 종이나 개발되었다. 엔지니어들은 신모델을 핵심 시장 담당 임원들에게 제시했다. 관련 업계 잡지들은 시게이트가 3.5인치 드라이브를 적극적으로 개발한다고 보도했다. 그러나 시게이트의 핵심 고객인 IBM 및 다른 AT급 개인용 컴퓨터 제조사들은 신형 드라이브에 아무런 관심을 보이지 않았다. 그들은 차세대 모델에 40MB와 60MB 드라이브를 장착하고 싶어 했다. 시게이트의 3.5인치 시제품은 용량이 10MB에 불과했다. 그에 따라 시게이트의 마케팅 임원들은 새로운 디스크 드라이브의 판매 예상치를 낮췄다.

한편 제조 및 재무 담당 임원들은 3.5인치 드라이브가 지닌 다른 단점을 지적했다. 그들의 분석에 따르면 신형 드라이브는 고객사들이 디스크 드라이브를 평가할 때 활용하는 주요 지표인 메가바이트당 비용 측면에서 5.25인치 아키텍처와 경쟁할 수 없었다. 시게이트의 비용 구조를 고려할 때 용량이 작은 제품보다 용량이 큰 5.25인치 모델의 이윤이 훨씬 높을 것으로 보였다.

고위 관리자들은 합리적인 관점에서 3.5인치 드라이브가 신제품에서 바라는 판매량과 이윤을 제공하지 못할 것이라고 판단했다. 시게이트의 전직 마케팅 임원은 이렇게 회고한다.

"생명주기가 끝나가는 ST412(3억 달러 이상의 연 매출을 올리는 5.25인치 드라이브)를 대체할 신모델이 필요했습니다. 당시에는 3.5인치 시장의 전체 규모가 5,000만 달러였어요. 3.5인치 드라이브는 매출이나 이익 측면에서 많이 미흡했죠."

3.5인치 드라이브의 본격적인 출시를 미룬 것은 시게이트가 혁신에 안일했기 때문이 아니다. 시게이트는 빠른 속도로 5.25인치 드라이브의 신모델들을 선보였으며, 그 과정에서 제조 설비 중 상당 부분이 쓸모없게 되는데도 불구하고 인상적인 기술적 개선을 이루었다.

시게이트가 개인용 컴퓨터 시장에 신경을 집중하느라 3.5인치 드라이브의 출시를 미루는 데 불만을 품은 사람들은 회사를 떠나 코너 페리퍼럴스Conner Peripherals를 차렸다. 코너는 휴대용 컴퓨터와 소형 데스크톱 제품을 만드는 회사에 3.5인치 드라이브를 판매하는 데 주력했다. 주요 고객은 시게이트가 한 번도 거래한 적 없는 컴팩 컴퓨터Compaq Computer였다. 시게이트는 여전히 사업이 잘되었고, 코너가 다른 속성(내구성, 물리적 크기, 무게)을 중시하는 고객들에게 집중했기 때문에 별다른 위협을 느끼지 못했다.

그러나 코너는 휴대용 컴퓨터 시장을 교두보로 확보한 뒤 해마다 50퍼센트씩 3.5인치 드라이브의 저장 용량을 늘려갔다. 결국 1987년 말에는 주류 개인용 컴퓨터 시장에서 요구하는 수치에 이르렀다. 그제야 시게이트는 코너뿐 아니라 3.5인치 드라이브 시장을 개척하던 다른 신생 기업인 퀀텀 코퍼레이션Quantum Corporation의 '방어 기제'로서 3.5인치 드라이브를 출시했다. 그러나 이미 늦은 뒤였다.

시게이트는 강력한 경쟁에 직면했다. 한동안은 일반 개인용 컴퓨터의 제조사와 유통사를 비롯한 기존 고객들에게 3.5인치 드라이브를 판매하면서 시장을 방어할 수 있었다. 사실 3.5인치 제품 중 상당수는 고객사들이 5.25인치용으로 설계된 컴퓨터에 장착할 수 있도록 별도 프레임을 단 채로 납품되었다. 그러나 결국 시게이트는 새로운 휴대용 컴퓨터 시장에서 고전을 거듭하다 2급 납품업체로 전락하고 말았다.

반면 코너와 퀀텀은 새로운 휴대용 컴퓨터 시장에서 지배적 입지를 구축한 뒤 3.5인치 제품을 설계하고 제조하는 역량을 토대로 개인용 컴퓨터 시장에서 시게이트를 몰아내기 시작했다. 1994년 기준, 코너와 퀀텀의 매출을 합친 금액은 무려 50억 달러에 이르렀다.

시게이트가 신제품 출시 시기를 놓친 것은 파괴적 기술이 부상할 때 기존 기업들에서 전형적으로 나타나는 모습이다. 시게이트는 재무적 요건을 충족할 만큼 3.5인치 드라이브 시장이 커진 후에야, 즉 기존 고객들이 신기술을 원할 무렵이 되어서야 제품을 출시했다. 그나마 1990년에 컨트롤 데이터 코퍼레이션Control Data Corporation, CDC의 디스크 드라이브 사업부를 기민하게 인수한 덕분에 계속 생존할 수 있었다. 시게이트는 CDC의 기술적 기반을 자사의 대량 생산 역량과 결합해 고가 컴퓨터를 위한 대용량 드라이브 시장에서 강력한 입지를 구축했다. 하지만 개인용 컴퓨터 시장에서의 위상은 이전보다 많이 낮을 수밖에 없었다.

파괴적 기술이 부상할 때 규모나 성공에 따른 장애물을 넘어서는 기업이 드문 것은 놀랄 일이 아니다. 그러나 충분히 넘어설 수 있다. 파괴적 기술을 포착하고 육성하는 방법이 있다.

기술이 존속적인지 파괴적인지 파악한다. 첫 단계는 떠오르는 수많은 기술 중에서 무엇이 파괴적이고 무엇이 진정한 위협인지 판단하는 것이다. 대다수 기업은 존속적 기술의 진전을 확인하고 관리하는 절차를 잘 갖추고 있다. 현재 고객을 섬기고 지키는 데 그것이 중요하기 때문이다. 그러나 파괴적 잠재력을 지닌 기술을 파악하고 관리하는 체계적 절차를 갖춘 기업은 드물다.

파괴적 기술을 파악하는 한 가지 방법은 새로운 제품이나 기술의 개발을 놓고 내부에서 일어나는 의견 충돌을 살피는 것이다. 누가 해당 프로젝트를 지지하고 누가 지지하지 않는가? 마케팅 및 재무 책임자들은 각각의 인센티브 때문에 파괴적 기술을 거의 지지하지 않는다. 반면 뛰어난 실적을 지닌 기술 책임자들은 핵심 고객과 마케팅, 재무 부서가 반대하는데도 불구하고 해당 기술을 위한 새로운 시장이 부상할 것이라고 주장하는 경우가 많다. 두 집단 간 의견 충돌은 종종 최고위 관리자들이 살펴야 할 파괴적 기술을 말해준다.

　파괴적 기술의 전략적 중요성을 정의한다. 다음 단계는 파괴적 기술의 전략적 중요성에 대해 적절한 사람에게 적절한 질문을 던지는 것이다. 파괴적 기술은 전략 검토 단계에서 초기에 지체되는 경우가 많다. 경영자들이 잘못된 질문을 던지거나, 올바른 질문이라도 잘못된 사람에게 묻기 때문이다. 예를 들어 기존 기업들은 주류 고객, 특히 새로운 아이디어를 실제로 검증하는 중요한 고객을 대상으로 정기적인 설문을 통해 혁신적인 제품의 가치를 평가하는 절차를 갖추고 있다. 이때 제품의 성능을 높여 경쟁자를 따돌리려고 애쓰는 고객들이 대상으로 선정된다. 그들은 납품업체로부터 최고의 성능을 요구받을 가능성이 높다. 이런 이유로 선도 고객들은 존속적 기술의 잠재력을 평가할 때는 비교적 정확한 반면, 파괴적 기술의 잠재력을 평가할 때는 정확하지 않은 편이다. 그러므로 질문을 던지기에 올바른 대상이 아니다.

　주류 시장에서 확인되는 제품 성능을 수직 축, 시간을 수평 축으로 삼은 간단한 그래프를 그려보면 올바른 질문과 그 질문을 던져야 하는 올

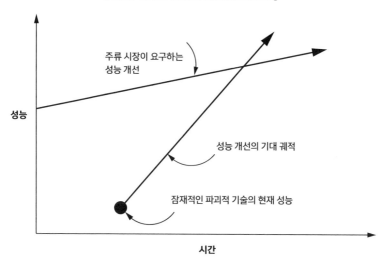

[파괴적 기술 여부를 확인하는 방법]

주류 시장이 요구하는
성능 개선

성능

성능 개선의 기대 궤적

잠재적인 파괴적 기술의 현재 성능

시간

바른 사람을 파악하는 데 도움이 된다. 먼저 고객들이 지금까지 누렸고, 앞으로 기대할 성능 개선의 궤적을 그린다. 그런 다음 신기술의 성능 수준이 초기에 어느 지점일지 찾는다. 해당 기술이 파괴적이라면 현재 고객이 요구하는 성능보다 훨씬 낮은 지점일 것이다(그림 '파괴적 기술 여부를 확인하는 방법' 참조).

파괴적 기술의 성능 개선 궤적을 기존 시장이 요구하는 성능 개선 궤적과 비교하면 얼마나 가파를까? 전문가가 보기에 신기술이 시장의 요구보다 빠른 속도로 발전할 것으로 판단된다면, 해당 기술이 지금은 비록 고객의 필요를 충족하지 못하더라도 미래에는 충분히 충족할 수 있다. 따라서 전략적으로 대단히 중요하다.

그런데 대다수 경영자는 이 접근법을 취하지 않고 잘못된 질문을 던진 다. 그들은 신기술의 성능 개선 기대 속도를 기존 기술의 성능 개선 속도 와 비교한다. 그들의 논리는 신기술이 기존 기술을 앞지를 잠재력을 지녔 다면 서둘러 개발해야 한다는 것이다.

이는 대단히 단순한 논리다. 그러나 이런 비교는 존속적 기술에는 타 당하지만 파괴적 기술의 잠재력을 평가하는 데는 중요한 전략적 사안을 간과한다. 우리가 연구한 수많은 파괴적 기술은 한 번도 기존 기술의 역 량을 넘어선 적이 없다. 중요한 것은 파괴적 기술의 궤적을 '시장'의 궤적 과 비교하는 것이다. 예를 들어 메인프레임 컴퓨터 시장이 줄어드는 이유 는 개인용 컴퓨터가 메인프레임을 뛰어넘어서가 아니라 파일 서버와 연 결된 개인용 컴퓨터가 대부분의 컴퓨팅 및 데이터 저장 수요를 효율적으 로 충족하기 때문이다. 메인프레임 컴퓨터 제조사들이 비틀거리는 이유 는 개인용 컴퓨터의 성능이 메인프레임 '기술'의 성능을 뛰어넘어서가 아 니라 기존 '시장'이 요구하는 성능과 교차했기 때문이다.

다시 그림을 보자. 전문가가 보기에 신기술의 성능 개선 속도가 시장에 서 요구하는 성능 개선 속도와 같다고 판단된다면 해당 기술이 기존 시 장을 침범하는 속도는 더 느릴 것이다. 시게이트가 개인용 컴퓨터 시장을 겨냥한 사례를 떠올려보라. 당시 시장에서 요구하는 하드디스크 용량은 해마다 30퍼센트씩 커졌다. 반면 3.5인치 드라이브의 용량은 그보다 훨 씬 빠른 속도로 커졌다. 그 덕분에 선도적인 3.5인치 드라이브 제조사들 은 시게이트를 시장에서 몰아낼 수 있었다. 한편 다른 5.25인치 드라이브 제조사인 맥스터Maxtor와 마이크로폴리스Micropolis는 엔지니어링 워크스테이션 시장에 주력했다. 이 시장에서 요구하는 하드디스크 용량은 훨씬 빠르게 늘어났다. 그래서 시장에서 요구하는 용량 개선 궤적이 3.5인치 아키텍처로 이룰 수 있는 용량 개선 궤적과 거의 나란히 이어졌다. 그 결과 이 기업들은 3.5인치 드라이브 사업에 진입하는 것이 시게이트보다 전략적으로 덜 중요했다.

파괴적 기술을 위한 초기 시장을 찾는다. 신기술이 파괴적 혁신을 이룰 잠재력을 지녔고 전략적으로 중요하다는 판단을 내린 후에는 초기 시장을 찾아야 한다. 이때 경영자들이 전통적으로 활용한 시장조사가 도움이 되는 경우는 드물다. 파괴적 기술에 전략적으로 투자할 필요가 생기는 시점에는 확고한 시장이 존재하지 않는다. 폴라로이드Polaroid를 창립한 에드윈 랜드Edwin Land가 판매 예상치를 요청했을 때 시장조사 담당자들이 제시한 양은 생명주기 전체에 걸쳐 10만 대에 불과했다. 조사 대상자 중에서 즉석 사진의 용도를 제대로 상상한 사람이 거의 없었다.

파괴적 기술은 새로운 시장 혹은 세부 시장의 부상을 알리는 경우가 많다. 따라서 그 시장에 대한 '창의적인' 정보, 즉 누가 고객이 될 것인지, 제품 성능의 어떤 측면이 가장 중요할지, 적절한 가격은 얼마일지 등을 만들어내야 한다. 그러기 위해서는 제품 및 시장을 대상으로 신속하게, 반복적으로, 저렴하게 실험을 거듭해야 한다.

기존 기업이 이런 실험을 하기는 매우 어렵다. 수익성 및 경쟁력 확보에 중요한 자원 배분 절차가 비교적 매출이 적은 시장으로 자원을 돌리지는 않을 것이기 때문이다. 그렇다면 파괴적 기술을 위한 시장을 어떻게 탐사할 수 있을까? 자금을 대거나 아무 관련 없는 신생 기업이 그 실험을 대신하게 하면 된다. 작고 배고픈 기업들은 경제적 베팅을 하고, 힘든 상황에 적응하고, 초기 진입에 따른 피드백에 맞춰 제품과 시장 전략을 바꾸는 데 능숙하다.

애플의 초기 시절을 생각해보라. 1977년에 첫 출시된 애플 1은 실패작이었다. 애플은 애플 1에 큰 베팅을 하지 않았고, 대신 초기 사용자들에게 신속하게 '뭔가'를 제공했다. 또한 신기술에 대해 그리고 고객들이 원하는 것과 원하지 않는 것에 대해 많은 교훈을 얻었다. 마찬가지로 '고객들'도 개인용 컴퓨터에 대해 자신이 원하는 것과 원하지 않는 것이 무엇인지 알게 되었다. 이런 정보로 무장한 애플은 애플 2를 선보여 큰 성공을 거뒀다.

많은 기업이 애플을 자세히 살핌으로써 귀중한 교훈을 얻을 수 있었다. 실제로 일부 기업은 소규모 기업이 미지의 시장 영역을 개척하도록 허용하는 '2차 진입second to invent' 전략을 추구했다. 예를 들어 IBM은 애플, 코모도어Commodore, 탠디Tandy가 개인용 컴퓨터 시장을 확립하도록 허용한 다음 공격적으로 진입해 상당한 규모의 사업을 구축했다.

그러나 IBM이 한발 늦게 새로운 시장에 진입해서 성공한 것은 예외적인 사례에 속한다. 성공적인 기업이 소규모 시장을 개척한 기업의 성과를 일반적인 재무 기준으로 평가하는 경우가 아주 많다. 그들은 자원을 잘 활용할 수 있도록 진입을 고려하는 시장의 규모를 비교적 높게 설정한다. 이런 접근법은 이미 강력한 참여자들로 가득한 시장에 뒤늦게 들어가도록 만든다.

예를 들어 3.5인치 드라이브가 부상할 무렵 시게이트는 성숙기에 이른 대표적인 5.25인치 모델인 ST412를 대신해 연 3억 달러의 매출을 안길 제품을 찾아야 했다. 3.5인치 시장은 그만한 매출을 낼 만큼 크지 않았다. 이후 2년 동안 시게이트 경영진은 3.5인치 드라이브를 언제 출시할 것인지 묻는 언론의 질문에 아직 시장이 형성되지 않았다고 대답했다. 그러나 사실 3.5인치 시장은 존재하고 있었으며, 빠르게 성장하는 중이었다.

3.5인치 시장과 관련해 시게이트가 수집한 정보는 3.5인치 드라이브를 원하지 않는 고객들에게서 나온 것이어서 정확하지 않았다. 시게이트가 마침내 3.5인치 드라이브를 출시한 1987년에는 이미 시장 규모가 7억 5,000만 달러를 넘어서는 수준이었다. 시장 규모에 대한 정보는 업계 전반에 폭넓게 퍼져 있었다. 그러나 시게이트 경영진이 관심의 초점을 돌릴 만큼 설득력이 강하지 않았다. 그들은 계속 현재 고객의 관점과 현재 재무 구조의 맥락을 통해 새로운 시장을 바라보았던 것이다.

디스크 드라이브 시장에서 가장 최근에 부상한 파괴적 기술인 1.8인치 드라이브에 대해 주요 제조사들이 보이는 태도는 시게이트가 과거에 보인 태도와 섬뜩할 정도로 비슷하다. 각 선도업체는 한두 가지 소형 모델을 설계해놓고 계속 출시를 보류 중이다. 소형 모델의 용량은 노트북 컴퓨터에 쓰기에 너무 낮다. 아직은 어디가 1.8인치 드라이브를 위한 초기 시장이 될지 아무도 모른다. 팩스, 프린터, 자동차 내비게이션이 모두 대상이 될 수 있다. 한 업계 임원은 이렇게 불평한다. "아직 시장이 없습니다. 제품도 있고, 주문도 받을 수 있는데, 누구도 필요로 하지 않아서 주문이 없습니다. 그냥 만들어놓기만 한 거죠." 이 임원은 영업 팀이 대규모 주문을 하는 고객에게 이윤이 높은 제품을 파는 대신 1.8인치 드라이브를 팔 인센티브가 없다는 사실을 고려하지 않았다. 또한 그의 회사는 1.8인치 드라이브를 만들어놓기만 했는지 모르지만, 전체적으로는 작년에 5,000만 달러 이상 판매되었다. 이 중 거의 대부분을 신생 기업이 판매했다. 올해에는 시장 규모가 1억 5,000만 달러에 이를 것으로 추정된다.

선구적인 작은 기업이 새로운 시장을 지배하지 못하게 하려면 개인적인 정보 수집을 해야만 한다. 즉, 전문가, 학자, 창업투자자, 비전통적 정보원 등을 자주 만나 새로운 시장을 개척하는 기업이 얼마나 진전을 이뤘는지 점검해야 한다. 회사의 전통적인 채널에만 의존해 시장을 계량해서는 '안 된다'. 전통적인 채널은 애초에 그런 목적으로 설계되지 않았기 때문이다.

파괴적 기술을 활용한 사업 개발을 독립 조직에 맡긴다. 소규모 인원으로 특별 프로젝트 팀을 구성해 일상적인 업무 부담을 줄여주는 전략이 폭넓게 알려져 있으나, 대개 잘못 이해하고 있는 것이다. 예를 들어 기존 기술과 많이 다르다는 이유만으로 존속적 기술 개발 팀을 따로 만드는 것은 근본적으로 해당 접근법을 잘못 적용하는 것이다. 파괴적 기술이 재무적 측면에서 기존 기술보다 더욱 매력적인 드문 경우에도 굳이 통상적인 맥락에서 벗어나는 일을 할 필요가 없다. 인텔이 DRAM 칩에서 마이크로프로세서로 옮겨간 사례를 생각해보라. 마이크로프로세서 사업은 초기부터 DRAM 사업보다 높은 이윤을 안겼다. 다시 말해 통상적인 자원 배분 절차를 거쳐도 필요한 자원을 신사업에 투입할 수 있었다.[1]

독립 조직을 만드는 것은 파괴적 기술이 주류 기술보다 이윤이 낮고, 새로운 고객들의 특별한 필요를 충족할 때만 필요하다. 예를 들어 CDC는 별도 조직을 만들어 5.25인치 드라이브를 상업화하는 데 성공했다. CDC는 1980년대 내내 메인프레임 컴퓨터 제조사를 위한 14인치 드라이브를 제조하는 전문성 덕분에 납품업체로서 시장을 지배했다. 그러다가 8인치 드라이브가 부상하자 뒤늦게 개발에 뛰어들었다. 그러나 엔지니어들은 수익성이 더 좋고, 우선순위가 더 높은 14인치 드라이브 개선 프로젝트에 계속 투입되었다. 그 결과 CDC는 3년이나 늦게 8인치 제품을 출시했으며, 시장점유율도 5퍼센트에 그쳤다.

이후 5.25인치 세대가 되자, CDC는 전략적으로 새로운 도전에 대응하기로 결정했다. 그리고 그 결정에 따라 고객들로부터 멀리 떨어진 오클라호마시티에 소수의 엔지니어와 마케터들로 구성된 개발 팀을 만들었다. 이 개발 팀에 주어진 과제는 경쟁력을 갖춘 5.25인치 제품을 개발하고 상업화하는 것이었다. 한 임원은 이렇게 회고한다. "5만 달러짜리 주문에도 모두가 흥분하는 환경에서 출시할 필요가 있었습니다. 미니애폴리스에서는 100만 달러 규모가 아니면 누구도 관심을 보이지 않았거든요."

CDC는 메인프레임 디스크 드라이브 시장에서 과거에 확보했던 70퍼센트 수준의 점유율을 다시 회복하지 못했다. 그러나 오클라호마시티 사업부는 고성능 5.25인치 시장에서 수익성 높은 20퍼센트의 점유율을 확보했다.

애플이 비슷한 조직을 꾸려 뉴턴Newton PDA를 개발했다면 실패작이라는 평가가 달라졌을지도 모른다. 애플은 뉴턴 PDA를 출시할 때 기존 시장에 대응하는 제품인 것처럼 내세우는 실수를 저질렀다. 애플 경영진은 회사의 성장에 상당한 기여를 해야 한다는 전제하에 PDA 프로젝트를 추진했다. 그에 따라 고객의 욕구를 철저하게 조사한 다음 뉴턴을 출시하는 데 커다란 베팅을 했다. 애플이 기술적, 재무적 측면에서 베팅 규모를 줄이고 애플 1 출시 무렵의 회사 규모처럼 작은 조직에 뉴턴 사업을 맡겼다면 결과가 사뭇 달랐을 것이다. 어쩌면 뉴턴은 고객의 진정한 욕구를 발견하기 위한 노력에서 확고한 진전을 이룬 제품으로 폭넓게 인식되었을지도 모른다. 실제로 출시된 첫해에는 애플 1보다 뉴턴이 훨씬 많이 팔렸다.

파괴적 기술 사업부를 독립적으로 운영한다. 기존 기업은 CDC의 오클라호마시티 사업부 같은 소규모 조직을 만들어야만 신규 시장을 장악할 수 있다. 그렇다면 신규 시장의 규모가 커진 후에는 어떻게 해야 할까?

대다수 경영자는 자회사가 새로운 시장에서 상업적 타당성을 확보하면 본사로 통합해야 한다고 생각한다. 엔지니어링, 제조, 영업, 유통에 수반되는 고정비를 폭넓은 고객 및 제품에 걸쳐 나눌 수 있기 때문이다.

존속적 기술을 활용하는 사업에는 이 접근법이 유효하다. 반면 파괴적 기술을 활용하는 사업의 경우에는 자회사를 본사로 통합하면 파국을 맞을 수 있다. 자원을 공유하려고 독립 조직과 주류 조직을 합치면 자원 배당과 기존 제품의 잠식 여부를 놓고 충돌이 일어날 수밖에 없다. 디스크 드라이브 산업의 역사를 통틀어 단일 조직에서 주류 사업과 파괴적 사업을 관리하려고 시도한 회사는 모두 실패했다.

어떤 산업을 막론하고 모든 기업은 한정된 수명을 지닌 사업부들로 구성된다. 모든 사업의 기술적 기반과 시장 기반은 결국 사라지기 마련이다. 파괴적 기술도 그 주기의 일부다. 이 과정을 이해하는 기업은 불가피하게 수명이 다하는 사업을 대체할 새로운 사업을 창출한다. 그러기 위해서는 파괴적 혁신을 담당한 사람에게 파괴적 기술의 잠재력을 온전히 실현할 수 있는 권한을 부여해야 한다. 설령 그렇게 해서 주류 사업이 잠식당한다 하더라도 말이다. 기업이 계속 생존하려면 수명이 다한 사업부를 기꺼이 희생시켜야 한다. 스스로 하지 않으면 경쟁자들이 그 일을 대신할 것이다.

파괴적 기술에 따른 변화가 일어나는 시기에 성공하는 비결은 단지 더 많은 위험을 감수하거나, 장기적 관점에서 투자하거나, 경직된 관료체제와 싸우는 것이 아니다. 그 비결은 소규모 주문이 활기를 불어넣고, 아직 확정되지 않은 시장으로 저렴하고 신속하게 진입할 수 있으며, 신규 시장에서도 이익을 낼 만큼 비용이 적게 드는 조직적 환경에서 전략적으로 중요한 파괴적 기술을 관리하는 것이다.

기존 기업의 경영자들도 파괴적 기술을 잘 관리해 탁월한 성공을 거둘 수 있다. 그러나 주류 사업의 재무적 요건만 따지다가 주요 고객들이 거부하는 파괴적 기술을 개발하고 출시하지 못하면 실패하고 만다. 잘못된 결정을 내려서가 아니라 곧 과거가 될 환경을 기준으로 올바른 결정을 내렸기 때문이다.

[1995년 1/2월호]

주석

1 Robert A. Burgelman, "Fading Memories: A Process Theory of Strategic Business Exit in Dynamic Environments," *Administrative Science Quarterly* 39(1994), pp. 24–56.

2. 파괴적 변화의 도전에 대한 대응

– 클레이튼 크리스텐슨, 마이클 오버도프

요즘은 대기업 경영자들에게 두려운 시기다. 인터넷과 세계화 이전에도 대규모 파괴적 변화에 대응한 그들의 기록은 좋지 않았다. 예를 들어 수백 개의 백화점 중에서 데이턴 허드슨Dayton Hudson 하나만 할인 유통부문 선도업체가 되었다. 미니컴퓨터 회사 중 개인용 컴퓨터 사업에 성공한 회사는 하나도 없다. 의과대학원과 경영대학원은 시장에서 필요로 하는 인력을 양성할 수 있도록 교육과정을 신속하게 바꾸는 데 애먹고(그리고 실패하고) 있다. 이외에도 많은 사례가 있다.

대기업 경영자들이 다가오는 파괴적 변화를 보지 못하는 것은 아니다. 대개는 볼 수 있다. 또한 거기에 대응할 자원이 부족한 것도 아니다. 대다수 대기업은 유능한 경영자와 전문가, 강력한 제품 포트폴리오, 1급 기술적 노하우, 넉넉한 재원 등을 갖추고 있다. 다만 경영자들에게 부족한 것은 개인의 역량을 생각할 때만큼 세심하게 조직의 역량을 생각하는 습관이다.

훌륭한 경영자들이 지닌 한 가지 특징은 과업을 맡길 적임자를 파악하고, 그들이 주어진 과업을 잘 해낼 수 있도록 훈련시키는 능력이다. 안타깝게도 대다수 경영자는 특정 프로젝트에 투입된 각 개인이 직무에 적합하다면 전체 조직도 그럴 것이라고 가정한다. 그렇지만 사실 그렇지 않은 경우가 많다. 능력이 같은 사람들로 두 개의 다른 조직을 꾸려도 성과가 크게 다를 수 있다. 구성원 및 기타 자원과 별개로 조직 자체가 역량을 지니기 때문이다. 지속적으로 성공하려면 개별 구성원뿐 아니라 전체 조직의 능력과 무능력을 잘 평가할 수 있어야 한다.

이 글은 조직이 이룰 수 있는 성과를 이해하는 데 도움을 주는 틀을 제공할 것이다. 또한 핵심 역량이 성장하는 동안 회사의 무능력이 더욱 분명하게 드러나는 양상도 보여주고, 변화의 여러 종류를 인식하고 조직 차원에서 그 기회에 적절하게 대응하는 방법도 보여줄 것이다. 그리고 무조건 할 수 있다는 우리의 기업 문화가 지닌 통념과 어긋나는 근본적인 조언을 제공할 것이다. 요컨대 파괴적 혁신 같은 중대한 변화에 직면할 때 최악의 접근법은 기존 조직에 대규모 조정을 단행하는 것이다. 이 경우 체질 변화를 시도하다가 조직을 유지시켜준 역량을 파괴할 수도 있다.

성급한 대응에 나서기 전에 조직이 감당할 수 있는 변화와 감당할 수 없는 변화가 무엇인지 분별해야 한다. 이 일에 도움이 되도록 우선 조직

핵심 정리

왜 혁신에 성공하는 기존 기업이 적을까? 예를 들어 수백 개의 백화점 중 데이턴 허드슨만 할인 유통 부문 선도업체가 되었다. 또한 미니컴퓨터 기업 가운데 개인용 컴퓨터 사업에서 성공한 기업은 하나도 없다.

왜 그럴까? 대다수 기존 기업은 넉넉한 재원과 유능한 인재들을 보유하고 있는데 말이다. 그들은 신사업에 대한 아이디어가 떠오르면 신사업이 직면할 난관이 아니라 과거의 난관에 맞게 설계된 조직 구조(예를 들어 기능 팀)를 활용한다.

이런 실수를 피하려면 다음과 같은 문제를 살펴야 한다.

• **혁신을 뒷받침할 올바른 자원을 지녔는가?** 기존 사업을 뒷받침하는 인력, 기술, 제품 설계, 브랜드, 고객 관리 및 공급업체 관리 같은 자원은 신사업에 필요한 자원과 일치하는 경우가 드물다.

• **혁신에 필요한 올바른 절차를 지녔는가?** 기존 사업을 뒷받침하는 의사결정 규칙, 조율 패턴 같은 절차는 신사업에 방해가 될 수 있다.

• **혁신에 필요한 올바른 가치관을 지녔는가?** 신사업을 추진할지 여부를 결정하는 방식을 살펴보라. 예를 들어 이윤이 재무 기준에 못 미칠 만큼 낮으면 용인할 수 있는가?

• **어떤 팀 혹은 어떤 구조가 혁신을 가장 잘 뒷받침할 것 같은가?** 혁신 프로젝트에 전념할 팀을 사내에 만들어야 할까? 아니면 별도로 독립된 조직을 만들어야 할까?

혁신을 이루는 데 적절한 팀과 조직 구조를 선택하고 올바른 자원, 절차, 가치관과 결합하면 성공할 확률이 높아질 수 있다.

차원에서 핵심 역량을 파악한 다음 조직이 성장하고 성숙하는 동안 이 역량을 발전시키는 방법을 체계적으로 살펴보자.

역량의 근원

우리가 연구한 바에 따르면, 조직이 할 수 있는 일과 할 수 없는 일을 좌우하는 세 가지 요소가 있다. 그것은 바로 자원과 절차 그리고 가치관이다. 조직이 받아들일 수 있는 혁신이 어떤 것인지 파악할 때 이 요소들이 변화에 대한 조직의 역량에 어떻게 영향을 미칠지 평가해야 한다.

자원

"이 회사가 할 수 있는 일은 무엇입니까?"라는 질문을 받으면 대다수 경영자는 인력, 설비, 기술, 현금 같은 가시적 자원과 제품 설계, 정보, 브랜드, 공급업체 및 유통업체, 고객과의 관계 같은 비가시적 자원에서 답을 찾는다. 물론 풍부한 양질의 자원은 변화를 견딜 확률을 높여준다. 그러나 자원 분석만으로는 전체적인 그림을 그릴 수 없다.

절차

절차란 자원을 가치 있는 제품과 서비스로 바꾸기 위해 활용하는 상호작용, 조율, 의사소통, 의사결정의 패턴을 말한다. 제품 개발, 제조, 예산을 관리하는 절차가 쉽게 생각할 수 있는 예다. 이런 절차는 명시적으로 정의되고 문서화된다는 점에서 공식적이다. 물론 비공식적 절차도 있다. 비공식적 절차는 시간이 지남에 따라 진화하는 일과나 업무방식을 말한다. 전자가 후자보다 더 가시적이다.

혁신에 맞는 올바른 구조를 선택하는 방법

혁신의 성격	적절한 조직 구조	조직 운영 방식	이유
기존 가치관 및 절차에 잘 맞음	여러 사안에 순차적으로 대응하는 기능 팀 혹은 복수의 사안을 동시에 처리하는 경량급 팀	기존 조직 내	혁신의 성격이 기존 가치관 및 절차에 잘 맞으므로 새로운 역량이나 조직 구조가 필요 없음
기존 가치관에는 잘 맞으나 기존 절차에는 맞지 않음	성패에 전적인 책임을 지고 혁신 프로젝트에 전념하는 중량급 팀	기존 조직 내	혁신의 성격이 기존 절차에 맞지 않으므로 여러 개인 및 집단 사이에 새로운 유형의 조율이 필요함
기존 가치관에는 맞지 않으나 기존 절차에는 잘 맞음	성패에 전적인 책임을 지고 혁신 프로젝트에 전념하는 중량급 팀	개발은 기존 조직 내에서, 상업화는 독립된 조직에서	개발은 기존 절차를 활용해 사내에서 진행하고, 상업화는 낮은 이윤에 다른 비용 구조 같은 새로운 가치관을 따르는 독립된 조직에서 진행하는 것이 좋음
기존 가치관 및 절차와 맞지 않음	성패에 전적인 책임을 지고 혁신 프로젝트에 전념하는 중량급 팀	분사 조직 및 인수 조직	분사를 통해 해당 프로젝트를 다른 가치관 및 절차에 따라 진행할 수 있음

경영진이 처하는 한 가지 딜레마는 절차가 그 속성상 계속 일관된 방식으로 업무를 진행하도록 확립된다는 것이다. 즉, 애초에 변하지 않도록 만들어지며, 변화가 필요한 경우에는 긴밀하게 통제된 과정을 거쳐야 한다. 원래 목적에 맞게 절차를 활용하면 효율성을 얻을 수 있지만 성격이 다른 과제를 수행하는 데 활용하면 성과가 부진할 가능성이 높다. 예를 들어 신약을 개발해 식약청 승인을 얻는 데 집중하는 기업들은 의료기구를 개발하고 승인을 얻는 데는 서투른 경우가 많다. 두 번째 과제가 아주 다른 업무방식을 수반하기 때문이다. 실제로 한 과제를 수행하는 역량을 창출하는 절차는 다른 과제를 수행하는 역량을 떨어뜨린다.[1]

가장 중요한 역량과 그에 수반되는 무능력이 반드시 물류, 개발, 제조, 고객 서비스 같은 가시적인 절차에만 내재되어 있는 것은 아니다. 실제로는 시장조사를 습관적으로 행하는 방식, 시장 분석 내용을 재무적 추정치로 전환하는 방법, 내부적으로 계획과 예산을 협상하는 방법 등 이면에서 자원 투자 결정을 뒷받침하는 비가시적 절차에 내재되어 있을 가능성이 높다. 이런 절차에 수많은 기업이 변화를 극복하는 데 가장 심각한 문제가 되는 무능력이 존재한다.

가치관

조직이 할 수 있는 일과 할 수 없는 일에 영향을 미치는 세 번째 요소는 가치관이다. 가끔 '기업의 가치관'이라는 말은 도덕적 함의를 지닌다. 예를 들어 존슨앤드존슨Johnson & Johnson에서 추구하는 환자의 안녕을 보장한다는 원칙이나 알코아Alcoa에서 직원의 안전에 대한 결정을 이끄는 원칙을 생각할 수 있다. 우리의 틀 안에서 '가치관'은 폭넓은 의미를 지닌다. 우리가 말하는 조직의 가치관은 신규 주문이 매력적인지 여부, 고객이 중요한지 여부, 신제품 아이디어가 매력적인지 여부 등을 판단하는 데 우선순위를 정하는 기준이다. 모든 직급에서 우선시할 대상을 정하는 결정이 이뤄진다. 영업 인력의 경우에는 매일 현장에서 고객에게 권할 제품과 권하지 않을 제품을 결정하고, 임원의 경우에는 새로운 제품이나 서비스 혹은 절차에 투자할지 여부를 결정한다.

회사가 커지고 복잡해질수록 조직 전체에 걸쳐 회사의 전략적 방향과 사업 모델에 맞게 독립적으로 우선순위에 대한 결정을 내리도록 돕는 훈련이 중요해진다. 실제로 조직 전반에 명확하고 일관된 가치관이 정립되었는지 여부는 바람직한 경영의 핵심 지표 중 하나다.

일관되고 폭넓게 전파된 가치관은 조직이 할 수 없는 일도 정의한다. 가치관은 회사의 성공을 위해 직원들이 따라야 하는 규칙을 정하는 비용 구조나 사업 모델을 반영한다. 예를 들어 고정비를 감안할 때 40퍼센트의 총이윤이 필요하다고 가정할 경우, 가치관이나 결정 규칙은 예상 이윤이 40퍼센트 이하인 사업 아이디어를 배제하는 방향으로 수립될 것이다. 그러면 인터넷 유통업처럼 저마진 시장을 겨냥하는 프로젝트를 추진할 수 없다. 반면 다른 비용 구조를 토대로 다른 가치관을 수립한 기업은 비슷한 프로젝트를 성공시킬 수 있다.

물론 가치관은 회사에 따라 달라진다. 우리는 특히 대다수 기업에서 충분히 예측할 수 있는 방식으로 진화하는 경향을 보이는 두 가지 가치관에 초점을 맞추고자 한다. 이 두 가지 가치관의 멈추지 않는 진화는 기업들이 파괴적 변화에 성공적으로 대응하는 능력을 점차 떨어뜨린다.

앞선 사례에서 첫 번째 가치관은 회사가 받아들일 수 있는 이윤을 결정하는 방식을 좌우한다. 상위 시장에서 고객들을 유인하기 위해 제품과 서비스에 사양과 기능을 더하면 종종 고정비가 늘어난다. 예를 들어 토요타Toyota는 하위 시장을 겨냥한 코로나Corona 모델을 내세워 북미 시장에 진출했다. 그러나 이 부문이 혼다Honda, 마쓰다Mazda, 닛산Nissan이 만든 비슷한 모델들로 붐비자 경쟁 때문에 이윤이 줄어들었다. 그에 따라 토요타는 이윤을 개선하기 위해 상위 시장을 겨냥한 고급 차량을 개발해 캠리Camry와 렉서스Lexus 같은 차량의 개발 비용을 늘렸다. 그리고 뒤이어 저가 시장에서 발을 빼기로 결정했다. 비용 구조와 가치관이 달라지면서 낮은 이윤을 받아들일 수 없었기 때문이다.

토요타는 근래에 이 패턴에서 벗어나 1만 달러 수준의 저가 시장에 다시 진입하기 위해 에코Echo 모델을 출시했다. 토요타의 고위 경영진이 이 신모델을 출시하기로 결정한 것은 중요한 변화다. 그러나 판매사를 비롯해서 토요타의 전체 사업 체계에 속한 많은 사람이 캠리, 렉서스, 아발론Avalon을 많이 파는 것보다 저마진 차량을 더 많이 파는 것이 이익과 주가를 높이는 데 도움이 된다는 데 동의했다는 것은 더욱 중요한 변화다. 토요타가 이처럼 저가 시장으로 나아가는 과정을 관리할 수 있을지는 시간이 지나야 알 수 있다. 에코를 통해 성공을 거두려면 내부의 가치관이라는 아주 거센 역류를 거슬러 올라가야 한다.

두 번째 가치관은 중대한 사업 기회가 흥미를 끌 만한 규모가 되기 전에 보이는 양상과 관련된다. 주가는 예상되는 수익 흐름을 현재 가치로 할인한 것이다. 그래서 대다수 경영자는 단지 성장을 유지할 뿐 아니라 지속적인 성장률을 유지하고 싶어 한다. 예를 들어 4,000만 달러 규모의 매출을 올리는 기업이 25퍼센트 성장하기 위해서는 내년에 신사업에서 1,000만 달러의 매출을 올려야 한다. 반면 400억 달러 규모의 기업이 같은 성장률을 올리기 위해서는 내년에 신사업에서 100억 달러의 매출을 올려야 한다. 그래서 중소기업을 흥분시킬 기회라 하더라도 대기업을 흥분시킬 만한 규모가 아닐 수 있다. 실제로 성공의 씁쓸한 결과 중 하나는 기업의 규모가 커진 후에는 작은 신규 시장에 진입하는 능력을 잃어버린다는 것이다. 그 원인은 자원에 변화가 생겨서가 아니다. 대개 자원은 넉넉하다. 그보다는 가치관의 진화가 원인인 경우가 많다.

인수나 합병을 통해 회사의 규모가 갑자기 커졌을 때 이런 문제가 두드러진다. 예를 들어 대형 제약사 간 합병에 참여하는 경영진과 월가 금융인들은 이 점을 고려해야 한다. 합병 이후 연구 조직은 신제품 개발에 더 많은 자원을 투입할 수 있을 것이다. 그러나 영업 조직은 매출 규모가 큰 대박 상품 외에는 흥미를 잃을 것이다. 이는 혁신을 관리하는 데 매우 실질적인 문제다. 하이테크 산업에서도 이와 같은 문제가 나타난다. 근래에 휴렛팩커드Hewlett-Packard가 두 개 기업으로 분사하기로 한 이유는 이 문제를 인식했기 때문이다.

역량 이동

신생 기업 단계에서는 성과의 많은 부분이 자원, 특히 인력 덕분에 이뤄진다. 소수의 핵심 인력이 추가되거나 이탈하는 것이 성공에 심대한 영향을 미친다. 그러나 시간이 지나면 조직 역량의 핵심이 절차와 가치관으로 이동한다. 반복되는 과제에 대응하다보면 절차가 확립된다. 또한 사업 모델이 구체화되고 어떤 유형의 사업을 우선시해야 할지 명확해지면 가치관이 정립된다. 실제로 단일 인기상품을 토대로 주식을 상장한 많은 유망 기업이 망하는 한 가지 이유는 초기 성공이 자원, 대개 창립에 참가한 엔지니어들에게 의존해 이루어졌고, 연달아 인기상품을 출시할 절차를 개발하지 못했기 때문이다.

텔레비전 방송용 디지털 편집 시스템을 만드는 아비드 테크놀로지Avid Technology가 바로 그런 사례다. 아비드가 개발해 널리 퍼뜨린 기술은 영상 편집 과정을 한결 수월하게 만들었다. 스타 제품에 힘입어 1993년 상장 당시 16달러이던 아비드의 주가는 1995년 중반에 49달러까지 상승했다. 그러나 시장이 포화되고, 재고와 미수금이 늘어나고, 경쟁이 심해지고, 주주의 소송이 늘어나면서 한 가지 제품에만 의존하는 데 따른 한계가 드러났다. 고객들은 아비드의 제품을 좋아했다. 그러나 꾸준히 신제품을 개발하고 품질과 유통, 서비스를 제어하는 효율적인 절차를 구축하지 못하는 바람에 아비드는 결국 무너지고 말았다.

반면 매킨지앤드컴퍼니McKinsey & Company 같은 성공적인 기업의 경우는 절차와 가치관이 대단히 강력해 누가 어떤 프로젝트 팀에 배정되든 거의 문제되지 않는다. 수백 명의 MBA 출신이 해마다 입사하며, 그만큼 많은 인원이 회사를 떠난다. 그래도 자원이 아니라 절차와 가치관에서 핵심 역량이 나오기 때문에 꾸준하게 양질의 성과를 달성할 수 있다.

초기와 중기에 회사의 절차와 가치관이 형성될 경우에는 대개 창립자가 상당한 영향을 미친다. 그들은 직원들이 일하는 방식과 회사의 우선순위에 대해 일반적으로 확고한 의견을 갖고 있다. 물론 창립자의 판단에 결함이 있으면 회사가 망할 가능성이 높다. 반대로 판단이 타당하면 직원들이 창립자의 문제 해결 및 의사결정 방식을 직접 경험한다. 그에 따라 절차가 수립된다. 마찬가지로 창립자의 우선순위를 반영하는 요건에 맞춰 자원을 배분한 후 성공을 거둔다면 해당 요건을 중심으로 가치관이 형성된다.

성공적인 기업이 성숙 단계에 이르면 직원들은 그때까지 크게 도움이 된 절차와 우선순위를 따르는 것이 올바른 방식이라고 가정한다. 뒤이어 의식적 선택이 아니라 가정에 따라 절차를 밟고 우선순위를 정하기 시작하면 해당 절차와 가치관은 조직 문화로 자리 잡는다.[2] 처음에는 직원 몇 명으로 시작했으나 수백 명, 수천 명으로 늘어나면 최고 경영자라도 해야 할 일과 그 방식에 모두가 동의하게 만들기 어렵다. 이때 문화는 강력한 경영 도구가 되어준다. 직원들이 자율적이면서도 통일된 방식으로 행동하기 때문이다.

이처럼 조직의 능력과 무능력을 좌우하는 요소는 시간이 지남에 따

디지털 이큅먼트의 딜레마

수많은 비즈니스 이론가는 디지털 이큅먼트가 갑작스럽게 몰락한 이유를 분석했다. 대다수 사람이 디지털 이큅먼트가 시장을 잘못 읽었다고 결론지었다. 그러나 우리의 관점으로 보면 다른 그림이 그려진다.

디지털 이큅먼트는 1960년대부터 1980년대까지 미니컴퓨터 제조사로서 엄청난 성공을 구가했다. 1980년 무렵 개인용 컴퓨터PC가 시장에 처음 등장했을 때 디지털 이큅먼트의 핵심 역량은 컴퓨터 제조에 있었다고 말해도 무방하다. 그런데 왜 망했을까?

분명히 디지털 이큅먼트는 PC 시장에서 성공할 수 있는 자원을 보유하고 있었다. 소속 엔지니어들은 개인용 컴퓨터보다 훨씬 정교한 컴퓨터를 꾸준히 설계했다. 게다가 넉넉한 현금과 훌륭한 브랜드, 뛰어난 기술 등도 갖추고 있었다. 그러나 PC 사업에서 성공할 수 있는 절차가 없었다. 미니컴퓨터 기업들은 대부분의 핵심 부품을 내부에서 설계한 다음 독자적 구성에 따라 조립했다. 신제품 플랫폼을 설계하려면 2년에서 3년이 걸렸다. 디지털 이큅먼트는 대부분의 부품을 직접 제조해 일괄적으로 조립했다. 이렇게 생산된 제품은 기업의 엔지니어링 조직으로 직접 판매되었다. 이 절차는 미니컴퓨터 사업에서 대단히 효과적이었다.

반면 PC 제조사들은 대다수 부품을 전 세계에 있는 최고의 납품업체들에 외주로 맡겼다. 기존 컴퓨터는 6개월이나 걸린 데 반해 모듈형 부품으로 구성되는 신형 컴퓨터를 설계하는 데는 1~2개월밖에 걸리지 않았다. 이 컴퓨터들은 대량 조립 라인에서 생산되어 유통업체를 통해 개인과 기업에 판매되었다. 그러나 디지털 이큅먼트에는 이런 절차가 없었다. 다시 말해 PC를 설계, 제조, 판매해 수익을 올릴 능력 있는 인력을 보유하고 있었지만 조직 역량이 부족했다. 기존 절차가 다른 과제에 적합하도록 기획되고 진화했기 때문이다.

비슷한 맥락에서 디지털 이큅먼트는 고정비 때문에 '이윤이 50퍼센트 이상이면 좋은 사업이고, 40퍼센트 이하면 추진할 가치가 없다'는 가치관을 따라야 했다. 경영진은 직원들이 이 요건에 맞는 프로젝트를 우선시하도록 만들어야 했다. 그렇게 하지 않으면 돈을 벌 수 없었다. PC 사업은 이윤이 적었기 때문에 디지털 이큅먼트의 가치관에 맞지 않았다. 디지털 이큅먼트의 요건에 따르면 자원 배분 절차에서 언제나 PC보다 고성능 미니컴퓨터에 우선순위를 둘 수밖에 없었다.

디지털 이큅먼트는 IBM처럼 PC 시장에서 성공하는 데 필요한 다른 절차와 가치관을 구축할 별도 조직을 만들 수 있었다. 그러나 디지털 이큅먼트의 주류 조직은 그런 일을 할 능력이 없었다.

라 변한다. 즉, 초기에는 자원이었다가 이후 가시적이고 긴밀한 절차와 가치관에 이어 최종적으로는 문화로 옮겨간다. 애초에 절차와 가치관을 형성할 때 대응했던 문제만 계속 다룬다면 조직을 경영하는 일이 단순해진다. 그러나 이 요소는 할 수 없는 일도 결정한다. 즉, 회사가 직면한 문제가 근본적으로 변할 때 무능력한 측면을 만들어낸다. 조직의 역량이 주로 인력에서 나온다면 새로운 문제에 대응하기 위해 역량을 바꾸는 일이 비교적 간단하다. 하지만 조직 문화에 내재된 절차와 가치관에서 역량이 나온다면 변화를 이루기가 대단히 어렵다(상자글 '디지털 이큅먼트의 딜레마' 참조).

존속적 혁신 대 파괴적 혁신

성공적인 기업은 역량의 근원이 무엇이든 간에 시장에서 일어나는 점진적 변화, 클레이튼 크리스텐슨이 『성공기업의 딜레마』(1997)에서 말한 존속적 혁신에 잘 대응한다. 그러나 획기적 변화 혹은 파괴적 혁신에 직면하면 문제가 생긴다.

존속적 기술은 주류 시장의 고객들이 중시하는 방향으로 제품이나 서비스를 개선한다. 컴팩이 인텔의 16비트 286칩이 아니라 32비트 386칩을 일찍 수용한 것이 대표적인 예다. 메릴 린치Merrill Lynch가 주식 계좌를 토대로 고객이 수표를 발행하도록 해주는 CMA를 도입한 것도 마찬가지다. 이런 사례는 이전보다 나은 것을 제공해 우수 고객을 유지하기 위한 혁신에 해당한다.

파괴적 혁신은, 주류 고객들이 중시하는 성능 척도에 따르면 처음에는 기존 제품보다 뒤처지는 새로운 종류의 제품을 통해 완전히 새로운 시장을 창출한다. 찰스 슈와브Charles Schwab가 기본적인 서비스만 저가에 제공하는 방식으로 시장에 진입한 것은 메릴 린치처럼 종합 서비스를 제공하는 방식과 비교할 때 파괴적 혁신이었다. 메릴 린치의 우수 고객들은 찰스 슈와브가 제공하는 것보다 많은 서비스를 원했다. 초기에 출시된 PC는 메인프레임이나 미니컴퓨터와 비교할 때 파괴적 혁신이었다. PC는 출시 당시 사용되던 프로그램을 돌리기에 성능이 부족했다. 그러나 기존 시장을 선도하는 고객들의 차세대 제품에 대한 필요에 대응하지 않는다는 점에서 파괴적이었다. PC는 새로운 프로그램이 등장할 수 있는 다른 속성들을 갖추고 있었다. 또한 대단히 빠른 속도로 성능을 개선해 나중에는 주류 시장에 속한 고객들의 필요도 충족시켰다.

존속적 혁신은 거의 언제나 기존 선도업체들이 개발하고 출시한다. 이 기업들은 파괴적 혁신을 일으키거나 잘 극복하는 경우가 드물다. 왜 그럴까? 자원, 절차, 가치관을 중심으로 구성한 우리의 이론이 그 답을 제시한다. 업계 선도업체들은 존속적 기술을 개발하고 출시하도록 조직된다. 그들은 매달, 매년 성능이 개선된 제품을 출시해 경쟁우위를 확보한다. 그들은 존속적 혁신의 기술적 잠재력을 평가하고, 대안에 대한 고객들의 필요를 파악하는 개발 절차에 의해 그것을 실현한다. 존속적 기술에 투자하는 것은 또한 선도 고객들에게 더 나은 제품을 판매해 더 높은 이윤을 보장한다는 점에서 가치관에 부합한다.

파괴적 혁신은 대단히 간헐적으로 일어난다. 그래서 파괴적 혁신을 다루는 정규 절차를 갖춘 기업은 없다. 또한 파괴적 제품은 거의 언제나 판매 단위당 이윤이 적고, 우수 고객들에게 매력적이지 않기 때문에 기존 기업의 가치관과 맞지 않는다. 메릴 린치는 존속적 혁신(CMA)뿐 아니라 근래에 직면한 파괴적 혁신(서비스 간소화 저가 증권 중개)을 일으키는 데 필요한 인력, 자금, 기술 같은 자원을 갖추고 있었다. 그러나 기존 절차와 가치관은 존속적 혁신만 뒷받침했다. 그 결과 온라인 저가 증권 중개업을 이해하고 제대로 대응하지 못하는 무능력을 초래했다.

이처럼 대기업이 새롭게 성장하는 시장을 종종 놓치는 이유는 규모가 작은 파괴적 기업이 실제로 그 시장을 더 잘 공략하기 때문이다. 부족한 자원은 문제가 되지 않는다. 신생 기업의 가치관은 작은 시장을 받아들이며, 그 비용 구조는 낮은 이윤을 감당할 수 있다. 또한 시장조사 및 자원 배분 절차는 경영자들이 직관을 따르도록 허용한다. 모든 결정을 세심한 조사와 분석을 토대로 내릴 필요는 없다. 이 모든 이점은 파괴적 변화를 수용하고 촉발할 수 있는 능력을 더해준다. 그렇다면 대기업은 어떻게 해야 이런 능력을 개발할 수 있을까?

변화에 대한 대응 능력 창출

보편적인 변화 관리 및 조직 개편 프로그램이 퍼뜨린 믿음과 달리 절차는 자원처럼 쉽게 바꾸기 어렵다. 가치관을 바꾸는 일은 더욱 어렵다. 따라서 존속적 혁신에 대응하든, 파괴적 혁신에 대응하든 새로운 역량을 얻기 위해 절차와 가치관을 바꿔야 할 때는 조직 내에 해당 역량을 개발할 수 있는 공간을 만들어야 한다. 거기에는 세 가지 방법이 있다.

- 사내에 새로운 절차를 개발할 수 있는 신규 조직을 만든다.
- 독립 조직을 만들고 거기서 새로운 문제를 해결하는 데 필요한 절차와 가치관을 개발한다.
- 새로운 과업에 맞는 절차와 가치관을 갖춘 다른 기업을 인수한다.

사내 신규 조직

회사의 역량이 절차에서 나오고, 새로운 도전이 새로운 절차를 요구하는 경우, 즉 다른 구성원들이 기존 방식과 다른 속도와 방식으로 상호작용해야 하는 경우, 그들을 기존 조직에서 빼내 새로운 조직을 구성하고 새롭게 경계를 그어야 한다. 대개 조직적 경계는 기존 절차를 따르기 위해 형성되기 때문에 새로운 절차를 만드는 데 방해가 된다. 새로운 경계가 만들어내는 새로운 협업 패턴은 궁극적으로 새로운 절차로 확립된다. 스티븐 휠라이트Steven Wheelwright와 킴 클라크Kim Clark는 『제품 개발 혁신Revolutionizing Product Development』(1992)에서 이런 조직을 '중량급 팀heavyweight teams'이라고 불렀다.

중량급 팀은 새로운 과제에 전적으로 매달리며, 각 구성원은 전체 프로젝트의 성공에 개인적 책임을 진다. 예를 들어 크라이슬러Chrysler 제품 개발 조직의 경우 원래 동력 전달계, 전장 시스템 등 부품별로 각 집단의 경계가 정해졌다. 그러나 개발 속도를 높이려면 부품이 아니라 미니밴, 소형차, 지프, 트럭 같은 플랫폼에 초점을 맞춰야 했다. 그래서 중량급 팀을 만들었다. 이 팀들은 이전 조직보다 부품 설계에 집중하는 능력은 부족했지만 훨씬 빠르고 효율적으로 여러 하위 시스템을 새로운 자동차 디자인으로 통합하는 새로운 절차를 수립했다. 메드트로닉Medtronic의 심박 조절기, IBM의 디스크 드라이브, 엘리 릴리Eli Lilly의 초대박 신약인 자이프렉사Zyprexa는 모두 더 나은 제품을 더 빠르게 개발하기 위해 새로운 절차를 수립하는 수단으로 중량급 팀을 활용한 결과물이다.

분사

기존 가치관 때문에 자원을 혁신 프로젝트에 할당할 수 없다면 담당 조직을 분사시키는 방안을 고려해야 한다. 대규모 조직은 작은 신규 시장에서 강력한 입지를 구축하는 데 필요한 재정적, 인적 자원을 할당할 수 없다. 또한 고가 시장에서 경쟁하기 위한 비용 구조를 가진 기업이 저가 시장에서도 수익을 내기는 어렵다.

인터넷에 대응하는 방법을 고민하는 구세대 기업의 경영자들 사이에서 분사가 유행하고 있다. 그러나 분사가 항상 적절한 것은 아니다. 파괴적 혁신이 수익성과 경쟁력을 얻기 위해 다른 비용 구조가 필요한 경우, 혹은 현재 기회의 규모가 회사에 필요한 성장을 고려할 때 아직 미미한 경우에만 분사가 필요하다.

아이다호주 보이시에 있는 휴렛팩커드의 레이저 프린터 사업부는 탁월한 품질에 대한 명성과 더불어 높은 이윤을 올리며 큰 성공을 거두고 있었다. 반면 파괴적 혁신에 해당하는 잉크젯 프린터 프로젝트는 주류 조직 안에서 좀처럼 진전을 이루지 못했다. 두 가지 유형의 프린터를 제조하는 절차는 기본적으로 같지만 가치관에 차이가 있었다. 잉크젯 시장에서 성공하려면 레이저 프린터 시장보다 낮은 이윤과 작은 규모를 받아들이고 성능 기준도 낮춰야 했다. 잉크젯 프린터 사업부는 경영진의 결정에 따라 레이저 프린터 사업부와 정면으로 경쟁한다는 목표를 갖고 브리티시컬럼비아주 밴쿠버로 독립한 후에야 마침내 성공을 거둘 수 있었다.

그렇다면 어느 정도 수준으로 혁신 조직을 분리해야 할까? 반드시 다른 장소로 옮겨야 하는 것은 아니다. 주된 요건은 자원을 놓고 핵심 조직과 경쟁하도록 만들지 말아야 한다는 것이다. 앞서 살핀 대로 회사의 주류 가치관과 맞지 않는 프로젝트는 자연스럽게 뒤로 밀려나기 마련이다. 독립 조직이 다른 장소에 있는지 여부보다는 자원 배분 절차에서 통상적인 의사결정 요건을 벗어나는지 여부가 더 중요하다. 상자글 '작업에 맞는 연장 선택'은 혁신 과제의 유형에 따라 적절한 조직 구조가 무엇인지 자세히 설명한다.

경영자들은 새로운 운영 방식을 개발하면 기존 운영 방식을 폐기해야 한다고 생각한다. 또한 애초에 기획된 목적을 완벽하게 수행하기 때문에 기존 운영 방식을 포기하지 않으려 한다. 그러나 파괴적 혁신이 부상하기 시작하면 주류 사업이 영향을 받기 전에 대응에 필요한 역량을 갖춰야 한다. 기존 사업 모델과 새로운 사업 모델에 맞는 절차를 구축한 두 가지 사업을 동시에 운영해야 한다. 예를 들어 메릴 린치는 기존의 기획, 인수, 협력 절차를 신중하게 활용해 기관 금융 서비스 사업을 세계적으로 확장시키는 데 성공했다.

그러나 온라인 시장이 등장한 지금은 더욱 신속한 기획, 인수, 협력이 필요하다. 그렇다고 전통적인 투자은행 사업에서 큰 성공을 거둔 절차를 바꿔야 할까? 우리가 제시한 이론을 토대로 예측하자면 그 결과는 파국적일 것이다. 올바른 방향은 기존 사업을 운영하는 절차를 그대로 유지하는 한편(기존 사업 모델로 여전히 수십억 달러를 벌 수 있을 것이다), 새로운 문제에 대응할 추가 절차를 수립하는 것이다.

작업에 맞는 연장 선택

어떤 조직이 혁신에 대응하거나 혁신을 촉발해야 한다고 가정해보자. 아래 그림은 어떤 팀이 혁신 프로젝트를 맡아야 하고, 그 팀에 맞는 조직 구조가 무엇인지 이해하는 데 도움을 준다. 수직 축은 기존 절차가 새로운 과업을 효율적으로 수행하는 데 적절한 정도를 따진다. 수평 축은 조직의 가치관이 새로운 과업에 필요한 자원을 할당할 수 있는지 여부를 따진다.

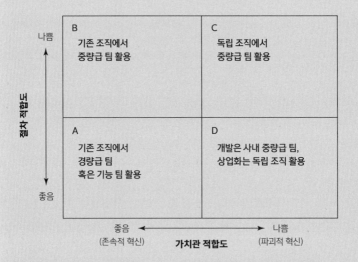

A영역에 속하는 프로젝트는 기존 절차 및 가치관과 잘 맞으므로 새로운 역량이 필요 없다. 그래서 기능 팀 혹은 경량급 팀이 기존 조직 구조 안에서 프로젝트를 진행할 수 있다. 한 기능 팀이 특정 기능이 필요한 사안을 해결한 뒤 다음 기능 팀에 프로젝트를 넘기면 된다. 경량급 팀은 다양한 기능을 통합하지만 구성원들은 개별 기능 책임자의 통제를 받는다.

B영역에 속하는 프로젝트는 기존 가치관과 잘 맞지만 절차와는 맞지 않는다. 이 프로젝트는 새로운 유형의 문제를 제기하므로 개인 및 집단 사이에 새로운 방식의 상호작용 및 조율이 이뤄져야 한다. 이 경우에도 프로젝트 팀은 A영역에 속한 팀과 마찬가지로 파괴적 혁신이 아닌 존속적 혁신을 추구한다. 다만 중량급 팀을 구성하되 기존 조직 안에서 프로젝트를 추진하는 것이 좋다. 구성원들이 각자 성공 여부에 대한 책임을 지고 해당 프로젝트에만 매달리는 중량급 팀은 새로운 절차와 업무 방식을 창출할 수 있도록 구성해야 한다.

C영역에 속하는 프로젝트는 파괴적 혁신을 추구하며, 기존 절차 및 가치관과 맞지 않는다. 이 경우 성공을 거두기 위해서는 별도로 독립 조직을 만들고 중량급 팀에 개발 과제를 맡겨야 한다. 그러면 낮은 이윤과 비용 구조를 반영하는 다른 가치관에 따라 조직을 운영할 수 있다. 또한 (B영역과 마찬가지로) 중량급 팀은 새로운 절차를 창출할 수 있다.

D영역에 속하는 프로젝트는 파괴적 혁신을 추구하며, 기존 절차와 잘 맞지만 가치관과는 맞지 않는다. 이 경우에도 성공의 열쇠는 독립적인 중량급 팀에 개발 과제를 맡기는 것이다. 다만 개발은 사내에서도 성공적으로 이뤄질 수 있으나 상업화는 독립 조직에 맡겨야 한다.

안타깝게도 대다수 기업은 프로젝트의 규모와 성격을 가리지 않고 경량급 팀이나 기능 팀만 활용하는 일괄적 조직 전략을 따른다. 이런 팀은 기존 역량을 활용하기 위한 연장이다. 중량급 팀을 활용하는 소수의 기업도 모든 개발 팀을 같은 식으로 구성하려고 시도한다. 그보다는 팀 구조와 분사 여부를 각 프로젝트에 필요한 절차 및 가치관과 맞추는 것이 이상적이다.

다만 주의할 점은, 이 과제와 관련해 우리가 조사한 바에 따르면 CEO
가 관심을 갖고 직접 감독하는 일 없이 핵심 가치관을 거스르는 변화에
성공적으로 대응한 기업은 하나도 없었다는 것이다. 이는 가치관이 통상
적인 자원 배분 절차를 구축하는 힘을 지녔기 때문이다. CEO만이 혁신
조직에 필요한 자원을 제공할 수 있으며, 새로운 과제에 맞는 절차와 가
치관을 자유롭게 구축할 수 있다. 단지 파괴적 혁신의 위협을 개인적 의
제에서 제거하는 방편으로 분사를 바라보는 CEO는 거의 확실하게 실패
했다. 우리가 확인한 바에 따르면 예외는 없었다.

인수

혁신을 추구할 때 자원과 절차, 가치관에 따른 회사의 능력과 무능력
을 따로 살펴야 하듯이 역량을 확보하기 위해 인수에 나설 때도 같은 일
을 해야 한다. 인수를 통해 새로운 역량을 확보하는 데 성공한 기업들은
어디에 해당 역량이 존재하는지 파악하고 그에 따라 기존 역량과 통합했
다. 인수 작업은 "우리가 대가를 지불하려는 가치는 어디서 창출되는가?
자원만으로 가격이 정당화되는가? 아니면 절차와 가치관에서 가치의 상
당 부분이 나오는가?"라는 질문에서 시작해야 한다.

인수하려는 기업의 절차와 가치관에서 역량이 나온다면 절대 모기업
과 통합해서는 안 된다. 통합 과정에서 절차와 가치관이 증발할 것이기
때문이다. 피인수 기업의 경영진이 인수 기업의 사업방식을 따르려고 하
면 역량이 사라진다. 그보다는 별도 사업부로 두고 모기업의 자원을 투입

하는 것이 더 나은 전략이다. 그러면 새로운 역량을 제대로 확보할 수 있다. 반면 피인수 기업의 자원이 성공의 토대이자 인수의 근본적인 이유라면 모기업과 통합하는 것이 합리적이다. 이는 근본적으로 피인수 기업의 인력, 제품, 기술, 고객을 모기업의 절차와 결합해 기존 역량을 강화하기 위한 것이다.

이런 측면에서 현재 진행 중인 다임러크라이슬러DaimlerChrysler의 합병이 삐걱대는 이유를 이해할 수 있다. 크라이슬러가 보유한 자원은 특별한 구석이 없다. 크라이슬러가 근래에 성공한 토대는 절차, 특히 제품을 설계하고 납품업체를 관리하는 절차였다. 그렇다면 다임러가 크라이슬러의 역량을 활용하는 최선의 방법은 무엇일까? 금융가에서는 두 조직을 통합해 비용을 줄이도록 압박하고 있다. 그러나 그렇게 되면 크라이슬러를 매력적인 인수 대상으로 만든 절차가 손상되고 만다.

이 상황은 IBM이 1994년에 통신사 롬Rolm을 인수한 사례를 상기시킨다. 롬이 보유한 자원 중에서 IBM이 보유하지 못한 것은 없었다. 중요한 것은 PBX 제품을 위한 새로운 시장을 개발하고 발굴하는 롬의 절차였다. 처음에 IBM은 자사의 체계적인 스타일과 상반되지만 롬의 자유롭고 비관습적인 문화를 보존할 가치가 있다고 여겼다. 그러다가 1987년에 자회사로 남아 있던 롬을 본사로 완전히 통합하기로 결정했다. IBM 경영진은 곧 이 결정이 어리석었다는 걸 깨달았다. 롬의 자원, 즉 제품과 고객을 대형 컴퓨터 사업에서 구축한 절차로 관리하자 사업이 크게 휘청거렸다. 19퍼센트의 이윤에 익숙한 컴퓨터 회사가 훨씬 낮은 이윤에 만족하

기는 불가능했다. 합병 조치는 애초에 인수를 통해 확보하고자 했던 가치
의 근원을 무너뜨리고 말았다.

반면 시스코 시스템스Cisco Systems의 인수 절차는 성공적으로 가동되었
다. 우리가 보기에 그 이유는 적절한 관점에 따라 자원, 절차, 가치관을
보존했기 때문이다. 시스코 시스템스는 1993년부터 1997년까지 주로 창
립한 지 2년이 안 되고, 자원 특히 엔지니어와 제품을 토대로 시장 가치
가 형성된 작은 회사들을 인수했다. 그리고 이 자원을 기존의 효율적인
개발, 물류, 제조, 마케팅 절차와 결합했다. 초기 절차와 가치관은 애초에
인수 대상이 아니었기 때문에 자원 외에는 모두 폐기했다. 1996년에 스
트라타콤StrataCom을 인수한 것을 비롯해 규모가 더 크고 성숙한 기업을
인수한 경우에는 조직 통합을 시도하지 않았다. 스트라타콤의 경우 독자
적인 운영을 보장하는 한편 상당한 자원을 투입해 빠른 성장을 도왔다.[3]

변화에 직면한 조직은 먼저 새로운 상황에서 성공하는 데 필요한 자원
을 갖췄는지 파악해야 한다. 그런 다음 절차와 가치관을 갖췄는지 살펴
야 한다. 두 번째 질문은 첫 번째 질문만큼 본능적으로 제기되지 않는다.
업무 추진의 토대가 되는 절차와 결정의 토대가 되는 가치관은 과거에
잘 통했기 때문이다.

우리가 이 틀을 통해 경영자들에게 심어주고 싶은 생각은 조직을 효율
적으로 만드는 역량이 동시에 무능력을 말해준다는 것이다. 이런 측면에
서 다음 질문에 대해 정직한 답을 구하는 일은 큰 도움이 될 것이다. 우
리 회사에서 습관적으로 업무를 진행하는 절차가 새로운 문제를 해결하

는 데 적절한가? 우리 회사의 가치관에 따르면 새 프로젝트는 중시될까, 아니면 배제될까?

이 질문들에 대한 답이 부정적이어도 괜찮다. 문제를 이해하는 것은 해결을 위한 가장 중요한 단계다. 그저 희망만 갖고 혁신을 추진하면 고생, 후회, 좌절로 가득한 길을 걷게 된다. 기존 기업에 혁신이 종종 아주 어려워 보이는 이유는 유능한 사람들을 모아놓고도 당면 과제에 맞지 않는 절차와 가치관을 따르게 만들기 때문이다. 그들이 적절한 조직 안에서 잘 자리 잡도록 보장하는 일은 지금 같은 전환기에 경영진에게 주어진 주요한 과제다.

[2000년 3월호]

주석

1 Dorothy Leonard-Barton, "Core Capabilities and Core Rigidities: A Paradox in Managing New Product Development," *Strategic Management Journal*(Summer, 1992).

2 조직 문화가 형성되는 과정에 대한 설명은 에드거 샤인Edgar Schein이 『조직 문화와 리더십Organizational Culture and Leadership』(1985)에서 처음 제시한 연구 결과를 많이 참고했다.

3 Charles A. Holloway, Stephen C. Wheelwright, Nicole Tempest, "Cisco Systems, Inc.: Post-Acquisition Manufacturing Integration," 스탠퍼드 경영대학원 및 하버드 경영대학원 공동 사례 연구, 1998.

3. 마케팅 부진

: 원인과 해법

– 클레이튼 크리스텐슨, 스콧 쿡, 태디 홀

매년 대략 3만 종의 신제품이 출시된다. 그중 90퍼센트는 실패작으로 끝난다. 마케팅 전문가들이 고객의 욕구를 이해하기 위해 엄청난 돈을 들여서 조사한 뒤 출시했는데도 말이다. 무엇이 잘못된 것일까? 시장조사를 하는 사람들이 똑똑하지 않은 탓일까? 광고를 만드는 사람들이 창의적이지 못해서일까? 소비자를 이해하는 일이 너무 어려워진 걸까? 그렇지 않다. 우리는 마케팅의 일부 근본적 패러다임, 즉 대개 시장을 세분하고, 브랜드를 구축하고, 고객을 이해하기 위해 익히는 수단들에 문제가 있다고 생각한다. 우리만 그렇게 판단하는 것이 아니다. 이 문제와 관련해 세계 최고 발언권을 지닌 프록터앤드갬블Procter & Gamble, P&G의 CEO A. G. 래플리A. G. Lafley도 "소비자에게 제품을 마케팅하는 방식을 바꿔야 합니다. 새로운 모델이 필요합니다"라고 말했다.

　고객에게 의미를 지니는 브랜드를 구축하려면 그들에게 의미를 지니는 제품과 결부시켜야 한다. 그러기 위해서는 고객들이 실제로 살아가는 방식을 반영해 시장을 세분해야 한다. 지금부터 시장 세분 원칙을 재구성하는 방법을 제안할 것이다. 또한 고객들이 꾸준하게 선호할 제품을 만드는 방법을 설명할 것이다. 그리고 끝으로 새롭고 가치 있는 브랜드를 구축해 지속적이고 수익성 있는 성장을 구가하는 방법을 설명할 것이다.

시장 세분화의 무너진 패러다임 분사

　하버드 대학의 뛰어난 마케팅 교수 시어도어 레빗Theodore Levitt은 학생들에게 이런 말을 자주 했다. "사람들은 0.25인치짜리 드릴을 원하는 게 아니라 0.25인치짜리 구멍을 원하는 겁니다!" 우리가 아는 모든 마케터는 그의 통찰에 동의한다. 하지만 정작 시장을 세분할 때는 드릴의 유형과 가격을 기준으로 삼는다. 구멍이 아니라 드릴의 시장점유율을 측정한다. 경쟁자가 만드는 구멍이 아니라 드릴의 속성과 기능을 기준으로 삼는다. 그런 다음 더 높은 가격과 시장점유율에 보탬이 되리라 믿으며 더 많은 속성과 기능을 제공하려 애쓴다. 이런 경우는 대개 틀린 문제를 풀고 있는 것이다. 고객의 필요와 무관한 방식으로 제품을 개선하기 때문이다.

　고객의 유형에 따른 시장 세분도 별로 나은 점이 없다. 마케터들은 기해마다 3만 종의 신상품이 쏟아진다. 그중 90퍼센트는 실패한다. 왜 그럴까? 잘못된 시장 세분 방식 때문이다. 예를 들어 우리는 고객의 유형에 따라 시장을 나누고, 해당 세분 시장에 속한 전형적인 고객의 필요를 정의한다. 그러나 실제 인간은 통계적인 평균 고객처럼 행동하지 않는다. 그래서 이전보다 개선된 신제품이 실제 고객들의 필요를 충족하지 못하는 경우가 많다.

더 나은 방식은 '전형적'인 고객을 이해하려 애쓰는 것이 아니라 사람들이 어떤 일을 하려 하는지 파악하는 것이다. 그런 다음 소비자들이 그 일을 하기 위해 활용하는 제품 및 서비스로 **목적성** 브랜드를 개발해야 한다. 예를 들어 페덱스는 '물건을 다른 곳으로 최대한 빠르게 보내는' 일을 하도록 서비스를 설계했다. 이 서비스는 우편이나 다른 배달 서비스보다 훨씬 편리하고, 안정적이며, 저렴하기 때문에 전 세계 기업들이 애용하기 시작했다.

분명한 목적성을 지닌 브랜드는 양면 나침반 같은 역할을 한다. 한 면은 고객들을 올바른 제품으로 이끌고, 다른 면은 디자인, 마케팅, 광고 인력들의 새로운 제품 개발 및 마케팅 과정을 이끈다. 그 결과는 고객들이 꾸준하게 사용하는 제품과 회사에 지속적으로 수익성 있는 성장을 안기는 브랜드다.

업 고객을 소기업, 중기업, 대기업으로, 혹은 고객을 연령, 성별, 생활방식에 따라 나눈 다음, 각 세분 시장을 대표하는 고객들의 필요를 파악하고 거기에 맞는 제품을 바삐 개발한다. 문제는 고객들이 해당 세분 시장의 평균 소비자들이 지닌 욕구에 자신의 욕구를 맞추지 않는다는 것이다. 인구통계적 세분 시장에 속한 전형적인 고객의 필요를 충족하는 제품을 기획하면 특정 개인들이 해당 제품을 살 것인지 알 수 없다. 단지 구매 가능성을 확률로 제시할 뿐이다.

따라서 예비 경영자들이 경영대학원에서 배우고 좋은 회사의 마케팅 부서에서 실행하는 시장 세분 방식은 사실 신제품 혁신을 이길 확률이 형편없이 낮은 도박으로 만드는 핵심 원인이 된다.

시장의 세분과 신제품 혁신을 생각하는 더 나은 방식이 있다. 고객의 관점에서 보면 시장의 구조는 아주 단순하다. 시어도어 레빗이 말한 대로 제품은 고객이 바라는 일만 해주면 된다. 사람들은 해야 할 일이 있을 때 거기에 필요한 제품을 산다. 따라서 마케터가 할 일은 고객의 삶에서 주기적으로 발생하는 과제를 해결할 수 있는 자사 제품이 무엇인지 파악하는 것이다. 마케터가 그 과제를 이해하고, 거기에 맞는 제품을 기획하며, 활용성을 강화하는 방식으로 제공하면 고객들은 그 과제를 할 때 해당 제품을 살 것이다.

그러나 대다수 신제품 개발자는 이런 방식으로 생각하지 않는다. 그래서 고객들이 필요한 과제를 수행하는 데 도움을 주는 제품을 개발하지 못한다. 그 대표적인 사례를 살펴보자. 1990년대 중반에 스콧 쿡Scott Cook은 은퇴 계획을 세우는 데 도움을 주는 퀴큰 파이낸셜 플래너Quicken Financial Planner라는 프로그램의 개발을 주도했다. 이 프로그램은 해당 제품 부문에서 90퍼센트 넘는 시장점유율을 기록했는데도 실패로 끝났다. 연 매출이 200만 달러를 넘긴 적이 없었기 때문이다. 그래서 결국 시장에서 철수하고 말았다.

왜 이런 일이 일어났을까? 49달러라는 가격이 너무 높아서일까? 더 사용하기 쉽게 만들어야 했을까? 어쩌면 그럴지도 모른다. 그러나 보다 타당한 이유는, 인구통계적 자료를 보면 재무 계획이 필요한 사람이 아주 많지만 대부분은 실제로 재무 계획을 세울 생각이 없었다는 것이다. 많은 사람에게 재무 계획이 필요하다는 사실 혹은 많은 사람이 재무 계획을 세워야겠다고 말한다는 사실은 중요하지 않았다. 돌이켜보면 쿡은 기획 팀이 초점집단을 구성할 때 실제로 재무 계획을 세운 사람을 찾기 어려웠다는 사실에 경각심을 가져야 했다. 애초에 사람들이 별로 할 생각이 없는 일을 더 쉽고 저렴하게 만든다고 해서 성공으로 이어지는 경우는 드물다.

과제를 수행하는 제품 기획분사

소수의 예외를 제외하면 사람들이 해야 하고, 하려는 모든 일은 사회적, 기능적, 감정적 측면을 지닌다. 이 각각의 측면을 이해해야만 정확하게 과제에 맞는 제품을 기획할 수 있다. 다시 말해 실제로 팔릴 제품을 기획하려면 고객이 아니라 과제를 분석의 기본 단위로 삼아야 한다.

그 이유를 이해하기 위해, 밀크셰이크 매출을 늘리려는 한 패스트푸드 회사의 사례를 살펴보자(회사와 제품의 이름은 밝히지 않는다). 이 회사의 마케터들은 처음에 밀크셰이크라는 제품을 기준으로 시장을 세분한 후 밀크셰이크를 자주 사는 고객들의 인구통계적 특성과 성격적 특성에 따라 추가로 시장을 세분했다. 그런 다음 이 특성에 해당하는 사람들을 대상

실행 방법

목적성 브랜드를 구축하고, 유지하고, 확장하려면 다음과 같은 일들이 필요하다.

고객의 행동 관찰

자사 제품을 사용하는 고객을 관찰하고 인터뷰해 고객이 어떤 과제를 수행하려 하는지 파악한다. 그런 다음 그 과제를 더 잘 수행할 개선된 신제품을 구상한다.

예: 한 패스트푸드 회사는 밀크셰이크 매출을 늘리고 싶어 한다. 고객들의 구매 양상을 분석한 결과, 고객들이 아침에 급히 밀크셰이크를 사서 차로 가져가는 경우가 40퍼센트에 달했다. 또한 인터뷰 결과를 보면 대다수 고객이 밀크셰이크를 사는 이유는 통근길에 지루함을 덜거나, 점심때까지 배고픔을

달래거나, 한 손을 이용해 깔끔하게 먹을 수 있기 때문이었다.

이런 사실들은 제품을 개선할 수 있는 여러 아이디어에 영감을 주었다. 예를 들어 밀크셰이크 기계를 카운터 전면으로 옮기고 충전식 구매 카드를 판매해 고객들이 느린 드라이브스루 창구를 피하고 직접 밀크셰이크를 살 수 있도록 했다.

광고를 통한 제품과 과제 연계

광고를 활용해 제품이 수행하는 과제가 무엇인지 밝히고 제품에 목적을 강조하는 명칭을 부여하면 소비자들이 이전에는 인식하지 못했던 필요를 파악하는 데 도움이 된다.

예: 유니레버 아시아 사업부는 회사원들이 늦은 오후에 활력을 충전할 수 있

으로 밀크셰이크를 더 진하게 만들거나, 초콜릿 맛을 강화하거나, 가격을 낮추거나, 과일조각을 추가하면 만족도가 높아지는지 확인했다. 대상자들은 명확한 반응을 보여주었다. 그러나 그렇게 제품을 개선했는데도 매출에는 아무런 영향이 없었다.

한편 새로운 시장조사 팀은 종일 매장에 머물면서 고객들이 밀크셰이

도록 전자레인지로 데워 먹을 수 있는 수프를 기획했다. 수피 스낵스로 불린 이 제품은 판매 실적이 좋지 않았다. 그래서 이름을 수피 스낵스-4:00로 바꾸고 축 처져 있던 사람이 이 제품을 먹은 후에 기운을 회복하는 모습을 담은 광고를 내보냈다. 그 결과 시청자들이 "나도 4시가 되면 저래!"라고 공감하면서 매출이 급등했다.

목적성 브랜드 확장

치석을 제거하는 것은 물론 입 냄새를 없애며, 미백 효과까지 내는 치약처럼 목적성 브랜드를 다른 과제까지 수행하는 제품으로 확장하면 오히려 고객들이 혼동을 일으켜 브랜드에 대한 신뢰를 잃는다.

브랜드를 확장할 때 이런 사태를 방지하려면 다음과 같은 조치가 필요하다.

- **일반적인 과제에 대응하는 다른 제품을 개발한다.**

  소니는 소비자들이 '번잡한 세상에서 탈출하도록' 돕는 여러 세대의 워크맨을 출시했다.

- **연관성을 지닌 새로운 과제를 파악하고 그에 맞는 목적성 브랜드를 만든다.**

  매리어트 인터내셔널은 원래 대규모 모임을 위한 종합 서비스 시설을 중심으로 구축된 브랜드를 유형별로 확장했다. 새로 만든 목적성 브랜드는 기획 의도에 맞는 이름으로 불렸다. 예를 들어 코트야드 매리어트는 출장 온 고객들이 저녁에 업무를 볼 수 있는 깨끗하고 조용한 호텔을 위한 브랜드다. 반면 레지던스 인은 장기 여행자들을 위한 브랜드다.

크를 통해 해결하려는 과제가 무엇인지 파악했다. 그들은 언제 밀크셰이크가 팔리는지, 같이 팔리는 다른 제품은 무엇인지, 고객이 혼자 오는지 아니면 다른 사람들과 같이 오는지, 밀크셰이크를 먹고 가는지 아니면 차로 가져가는지 등을 일일이 기록했다. 그 내용을 정리해보니 놀라운 사실이 드러났다. 고객들이 아침 일찍 밀크셰이크를 사가는 경우가 40퍼센트에 달했다. 또한 고객들은 대개 혼자 왔으며, 다른 제품은 사지 않았고, 밀크셰이크를 차로 가져갔다.

시장조사 팀은 아침에 밀크셰이크를 사가는 고객들을 대상으로 그 이유를 파악하기 위한 면접 조사를 실시했다. 대개는 비슷한 이유였다. 고객들은 길고 지루한 출근길에 나름대로 흥미를 더할 방편을 원했다. 또한 지금은 아니지만 10시 정도가 되면 배가 고플 것이기에 점심시간까지 허기를 달랠 필요가 있었다. 그리고 서둘러 출근해야 하고, 근무복을 입고 있으며, 한 손만 자유롭게 쓸 수 있다는 제약도 안고 있었다.

시장조사 팀은 한 걸음 더 나아가 같은 상황에서 밀크셰이크 대신 구매한 제품이 무엇인지 조사했다. 어떤 고객들은 가끔 베이글을 샀다. 그러나 베이글은 너무 퍽퍽했다. 또한 크림치즈나 잼이 들어간 베이글을 먹으면 손가락과 운전대가 지저분해졌다. 바나나를 사는 경우도 있었다. 그러나 바나나는 출근길의 지루함을 달랠 만큼 오래 먹을 수 없었다. 도넛은 10시에 닥치는 허기를 해결하지 못했다.

밀크셰이크는 다른 경쟁자들보다 이 과제들을 잘 수행했다. 걸쭉한 밀크셰이크를 얇은 빨대로 빨아먹으려면 20분 정도 걸리기 때문에 출근길의 지루함이 해결되었다. 또한 한 손으로 깔끔하게 먹을 수 있었다. 다른 음식을 먹었을 때보다 10시에 느끼는 허기도 덜했다. 몸에 좋은 음식이 아니라는 점은 크게 문제가 되지 않았다. 건강은 애초에 밀크셰이크로 해결하려는 과제에서 근본적인 요소가 아니었기 때문이다.

시장조사 팀은 다른 시간대의 경우 부모들이 자녀를 위해 세트 메뉴에 더해 밀크셰이크를 많이 산다는 사실을 확인했다. 이때 부모들은 어떤 과제를 해결하려는 것일까? 그들은 아이에게 계속 "하지 마"라고 말하는 데 지친 상태였다. 그래서 아이를 달래고 부모로서의 애정을 느낄 수 있는 무해한 수단으로 밀크셰이크를 활용했다. 그러나 밀크셰이크는 이 과제를 제대로 수행하지 못했다. 부모들은 자기 음식을 다 먹은 후에도 아이가 걸쭉한 밀크셰이크를 얇은 빨대로 빨아먹고 있으면 조바심을 내며 기다렸다.

고객들은 밀크셰이크를 두 가지 아주 다른 이유로 활용했다. 그러나 마케터들이 처음에 이 두 가지 이유 중 하나 혹은 둘 다를 위해 밀크셰이크를 활용한 개별 고객에게 어떤 속성을 개선해야 할지 묻고 그 반응을 해당 세부 시장에 속한 다른 고객들의 반응과 종합한 결과, 어디에도 맞지 않는 제품이 탄생했다.

반면 고객들이 어떤 과제를 해결하려는지 이해한 후에는 어떤 속성을 개선해야 하고 어떤 속성이 무의미한지 분명하게 드러났다. 출근길의 지루함을 덜어내는 과제를 더 잘 수행하려면 어떻게 해야 할까? 더 오래 먹을 수 있도록 더 걸쭉하게 만들면 된다. 또한 작은 과일조각을 넣으면 단조로운 출근길에 소소한 재미를 더할 수 있다. 마찬가지로 중요한 개선은 밀크셰이크 기계를 카운터 전면으로 옮기고 충전식 구매 카드를 판매해 더욱 효율적으로 제품을 제공하는 것이다. 그러면 고객들은 드라이브스루 창구에서 기다릴 필요 없이 바로 밀크셰이크를 사갈 수 있다. 물론 점심과 저녁 시간대에 해당하는 과제를 해결하려면 매우 다른 제품이 필요할 것이다.

이처럼 밀크셰이크에 주어진 과제를 이해하고 거기에 맞춰 사회적, 기능적, 정서적 측면을 개선하면 경쟁사의 밀크셰이크뿐 아니라 바나나 혹은 베이글 같은 진정한 경쟁자에 맞서서도 점유율을 높일 수 있다. 그에 따라 해당 범주가 확장된다. 이 점은 중요한 사실을 말해준다. 과제를 기준으로 정의한 시장은 대개 제품 범주를 기준으로 정의한 시장보다 훨씬 크다는 사실 말이다. 시장 규모를 제품 범주와 동일시하는 정신적 틀에 갇힌 마케터들은 고객의 관점에서 실제로 누구와 경쟁하는지 이해하지 못한다.

제품을 개선하는 방법이 '전형적'인 고객을 이해하는 데서 나오지 않고 과제를 이해하는 데서 나왔다는 점에 주목하라. 증거가 더 필요한가?

피에르 오미다이어Pierre Omidyar는 '경매 심리집단auction psychographic(연령, 성별, 인종으로 나뉘는 인구집단과 달리 성격, 개성 같은 심리적 특성을 기준으로 나눈 집단-옮긴이)'을 위해 이베이eBay를 기획한 것이 아니다. 그가 이베이를 만든 이유는 사람들이 개인 물품을 팔 수 있도록 돕기 위해서였다. 구글 Google은 '검색 심리집단'을 위해서가 아니라 정보를 찾는 일을 위해 기획되었다. 큰 성공을 거둔 P&G의 스위퍼Swiffer로 이어진 분석의 기준은 인구집단이나 심리집단이 아니라 청소라는 과제였다.

왜 수많은 마케터가 과제가 아니라 소비자를 이해하려고 애쓰는 걸까? 한 가지 이유는 순전히 역사적인 배경을 지닌다. 여성용 위생용품 혹은 유아용 제품 시장처럼 현대적 시장조사 기법이 생겨나고 실험이 이뤄진 일부 시장의 경우 고객집단의 인구통계적 특성이 과제와 대단히 긴밀하게 연관되어 있었다. 그래서 고객을 이해하면 과제도 이해할 수 있었다. 그러나 이런 우연은 드물다. 그보다 고객에게 초점을 맞추는 바람에 헛된 필요를 겨냥하는 경우가 부지기수다.

과제에 맞춘 초점이 제품 범주를 확장하는 양상

혁신적인 기업이 마땅한 해결책이 없는 과제에 맞춰 제품을 기획하고 자리매김할 때 새롭게 성장하는 시장이 창출된다. 실제로 시장을 세분하고 규모를 측정하는 기준을 제품 범주에서 과제로 바꾸면 기업들이 생각한 것보다 규모가 훨씬 크다는(그리고 자신의 시장점유율은 훨씬 작다는) 사실을 알게 된다. 이는 성장에 목마른 소기업들에 아주 반가운 소식이다.

과제를 이해하고 겨냥하는 것은 소니Sony 창립자 모리타 아키오盛田昭夫가 파괴적 혁신을 위해서 취한 접근법이다. 모리타는 전통적인 시장조사를 한 적이 없다. 대신 그는 직원들과 함께 사람들이 생활 속에서 어떤 일을 하려 하는지 오랫동안 관찰한 다음 소니의 전자기기 소형화 기술로 어떻게 하면 그 일을 더 잘, 더 쉽게, 더 저렴하게 하는 데 도움을 줄 수 있는지 살폈다. 만약 워크맨Walkman을 출시하기 전에 기존 카세트 플레이어의 판매 수를 토대로 추세를 분석했다면 시장 규모를 크게 오판했을 것이다. 워크맨의 사례는 모든 마케터에게 컴퓨터를 끄고 밖으로 나가서

목적성 브랜드와 파괴적 혁신

우리는 다른 글에서 파괴적 혁신의 잠재력을 살려 성장을 이루는 방법을 다뤘다. 파괴적 혁신에 해당하는 제품은 주류 제품만큼 성능이 좋지 않다. 선도 기업에서는 브랜드의 가치를 떨어뜨릴까봐 출시를 주저하는 경우가 많다. 이런 우려는 대개 쓸데없는 것이다. 파괴적 혁신에 고유한 목적성 브랜드를 부여하면 되기 때문이다.

예를 들어 목적성 브랜드는 코닥이 두 가지 파괴적 제품으로 성공하는 데 핵심적인 역할을 했다. 첫 번째 제품은 전형적인 파괴적 제품인 일회용 카메라였다. 이 신형 카메라는 저렴한 플라스틱 렌즈를 사용하기 때문에 35밀리미터 카메라만큼 좋은 화질의 사진을 찍을 수 없었다. 이런 이유로 일회용 카메라를 출시하려는 계획은 코닥 내부에서 격렬한 반대에 부딪혔다. 결국 코닥 경영진은 별도 사업부에 신제품을 출시하는 일을 맡겼다. 이 사업부는 코닥 펀세이버 Kodak FunSaver라는 목적성 브랜드를 통해 일회용 카메라를 선보였다. 고객들은 카메라를 가져오지 않았거나, 비싼 카메라를 쓰고 싶지 않을 때 추억을 남길 수 있는 수단으로 일회용 카메라를 활용했다. 코닥은 새로운 과제에 맞는 목적성 브랜드를 만듦으로써 제품을 차별화했고, 의도된 용도를 명확하게 제시했

관찰하라고 말한다.

처치앤드드와이트Church & Dwight도 같은 전략을 활용해 베이킹 소다 사업을 키웠다. 이 회사는 1860년대부터 암앤드해머Arm & Hammer 베이킹 소다를 만들었다. 망치를 든 벌컨Vulcan의 팔이 그려진 특유의 노란 박스는 오랫동안 '순수함의 기준'을 말해주는 상징이었다. 회사의 전략에 변화가

으며, 고객에게 기쁨을 안겼고, 산하 브랜드를 뒷받침하는 코닥 브랜드의 힘을 강화했다. 어차피 품질은 수행해야 하는 과제와 그 과제를 수행하기 위해 활용하는 대안에 따라 측정되는 것이다(안타깝게도 코닥은 몇 년 전 펀세이버 브랜드를 버리고 일회용 카메라에 '맥스Max'라는 브랜드를 쓰기 시작했다. 아마도 과제 수행보다 필름 판매에 집중하기 위한 조치일 것이다).

코닥은 이지셰어EasyShare 디지털 카메라를 통해 다른 성공 사례도 만들었다. 이 파괴적 제품을 출시하던 무렵 코닥은 일본의 카메라 제조사들(모두 기업 브랜드는 공격적으로 홍보했지만 목적성 브랜드는 갖고 있지 않았음)과 픽셀 수 및 줌 성능을 놓고 정면 대결을 벌였으나 차별화와 시장점유율 확보에 애를 먹었다. 그래서 즐거움을 나눈다는 과제에 초점을 맞춘 파괴적 전략을 채택했다. 그 결과물이 사진을 찍은 후 이메일로 가족이나 친구에게 쉽게 보낼 수 있도록 해주는 저렴한 디지털 카메라였다. 이 신제품이 수행하는 역할은 먼 훗날을 위해 고해상도 이미지를 보존하는 것이 아니라 즐거운 순간을 나누는 것이었다. 목적성 브랜드인 이지셰어는 이 과제에 맞춘 제품으로 고객들을 이끌었다. 현재 코닥은 미국의 디지털 카메라 시장에서 가장 높은 시장점유율을 차지하고 있다.

일어난 것은 1960년대 말이었다. 시장조사 담당 이사인 배리 골드블랫Barry Goldblatt의 말에 따르면 당시 경영진은 고객들이 회사의 제품을 활용하는 다양한 양상을 관찰한 결과, 소수 고객들이 세탁용 세제에 타거나, 치약과 섞거나, 카펫에 뿌리거나, 냉장고 안에 넣어둔다는 사실을 확인했다. 암앤드해머 베이킹 소다로 할 수 있는 과제가 엄청나게 많았지만 대다수 고객은 청소와 냄새 제거 용도에도 쓸 수 있다는 사실을 몰랐다. 고객들에게 필요한 지침을 제공하지 않았기 때문이다.

지금은 과제에 초점을 맞춘 다양한 암앤드해머 제품군이 베이킹 소다의 범주를 크게 키워놓았다. 주요 과제 및 해당 제품은 다음과 같다.

- 구강 청정(컴플리트 케어Complete Care 치약)
- 냉장고 냄새 탈취(프리지앤프리저Fridge-n-Freezer 베이킹 소다)
- 겨드랑이 청결(울트라 맥스Ultra Max 데오도런트)
- 카펫 냄새 탈취(배큠엄 프리Vacuum Free 카펫 탈취제)
- 고양이 화장실 냄새 탈취(슈퍼 스쿱Super Scoop 고양이 배설 전용 점토)
- 빨래(세탁용 세제)

현재 요리용 베이킹 소다가 암앤드해머의 매출에서 차지하는 비중은 채 10퍼센트도 안 된다. 사업 다양화 덕분에 회사의 주가 상승률은 P&G, 유니레버Unilever, 콜게이트팜올리브Colgate-Palmolive 같은 경쟁사의 평균 주가 상승률보다 거의 4배나 높았다. 각 사업 부문에서 암앤드해머라는 브랜드가 중요한 역할을 한 것은 사실이다. 그러나 탁월한 성장을 이룰 수 있었던 핵심적 요인은 과제에 초점을 맞춘 일련의 제품과 어떤 과제를 해결해야 할 때 믿고 쓸 수 있는 제품이 무엇인지 고객들에게 알린 홍보 전략이었다.

목적성 브랜드 구축

어떤 과제를 해결하는 과정은 의식적이고, 합리적이고, 명시적으로 이뤄지기도 하지만 너무나 익숙한 일이라서 무의식적으로 이뤄지기도 한다. 어느 쪽이든 운이 좋다면 해결해야 할 과제가 있을 때 완벽하고 분명하게 맞는 제품이 존재한다. 이처럼 특정한 과제와 긴밀하게 연관된 제품을 위한 브랜드가 바로 '목적성 브랜드purpose brand'다.

페덱스Federal Express, FedEx의 역사는 목적성 브랜드가 성공적으로 구축되는 양상을 보여준다. 어떤 물건을 최대한 빠르고 확실하게 다른 곳까지 보내야 하는 필요성은 언제나 존재했다. 어떤 사람들은 항공우편으로 이 과제를 해결했다. 시급한 경우엔 따로 사람을 고용해 비행기에 태워 보내기도 했다. 미리 계획을 세워 일반우편으로 보내는 경우도 있었다. 그러나 이런 방법들은 복잡하고, 비싸고, 불확실하고, 불편했다. 과제를 잘 해결할 수 있는 서비스를 설계하지 못했기 때문에 해당 부문의 브랜드들은 고객의 불만을 초래하면서 쇠퇴할 수밖에 없었다. 반면 페덱스는 이 과제를 잘해낼 수 있도록 서비스를 설계하고 거듭 능력을 증명했다. 덕분에 물건을 보내야 하는 과제가 생길 때마다 사람들의 머릿속에 페덱스 브랜드가 떠오르게 되었다. 목적성 브랜드가 된 것이다. 심지어 페덱스는 전 세계에 걸쳐 배송과 관련해 '동사'로 자주 쓰이고 있다.

크레스트Crest, 스타벅스Starbucks, 클리넥스Kleenex, 이베이, 코닥을 비롯한 오늘날의 뛰어난 브랜드들은 대부분 목적성 브랜드로 출발했다. 그들의 제품은 과제를 잘 수행했고, 고객들은 입소문을 퍼뜨렸다. 브랜드 자산은 이런 식으로 구축된다.

반대로 시장이 특정 목적과 브랜드를 연계하지 않을 때는 브랜드 자산이 파괴된다. 고객에게 어떤 목적으로 사야 하는지 알리지 않은 채 포괄적인 브랜드를 구축하려 들면 원래 의도와 다른 용도로 쓰일 위험이 있다. 그러면 우편의 경우와 마찬가지로 브랜드에 대한 불신이 생긴다.

명확한 목적성 브랜드는 양면 나침반과 같다. 한 면은 고객을 올바른 제품으로 이끌고, 다른 면은 내부의 디자인, 마케팅, 광고 인력들을 올바른 개선 및 마케팅 과정으로 이끈다. 좋은 목적성 브랜드는 어떤 사양과 기능이 과제에 부합하며, 어떤 개선이 무의미한지 밝혀준다. 고객들은 양면 나침반을 통해 목적성 브랜드가 제공하는 지침에 대해 기꺼이 가격 프리미엄을 지불한다.

간혹 남성적이거나, 대담하거나, 주목받거나, 위신 높은 느낌을 받고 싶을 때가 있다. 이런 경우엔 그런 느낌을 제공하는 브랜드를 활용할 수 있다. 구찌Gucci, 앱솔루트Absolut, 몽블랑Montblanc, 버진Virgin 같은 브랜드가 거기에 해당한다. 그들은 구매 및 활용 과정을 통해 그런 느낌을 받고 싶다는 과제를 잘 수행한다. 이를 과시성 과제aspirational jobs라고 할 수 있다. 일부 경우에는 제품의 기능이 아니라 브랜드 자체가 이 과제를 수행하기도 한다.

광고의 역할

브랜드를 구축하는 유일한 수단이라는 잘못된 생각 때문에 낭비되는 광고가 많다. 광고는 브랜드를 구축할 수 없다. 단지 어떤 제품이 특정한 과제를 잘 수행할 수 있다고 알려줄 뿐이다. 유니레버 아시아 사업부는 오후 4시 무렵 많은 직장인에게 생기는 중요한 과제를 파악했을 때 이 사실을 깨달았다. 이 시간이 되면 신체적, 정신적 기운이 소진된 상태임에도 여전히 일을 해야 한다. 생산성을 높이기 위한 수단으로 대개 카페인 음료나 에너지 바 혹은 휴식이나 대화를 활용하지만 항상 효과가 좋은 것은 아니다.

유니레버는 바로 이런 경우에 맞는 수프를 기획했다. 이 수프는 빠르게 섭취할 수 있고, 영양가가 있지만 포만감을 주지 않으며, 책상에서 바로 먹을 수 있되 전자레인지로 데우는 동안 잠깐 휴식을 취할 수 있도록 해주었다. 수피 스낵스^{Soupy Snax}라는 제품의 이름도 어떤 기능을 하는지 말해주었다. 그러나 초기 실적은 좋지 않았다. 브랜드 매니저들은 이름을 수피 스낵스-4:00으로 바꾸고 이 제품을 먹은 후 기운을 회복하는 모습을 담은 광고를 내보냈다. 이 광고를 본 사람들은 "나도 4시가 되면 저래!"라며 공감하는 반응을 보였다. 그들에게는 해결해야 할 과제와 거기에 도움이 되는 제품이 무엇인지 알려주는 계기가 필요했다. 추가된 상품명과 광고는 단순히 제품을 설명하던 수준에 그친 브랜드를 과제의 성격과 그 과제에 맞춰진 제품을 명시하는 목적성 브랜드로 바꿔놓았다. 그 결과 큰 성공을 거둘 수 있었다.

이 과정에서 광고가 어떤 역할을 했는지 주목할 필요가 있다. 광고는 과제의 성격을 밝혔고, 많은 사람에게 그런 과제가 있다는 사실을 상기시켰다. 또한 그 과제를 수행하도록 만들어진 제품을 알려주었고, 그 이름을 기억하게 만들었다. 그렇다고 해서 광고가 구체적인 과제를 수행할 제품을 기획하고 개선된 사양과 기능이 의미를 지니도록 만드는 과정을 대체할 수 있는 것은 아니다. 사실 대부분의 뛰어난 브랜드는 광고가 시작되기 전에 이미 구축된다. 디즈니Disney, 할리데이비슨Harley-Davidson, 이베이, 구글을 생각해보라. 각 브랜드는 광고에 많은 돈을 들이기 전부터 눈부신 명성을 쌓았다.

이런 과정을 생략한 채 광고를 통해 처음부터 사람들이 신뢰할 수 있는 브랜드를 구축하려고 시도하는 것은 어리석다. 포드Ford, 닛산Nissan, 메이시스Macy's를 비롯한 많은 기업이 그 이름을 대중의 의식에 각인시키려고 엄청난 돈을 투자한다. 그러나 구체적인 과제를 위해 제품을 설계하지 않기 때문에 대개 경쟁 제품과 차별화를 이루지 못한다. 이 기업들은 산하에 목적성 브랜드가 거의 없고, 목적성 브랜드를 만들기 위한 전략도 갖추고 있지 않다. 그저 영광에 이르는 길을 돈으로 살 수 있다는 헛된 희망을 품고 광고대행사에 이익의 상당 부분을 바칠 뿐이다. 게다가 많은 기업이 비용이 많이 든다는 이유로 새로운 브랜드 구축을 포기해버렸다. 실제로 광고를 통해 브랜드를 구축하려면 엄청난 돈이 필요하다. 그러나 이는 애초에 잘못된 방법이다.

마케팅 전문가들은 브랜드란 의미를 채워 넣어야 할 텅 빈 단어라고 말한다. 이 말을 신중하게 받아들여야 한다. 브랜드 광고가 텅 빈 단어에 의미를 채워 넣는 효과적인 수단이라고 생각하지만, 실제로는 모호함을 가득 채우는 경우가 많다. 광고대행사와 언론사들이 이 게임에서 큰돈을 번다. 그러나 정작 브랜드를 가진 기업도 마찬가지로 모호한 브랜드를 가진 경쟁자들과 함께 돈이 많이 들고 끝없이 이어지는 경쟁만 벌이기 십상이다.

이런 양상에서 벗어난 예외가 바로 과시성 과제에 맞춰진 목적성 브랜드다. 이 경우 광고에서 제시하는 이미지를 통해 브랜드를 구축해야 한다. 그러나 이런 과제에만 맞는 브랜드 구축 방식이 다른 브랜딩 영역에서 마구 남용되고 있다.

브랜드 자산의 확장 혹은 파괴

강력한 목적성 브랜드가 구축되면 다른 제품에도 적용하고 싶은 마음이 들기 마련이다. 경영진은 이런 제안을 신중하게 살펴야 한다. 브랜드를 강화하는 확장이 있는가 하면 브랜드를 약화하는 확장도 있다.

같은 과제에 활용할 수 있는 다른 제품으로 브랜드를 확장할 때는 크게 걱정할 필요가 없다. 예를 들어 소니의 휴대용 CD 플레이어는 워크맨 브랜드로 출시된 라디오나 카세트 플레이어와 다른 제품이지만 (번잡한 세상으로부터 탈출하도록 돕는다는) 같은 과제를 수행한다고 홍보되었다. 그래서 소비자들이 해당 과제를 해결해야 할 때 워크맨 브랜드를 더 많이 떠올리게 만들었다. 소니가 이런 전환을 게을리하지 않았다면 워크맨 브랜드를 단 MP3 플레이어가 뒤를 이었을 것이다. 심지어 애플의 목적성 브랜드인 아이팟이 시장을 선점하지 못하도록 막았을지도 모른다.

  목적성 브랜드는 특정한 과제에 맞춰져 있다. 다른 과제를 겨냥하는 제품으로 확장하면 명확한 의미를 잃어버리고 '보증성 브랜드endorser brand'로 성격이 바뀐다. 보증성 브랜드는 품질에 대한 전반적인 느낌을 부여해 마케팅 과정에서 일정한 가치를 형성한다. 대신 특정한 과제를 해결해야 하는 고객들을 그 목적에 맞춰진 제품으로 이끄는 능력을 잃는다. 고객들은 적절한 지침이 없으면 보증성 브랜드를 단 제품을 원래 의도가 아닌 과제에 활용하기 시작한다. 뒤이은 나쁜 경험은 브랜드에 대한 신뢰를 훼손한다. 따라서 추가 명칭을 붙여 따로 목적성 브랜드를 만들지 않으면 보증성 브랜드의 가치가 소모된다. 과제가 달라지면 목적성 브랜드도 달라져야 한다.

  매리어트 인터내셔널Marriott International의 경영진은 매리어트 브랜드를 활용해 여러 과제에 대응하는 일에 나섰을 때 이 원칙을 따랐다. 매리어트는 원래 대규모 회합에 맞는 종합 서비스 시설을 중심으로 브랜드를 구축했다. 그러다가 브랜드를 확장하기로 결정한 후에는 새로운 호텔 체인들이 의도한 여러 과제에 맞게 매리어트라는 보증성 브랜드에 단어를 추가해 목적성 브랜드를 만들었다.

저녁에 업무를 볼 수 있는 깔끔하고 조용한 숙소를 원하는 출장자는 그 목적에 맞춰진 코트야드 매리어트Courtyard by Marriott를 이용하면 된다. 반면 장기 여행자는 레지던스 인 매리어트Residence Inn by Marriott를 이용하면 된다. 이 호텔들은 종합 서비스를 제공하는 매리어트 호텔만큼 고급스럽지는 않다. 그러나 기획 의도에 맞는 과제를 잘 수행하기 때문에 보증성 브랜드로서 매리어트가 지니는 가치를 강화한다.

전동공구 제조 회사 밀워키 일렉트릭 툴Milwaukee Electric Tool은 단 두 개의 제품으로 목적성 브랜드를 구축했다. 밀워키 소즈올Milwaukee Sawzall은 속에 무엇이 있는지 모르는 상태에서 벽을 신속하게 절단해야 할 때 쓰는 왕복형 전기톱이다. 홀 호그Hole Hawg는 좁은 공간에서 구멍을 뚫어야 할 때 사용하는 직각 드릴이다. 블랙앤드데커Black & Decker, 보쉬Bosch, 마끼다Makita 같은 경쟁자들도 성능과 가격이 비슷한 전기톱과 직각 드릴을 판매한다. 그러나 해당 과제가 생겼을 때 바로 떠오르는 목적성 브랜드를 가진 회사는 없다. 밀워키 일렉트릭 툴은 오랫동안 이 두 가지 과제를 위한 시장을 80퍼센트 이상 차지해왔다.

흥미롭게도 밀워키 일렉트릭 툴은 보증성 브랜드 아래 회전 톱, 권총형 드릴, 연마기, 수직 왕복형 톱을 비롯한 모든 전동공구를 제공한다. 이 제품들의 상대적 내구성과 가격은 소즈올이나 홀 호그와 비슷한 수준이다. 그러나 밀워키 일렉트릭 툴은 다른 제품을 위한 목적성 브랜드를 만들지 않았다. 이 제품들의 시장점유율은 한 자릿수로 아주 낮다. 이 사실은 목적성 브랜드가 지닌 명확한 가치와 보증성 브랜드가 부여하는 포괄적 가치의 차이를 선명하게 드러낸다. 실제로 명확한 목적성 브랜드는 대개 우월한 성능보다 더 강력한 경쟁 요소로 작용한다. 성능보다 브랜드를 모방하기가 더 어렵기 때문이다.

P&G의 크레스트 브랜드가 겪은 부침은 과제를 잘 수행하다가 초점을 잃은 후 다시 재기해 강력한 목적성 브랜드로 자리 잡은 과정을 보여준다. 1950년대 중반에 선보인 크레스트는 파괴적 혁신의 전형이었다. 불소 성분이 강화된 이 치약은 굳이 치과를 찾을 필요 없이 집에서 저렴하게 충치를 예방할 수 있도록 만들었다. 이 신제품은 기존 치약 브랜드인 글림Gleem으로 출시될 수도 있었다. 그러나 경영진은 크레스트라는 명칭을 붙여 충치 예방이라는 과제에 특화된 목적성 브랜드를 만들기로 결정했다. 자녀에게 충치가 생기지 않도록 막을 수단을 찾는 여성을 비롯한 고객들은 '크레스트'라는 단어를 접하면 충치 예방을 위한 제품임을 알았다. 또한 크레스트가 해당 과제를 대단히 잘 수행해 신뢰감이 쌓였을 뿐 아니라 다른 제품들의 능력을 불신하는 수준에까지 이르렀다. 이처럼 분명한 연상 효과 덕분에 높은 가치를 획득한 크레스트는 모든 경쟁 제품을 물리치고 한 세대 동안 확고한 선도 제품이 되었다.

그러나 가만히 멈춰 있어서는 계속 승리할 수 없다. 경쟁자들이 모방에 나서면서 크레스트의 충치 예방 효과는 흔한 것이 되어버렸다. 게다가 경쟁자들이 향기, 촉감, 베이킹 소다 같은 원료를 비롯한 다른 영역에서 혁신을 일으키면서 크레스트는 시장점유율을 잃었다. P&G는 서둘러 이런 속성들을 모방하고 광고하기 시작했다. 그러나 매리어트와 달리 크레스트의 포괄적 보증 아래 따로 목적성 브랜드를 두지 않았기 때문에 차별성을 잃고 말았다.

새로운 경영진은 1990년대 말에 각각 독자적인 목적성 브랜드를 부여한 두 가지 제품을 선보였다. 그들은 먼저 닥터 존스Dr. John's라는 신생 기업을 인수한 후 그 대표 상품인 전통 칫솔을 크레스트 스핀브러시Crest SpinBrush라는 이름으로 출시했다. 가격은 5달러로, 당시 경쟁 모델보다 훨씬 낮았다. 또한 치과보다 훨씬 저렴한 25달러에 집에서 치아 미백 효과를 얻을 수 있는 크레스트 화이트스트립스Crest Whitestrips를 출시했다. 이처럼 목적성 브랜드를 통해 혁신을 이룬 크레스트는 새로이 상당한 성장세를 구가하면서 전체 구강 관리 제품 범주에서 선두를 탈환했다.

그림 '목적성 브랜드를 확장하는 두 가지 방식'은 가치를 손상시키지 않고 목적성 브랜드를 확장하는 두 가지 방식을 보여준다.

첫 번째 방식은 공통의 과제를 해결하는 다른 제품을 개발해 수직 축을 따라 올라가는 것이다. 소니가 워크맨 휴대용 CD 플레이어를 출시한 것이 한 예다. P&G는 크레스트가 아직 명확한 목적성 브랜드일 때 불소 성분 구강 세척제 등을 출시하는 방식을 시도할 수 있었다. 그랬다면 크레스트는 여전히 명확한 목적성을 유지했을 것이다. 그러나 P&G는 그런 시도를 하지 않았다. 그사이 존슨앤드존슨이 불소 성분 구강 세척제인 액트ACT를 충치 예방 시장에 진입시켰다. 대신 P&G은 수평 축을 따라 (미백, 입냄새 제거 등) 다른 과제로 확장하는 두 번째 방식을 택했기 때문에 목적성 브랜드가 보증성 브랜드로 바뀌었다.

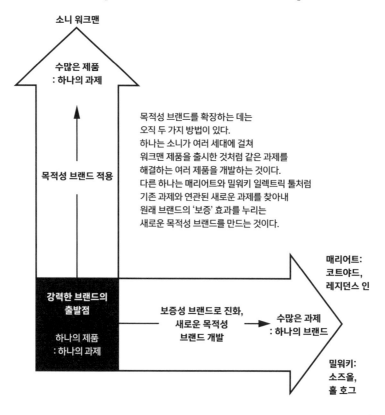

[목적성 브랜드를 확장하는 두 가지 방식]

소니 워크맨

수많은 제품
: 하나의 과제

목적성 브랜드 적용

목적성 브랜드를 확장하는 데는
오직 두 가지 방법이 있다.
하나는 소니가 여러 세대에 걸쳐
워크맨 제품을 출시한 것처럼 같은 과제를
해결하는 여러 제품을 개발하는 것이다.
다른 하나는 매리어트와 밀워키 일렉트릭 툴처럼
기존 과제와 연관된 새로운 과제를 찾아내
원래 브랜드의 '보증' 효과를 누리는
새로운 목적성 브랜드를 만드는 것이다.

강력한 브랜드의
출발점

하나의 제품
: 하나의 과제

보증성 브랜드로 진화,
새로운 목적성
브랜드 개발

수많은 과제
: 하나의 브랜드

매리어트:
코트야드,
레지던스 인

밀워키:
소즈올,
홀 호그

강력한 브랜드가 드문 이유

목적성 브랜드가 차별화, 프리미엄 가격 책정, 성장 측면에서 강력한 기
회를 창출한다는 점을 고려할 때, 의도적으로 이 전략을 추구하는 기업
이 적다는 게 이상하지 않은가?

자동차 산업을 보라. 자동차를 구매하는 사람들이 해결해야 하는 과제가 아주 많다. 그러나 목적성 브랜드로 그 필요를 공략하는 기업은 드물다. 레인지 로버Range Rover는 (적어도 최근까지) 어디든 안전하게 데려다주는 과제를 수행하는 명확하고 가치 있는 목적성 브랜드였다. 볼보Volvo 브랜드는 안전을 추구하는 방향으로 자리매김했다. 포르쉐Porsche, BMW, 메르세데스Mercedes, 벤틀리Bentley, 롤스로이스Rolls-Royce는 다양한 과시성 과제와 연관된다. 토요타는 보증성 브랜드로서 고품질이라는 함의를 얻었다. 하지만 수많은 나머지 브랜드는 어떨까? 그들이 무엇을 의미하는지 알기 어렵다.

한 예로 클레이튼 크리스텐슨은 딸에게 대학 졸업선물로 사주겠다고 오래전에 약속한 차를 사야 했다. 이 차가 수행해야 하는 과제에는 기능적, 정서적 측면이 있었다. 우선 보기에 멋있고 운전하는 재미가 있어야 했다. 동시에 사랑하는 딸이 탈 차이기 때문에 안전해야 했다. 또한 그녀가 차를 소유하고, 주행하고, 관리하는 동안 아버지의 사랑과 관심을 느낄 수 있어야 했다. 핸즈 프리 전화기는 선택이 아니라 필수였다. 사고가 나면 경찰뿐 아니라 클레이튼에게도 연락이 가는 GM의 온스타OnStar 서비스도 중요했다. 건망증이 있는 딸이 정기점검을 놓치지 않도록 알려주는 시스템도 필요했다. 이 서비스를 통해 아버지가 보내는 선물처럼 정기점검 쿠폰이 딸에게 배달된다면 클레이튼의 시름을 한층 덜어줄 수 있었다. 그 역시 가끔 할 일을 잊어버리기 때문이다. 그렇다면 아발론, 캠리, 토러스Taurus, 이스케이프Escape, 카발리에Cavalier, 네온Neon, 프리즘Prizm,

코롤라Corolla, 센트라Sentra, 시빅Civic, 어코드Accord, 세니터Senator, 소나타
Sonata를 비롯한 수많은 차 중에서 무엇을 사야 할까? 자동차 회사들이
미묘한 차별화를 위해 수십억 달러를 들이는 광고는 선택에 전혀 도움이
되지 않았다. 최선의 차종을 고르는 데는 시간이 많이 걸렸고 불편했다.
그나마 힘들게 선택한 차도 몇 년 전 밀크셰이크가 그랬던 것처럼 과제를
해결하는 측면에서 만족스럽지 않았다.

  제품과 브랜드의 초점을 과제에 맞추면 차별화가 이뤄진다. 문제는 완
벽하게 의도된 과제가 무엇인지 소비자에게 알릴 때 활용 목적에서 벗어
난 과제가 무엇인지도 알리게 된다는 것이다. 이처럼 초점은 무서운 면
을 지닌다. 적어도 자동차 회사들은 그렇게 생각하는 듯하다. 그들은 모
든 고객이 모든 과제를 위해 각 모델을 사줄 것이라는 헛된 희망을 품고
어떤 과제와도 연계되지 않은 무의미한 단어로 이름을 짓는다. 이 전략의
결과는 자명하다. 구체적인 과제를 수행하는 목적성 브랜드는 프리미엄
가격을 받으며 제품의 범주에 따른 시장보다 훨씬 큰 시장에서 경쟁한다.
반면 자동차 회사들이 출시하는 제품은 거의 차별화가 이뤄지지 않는다.
평균적인 하위 브랜드가 차지하는 시장점유율은 1퍼센트도 안 된다. 대
다수 자동차 회사는 적자에 시달리고 있다. 누군가로부터 잘못된 성공
비법을 배운 것이다.

  모든 경영진은 수익성 있는 성장을 이룰 책임을 진다. 그들은 브랜드
가 성장 및 이익 목표를 달성할 수 있는 수단이라고 믿는다. 그러나 브랜

드 구축에 성공한 사례가 오래 유지되는 경우는 드물다. 왜 그럴까? 노력이나 자원이 부족해서가 아니다. 시장에서 주어지는 기회가 적어서도 아니다. 근원적인 문제는 시장 세분 및 브랜드 구축과 관련해 활용되는 이론이 잘못된 가정으로 가득하다는 것이다. 래플리가 옳다. 기존 모델은 문제가 있다. 지금까지 제품의 연쇄적인 실패, 놓쳐버린 기회, 낭비된 자금에 따른 죽음의 소용돌이에서 벗어나는 방법을 살폈다. 잘못된 과거의 방식을 극복하는 마케터는 성공적인 브랜드뿐 아니라 수익성 있는 성장을 통해 보상을 얻을 것이다.

[2005년 12월호]

4. 혁신 저해 요소

: 재무적 수단이 혁신 역량을 저해하는 양상

- 클레이튼 크리스텐슨, 스티븐 카우프먼, 윌리 시

오랫동안 우리는 잘 경영되는 기업의 똑똑하고 부지런한 수많은 경영자가 성공적인 혁신을 이루지 못하는 이유를 알고 싶었다. 우리의 연구는 앞선 책과 논문에서 다룬 여러 원인을 드러냈다. 거기에는 가장 수익성 높은 고객들에게 너무 많은 주의를 기울이는 것(그에 따라 덜 까다로운 고객들을 잃을 위험에 처하는 것), 고객이 원하는 일을 하는 데 도움이 되지 않는 신제품을 만드는 것 등이 포함되었다. 지금부터 성공적인 혁신을 저해하는 음모의 공범으로서 세 가지 재무적 수단을 지목하고자 한다. 우리가 제기하는 혐의는 다음과 같다.

• 할인 현금 흐름과 순 현재 가치를 기준으로 투자 가치를 평가하면

핵심 정리

대다수 기업이 혁신을 이루는 수준은 고위 경영진이 원하는 수준(혹은 홍보물에서 주장하는 수준)의 절반에도 못 미친다. 무엇이 혁신을 가로막을까? 일반적인 피의자들이 있지만 우리는 세 가지 재무적 수단을 핵심 공범으로 지목한다. 우선 흔히 활용되는 할인 현금 흐름과 순 현재 가치는 투자를 진행하는 데 따른 실질적인 수익과 혜택을 과소평가한다. 대다수 경영진은 혁신에서 얻는 현금 흐름과 아무것도 하지 않는 기본 시나리오에서 얻는 현금 흐름을 비교한다. 투자를 하지 않아도 회사의 현재 상태가 계속 유지될 것이라는 잘못된 가정 때문이다. 그러나 대부분의 경우 경쟁사들의 존속적 혁신과 파괴적 혁신으로 인해 재무적 성과가 줄어든다. 또한 고정비용과 매몰비용에 대한 통념은 도전자들에게 부당한 우위를 제공하고 그 공격에 대응하려는 기존 기업들에 족쇄를 채운다.

새로운 브랜드를 구축하고 새로운 영업망 및 유통망을 개발하는 비용을 꺼리는 기존 기업의 경영진은 대신 기존 브랜드와 영업망 및 유통망을 활용한다. 반면 신생 기업은 새로운 브랜드와 영업망 및 유통망을 만든다. 기존 기업에 주어진 난관은 도전자가 더 많은 돈을 쓰는 것이 아니라 비용을 많이 쓰는 대안과 적게 쓰는 대안 중에서 하나를 선택할 필요가 없다는 것이다. 주가 상승과 뒤이은 주주 가치 창출의 주된 동력으로서 단기 주당순이익에 집중하는 태도는 혁신을 통한 장기적인 성장 기회에 대한 투자를 억제한다.

이런 수단과 개념들 자체가 나쁜 것은 아니다. 그러나 투자 가치를 평가하는 데 그들을 활용하는 방식이 성공적 혁신을 가로막는 구조적 편견을 초래한다. 우리는 경영자들이 미래 가치를 훨씬 날카롭게 파악하는 관점을 통해 혁신을 이루도록 돕는 대안들을 추천한다.

혁신 투자에 따른 실질적인 수익과 혜택을 과소평가하게 된다.

• 미래 투자를 평가할 때 고정비용과 매몰비용을 고려하는 방식은 도전자들에게 부당한 우위를 제공하고 그 공격에 대응하려는 기존 기

업들에 족쇄를 채운다.

• 다른 모든 지표를 배제한 채 주가 상승과 뒤이은 주주 가치 창출의
주된 동력으로서 주당순이익에만 집중하면 즉각 이익을 안기지 못
하는 투자를 꺼리게 된다.

사실 이런 수단과 개념들이 그 자체로 나쁜 것은 아니다. 그러나 흔히
투자 가치를 평가하는 데 그들을 활용하는 방식이 성공적 혁신을 가로막
는 구조적 편견을 초래한다. 우리는 경영자들이 미래 가치를 훨씬 날카롭
게 파악하는 관점을 통해 혁신을 이루도록 돕는 다른 대안들을 추천한
다. 다만 우리의 주된 목표는 더욱 깊이 있는 전문성을 지닌 사람들이 관

[할인 현금 흐름의 함정]

대다수 경영진은 혁신에서 얻는 현금 흐름과 아무것도 하지 않는 기본 시나리오에
서 얻는 현금 흐름을 비교한다. 투자를 하지 않아도 회사의 현재 상태가 계속 유지
될 것이라는 잘못된 가정 때문이다. 혁신의 가치를 더 잘 평가하려면 기대 현금 흐
름과 혁신 투자를 하지 않아서 성과가 줄어드는 현실적인 시나리오에 따른 현금 흐
름을 비교해야 한다.

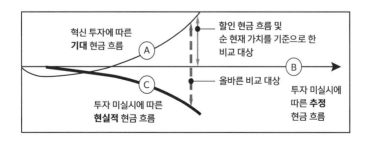

심을 갖고 해결에 나설 수 있도록 이 문제들을 조명하는 것이다.

할인 현금 흐름과 순 현재 가치의 오용

　재무 분석에서 잘못 쓰이는 첫 번째 수단은 할인 현금 흐름을 기준으로 프로젝트의 순 현재 가치를 계산하는 것이다. 미래에 얻을 현금 흐름을 할인해 '현재 가치'를 구한다는 말은 곧 합리적 투자자라면 지금 1달러를 받든 훗날 1달러에 이자나 투자 수익을 더해 받든 동일하게 여겨야 한다는 뜻이다. 이런 관점을 원칙으로 삼으면 향후 얻을 수 있는 수익을 $(1+r)^n$으로 나눠서 투자 가치를 평가하는 것이 합리적이다. 여기서 r는 해당 자금을 투자하는 데서 얻는 연 수익률, 즉 할인율이며 n은 투자를 통해 수익을 얻는 연수다.

　할인율을 구하는 수학은 논리적으로 완벽하다. 그러나 이때 흔히 혁신을 저해하는 두 가지 오류를 저지른다. 첫 번째 오류는 혁신 프로젝트에 투자하지 않는 기본 설정, 즉 혁신에 따른 현금 흐름과 비교 대상이 되는 시나리오를 따를 때 미래에도 회사의 현재 상태가 계속 유지되리라고 가정하는 것이다. 그림 '할인 현금 흐름의 함정'에서 확인했듯이 수학적 관점은 혁신 투자를 개별적으로 판단하고 그에 따른 현금 흐름에서 비용을 뺀 현재 가치를 변화가 없다고 가정하는 미투자 시나리오의 현금 흐름과 비교한다. 그러나 대부분의 경우 경쟁 기업의 존속적 혁신과 파괴적 혁신으로 인해 가격 압박 및 이윤 압박, 기술 변화, 시장점유율 축소, 매출 감소, 주가 하락 등이 일어난다. 보스턴 컨설팅 그룹Boston Consulting Group의 아일린 루덴Eileen Rudden이 지적한 대로 혁신 투자를 하지 않는 시나리오에 따른 현금 흐름은 현재 상태로 계속 유지되는 것이 아니라 하강 곡선을 그린다고 보는 것이 현실적이다.

혁신 프로젝트가 지니는 투자 가치를 평가할 때 회사의 상태를 지금보다 낮게 만들어줄지 따지는 관점은 잘못된 것이다. 회사의 상태는 그냥 놔둬도 나빠진다. 그래서 투자한 후에 지금보다 나빠질 수도 있지만 하지 않았을 때보다는 나을 것이다. 필립 보빗Philip Bobbitt은 이를 현실세계의 조건은 절대 변하지 않는다고 주장한 그리스 논리학자의 이름을 따서 '파르메니데스의 오류Parmenides' Fallacy'라고 불렀다. 혁신의 가치를 다른 수치와 비교할 수 있는 수치로 단순하게 환원하려 시도할 경우 대개 파르메니데스의 오류를 저지른다.

혁신 투자에서 얻을 수 있는 현금 흐름을 정확하게 예측하기는 어렵다. 투자를 하지 않을 경우 회사의 재무 실적이 얼마나 나빠질지 예측하기는 더욱 어렵다. 그래도 분석해야 한다. 훌륭한 경제학자가 되려면 "안녕하세요?"라는 말을 들었을 때 "안녕의 기준이 무엇인가요?"라고 물어야 한다는 사실을 기억하라. 이는 아주 중요한 질문이다. 이런 질문에 답하려면 경쟁력과 재무 실적이 악화되는 현실적인 시나리오를 비롯한 여러 시나리오와 비교해 혁신의 기대 가치를 평가해야 한다.

할인 현금 흐름을 계산하는 데 따른 두 번째 문제는 예측 오류와 관련된다. 특히 파괴적 혁신에 대한 투자에서 얻는 미래 현금 흐름은 예측하기 어렵다. '후속 연도'에 대한 수치는 완전히 어림짐작일 수밖에 없다. 이 문제를 해결하기 위해 3년에서 5년에 걸쳐 각 연도별 수치를 구한 다음 이후의 모든 것을 최종 가치terminal value로 계산해 '얼버무리는' 경우가 많다. 물론 그 논리는 후속 연도에 대한 연도별 추정치가 대단히 부정확하므로 최종 가치로 처리하는 편이 낫다는 것이다. 최종 가치를 계산하려면 최종 연도에 창출할 것으로 추정되는 현금을 (r-g), 즉 할인율에서 이후 현금 흐름 예상 증가율을 뺀 수치로 나눠야 한다. 그런 다음 이 수치를 현재 기준으로 할인하면 된다. 우리의 경험에 따르면 이렇게 추정한 최종 가치는 전체 순 현재 가치의 절반 이상을 차지한다.

이전 연도들에 대한 추정치를 토대로 삼는 최종 가치는 그에 따른 가정의 오류를 심화하는 경향이 있다. 더욱 우려스러운 사실은 앞서 언급한 시나리오 검증, 즉 투자 시 결과를 미투자 시 예상되는 실적 감소와 비교하지 않는다는 것이다. 게다가 시장의 관성, 경쟁 기업의 개발 주기, 파괴의 일반적인 속도 때문에 최종 가치가 반영되는 5년 이후 미투자에 따른 실적 감소가 심해지기 시작하는 경우가 많다.

기업들이 장기적으로 성공하는 데 필요한 혁신에 충분히 투자하지 못하는 근본적인 이유는 지나치게 단순화된 순 현재 가치를 분석 도구로 남용하기 때문이다. 우리는 정량화를 거부하는 현금 흐름을 정량화해 다른 수치와 비교할 수 있는 수치로 환원하고 싶은 욕구를 이해한다. 이는 미래에 대한 혼란스러운 예측을 모두가 읽고 비교할 수 있는 언어, 즉 수치로 바꾸려는 시도다. 다만 우리는 수치가 미래를 위한 투자의 가치를 해석하는 유일한 언어가 아니며, 누구나 이해할 수 있는 더 나은 언어가 있다는 사실을 보여주고 싶다.

고정비용과 매몰비용의 오용

재무적 의사결정에서 폭넓게 오용되는 두 번째 패러다임은 고정비용 및 매몰비용과 관련된다. 이 패러다임에 따르면 미래에 취할 행동을 고려할 때 혁신 투자에 필요한 미래 혹은 한계 현금 경비(자본 혹은 비용)를 구한 다음 유입될 한계 현금 흐름을 빼고 남는 순 현금 흐름을 현재 가치로 할인해야 한다. 할인 현금 흐름 및 순 현재 가치 패러다임과 마찬가지로 이 원칙을 뒷받침하는 수학에는 잘못된 부분이 없다. 지금까지 성공하는 데 필요했던 역량이 앞으로도 유효하다면 말이다. 그러나 앞으로 성공하기 위해 새로운 역량이 필요할 때, 고정비용과 매몰비용을 기준으로 삼는 관점은 향후 쓸모없어질 자산과 역량을 고수하게 만드는 편견을 낳는다.

지금부터 이어갈 논의를 위해 고정비용을 산출과 별개로 다룰 것이다. 일반적인 고정비용에는 일반비와 관리비, 즉 임금과 후생비, 보험, 세금 등이 포함된다(변동비용에는 원자재 구매비, 수수료, 임시직 고용비가 포함된다). 매몰비용은 회수할 수 없는 고정비용을 말하며, 대개 건물과 자본 설비, 연구 개발비가 포함된다.

철강 산업을 보면 고정비용과 매몰비용이 새로운 역량에 대한 투자를 어렵게 만드는 양상을 확인할 수 있다. 1960년대 말에 뉴코Nucor와 새퍼럴Chaparral 같은 중소 철강 회사들은 유에스 스틸U. S. Steel 같은 일관 제철 회사들을 무너뜨리기 시작했다. 그들은 각 시장에서 가장 덜 까다로운 제품군을 구매하는 고객들을 공략한 다음, 20퍼센트에 이르는 비용 우위를 발판 삼아 상위 시장으로 진격했다. 보강용 철근에 이어 일반 철근과 선재, ㄱ형강angle iron, 구조용 빔 시장이 차례로 넘어갔다. 1988년이 되자 고비용 일관 제철 회사는 하위 제품군 시장에서 완전히 밀려났다. 뉴코는 인디애나주 크로퍼즈빌에 최초의 박판 제철소를 세웠다. 그들은 2억 6,000만 달러를 투자하면 1톤당 350달러에 연간 80만 톤의 박판을 판매할 수 있을 것으로 예측했다. 1톤을 생산하는 데 드는 비용은 270달러였다. 현금 흐름의 시점을 고려할 때 내부에서 판단한 투자수익률은 20퍼센트 이상으로, 가중평균자본비용보다 훨씬 높았다.

기존 기업인 유에스 스틸은 중소 철강사들이 심각한 위협임을 깨달았다. 뉴코는 연속주조법이라는 신기술을 활용해 품질이 떨어지긴 하지만 훨씬 낮은 비용으로 박판 시장에 진입했다. 그동안 뉴코가 꾸준하게 품질을 개선했다는 사실을 고려할 때 제조 경험이 쌓이면 박판의 품질도 나아질 것이 분명했다. 유에스 스틸은 이런 사실을 알고도 뉴코처럼 중소형 제철소를 짓는 방안을 고려조차 하지 않았다. 그 이유가 무엇일까? 신기술을 개발하는 것보다 구기술을 활용하는 것이 수익성 측면에서 나아 보였기 때문이다. 전통적인 기술을 쓰는 유에스 스틸의 기존 제철소는

30퍼센트의 초과 용량을 보유하고 있었으며, 이를 활용해 추가로 철강을 생산하는 데 드는 한계현금비용은 1톤당 50달러가 채 되지 않았다. 300달러인 한계 현금 흐름(매출 350달러에서 한계비용 50달러를 뺀 것)과 1톤당 80달러의 평균 현금 흐름을 비교할 때 저비용 신형 제철소에 투자하는 것은 합리적이지 않았다. 게다가 기존 제철소는 이미 감가상각이 이뤄진 상태여서 작은 자산을 기반으로 얻는 300달러의 한계 현금 흐름이 대단히 매력적으로 보였다.

여기에 어려움이 있었다. 공격자인 뉴코는 한계비용을 계산할 고정비용이나 매몰비용이 없었다. 즉, 총비용이 한계비용이었다. 새로운 제철소가 유일한 선택지였다. 내부수익률이 매력적이었기 때문에 결정을 내리기도 쉬웠다. 반면 유에스 스틸에는 두 가지 선택지가 있었다. 하나는 뉴코처럼 톤당 평균비용이 낮은 신제철소를 짓는 것이었고, 다른 하나는 기존 설비를 최대한 활용하는 것이었다.

그래서 어떤 일이 생겼을까? 뉴코는 계속 공정을 개선하고, 상위 시장으로 진출했으며, 효율적인 연속주조법으로 시장점유율을 늘렸다. 반면 유에스 스틸은 과거 성공을 안겨준 역량에 여전히 의존했다. 다시 말해 한계이익을 극대화한다는 유에스 스틸의 전략은 장기적인 평균비용을 최소화하지 못하게 만들었다. 그 결과 갈수록 실패하는 전략에 더 깊이 매몰되는 악순환에 갇히고 말았다.

모든 투자의 매력은 올바른 대안이 지니는 매력과 비교해야만 온전히 평가할 수 있다. 기존 역량과 비슷한 역량을 추가하려고 할 때는 기존 역량을 활용하는 데 따른 한계비용과 새로운 역량을 개발하는 데 따른 총비용을 비교하는 것이 타당하다. 그러나 향후 경쟁력을 확보하기 위해 새로운 기술이나 역량이 필요할 때 과거에 얽매이면 잘못된 길로 들어서게 된다. 한계비용을 토대로 투자 결정을 내려야 한다는 주장은 항상 옳다. 그러나 새로운 역량을 창출하는 경우에는 그에 따른 총비용만이 유의미한 한계비용이다.

이런 관점에서 고정비용과 매몰비용을 바라보면 혁신을 연구하는 과정에서 관찰된 여러 이례적 현상이 설명된다. 기존 기업의 경영진은 새로운 브랜드와 더불어 새로운 영업망 및 유통망을 구축하는 데 너무 많은 돈이 들어간다고 우려한다. 그래서 기존 브랜드와 영업망 및 유통망을 활용하려 든다. 반면 신생 기업은 그냥 새로 만들기만 하면 된다. 기존 기업의 문제는 도전자가 더 많은 돈을 쓸 수 있다는 것이 아니라 총비용 대안과 한계비용 대안 중에서 하나를 선택해야 하는 문제로부터 자유롭다는 것이다. 우리는 시장을 선도하는 기존 기업들이 고정비용과 매몰비용 원칙에 얽매여 기존 자산과 역량만 가지고 미래의 성공을 추구하는 경우를 자주 접했다. 그 결과 그들은 신생 기업들이 수익성 있다고 판단한 수준만큼 투자를 하지 못했다.

비슷한 맥락에서 미래 역량에 투자하지 못하도록 막는 또 다른 재무적 관행은 감가상각 기간을 자본 자산을 '활용할' 수 있는 기간으로 추정하는 것이다. 이런 관행은 해당 자산의 수명이 '경쟁력'을 지니는 기간보다 길 때 문제를 초래한다. 감가상각 기간을 너무 길게 설정하면 해당 자산이 경쟁력을 잃어 신기술을 반영한 자산으로 교체해야 할 때 대규모 손실 처리로 이어지는 경우가 많다. 일관 제철 기술을 활용하던 철강사들이 바로 이런 문제에 직면했다. 새로운 역량을 구축하기 위해 기존 설비를 손실로 처리하면 분기 손익이 타격을 입는다. 그러나 신생 기업들은 이런 문제에 부딪히지 않는다. 하지만 손실 처리를 하면 주가가 하락할 것임을 아는 경영자는 신기술 도입을 주저할 수밖에 없다.

지난 10년 동안 사모펀드의 기업 인수가 크게 늘고, 근래에 기술 기반 산업에 대한 관심이 높아진 부분적인 이유가 여기에 있을지도 모른다. 파괴 때문에 겨우 3년에서 5년 전에 감행한 주요 투자의 경쟁 수명이 계속 짧아지면 자산을 손실 처리하거나 사업 모델을 크게 조정할 수밖에 없다. 이런 고통스러운 변화는 공개시장의 시선 밖에서 더욱 쉽고 편안하게 이뤄진다.

이 딜레마를 해결하는 방법은 무엇일까? 레그 메이슨 캐피털 매니지먼트Legg Mason Capital Management의 마이클 모부신Michael Mauboussin은 프로젝트가 아니라 '전략'을 중시하는 것이 해법이라고 말한다. 신생 기업이 입지를 얻기 시작하면 기존 기업은 신생 기업과 같은 방식으로 투자 가치를 분석해야 한다. 즉, 장기적으로 경쟁력을 보장하는 전략에 집중해야 한다. 그래야만 신생 기업과 같은 관점으로 세상을 보고, 투자하지 않는 데 따른 결과를 예측할 수 있다.

일부러 미래를 위해 필요한 역량을 무시하고 과거의 역량에 매달려 회사를 망치려 드는 경영자는 없다. 그러나 많은 경영자가 바로 이런 일을 한다. 그 이유는 경영대학원에서 전략과 재무를 따로 가르치기 때문이다. 재무 모델 교수는 전략의 중요성을 시사하고, 경영 전략 교수는 가끔 가치 창출을 언급한다. 그러나 전략과 재무를 신중하게 통합하는 문제에는 거의 시간을 들이지 않는다. 대다수 기업에서 이런 분기分岐가 고질적으로 이뤄진다. 전략과 재무에 대한 책임은 해당 부문의 부사장이 진다. 회사의 실제 전략은 일련의 프로젝트에 대한 투자 여부로 정의된다. 따라서 통합적인 방식으로 재무와 전략을 배우고 실행할 필요가 있다.

주당순이익에 대한 집착

기존 기업이 혁신에 대한 투자를 충분히 하지 못하게 막는 세 번째 패러다임은 주가 상승 및 그에 따른 주주 가치 창출의 주된 동력으로서 주당순이익을 강조하는 것이다. 경영자들은 단기적 주가 관리에 집중하라는 압박을 여러 방향에서 받는다. 그래서 장기적 전망에 관심을 줄이다가 즉각적인 실적에 보탬이 되지 않는 혁신에 대한 투자를 꺼리는 지경에 이른다.

이런 압박은 어디서 오는 것일까? 이 문제에 답하려면 주주(주인)의 이익이 경영자(대리인)의 이익과 일치하지 않는다는 주인-대리인 이론을 간단히 살필 필요가 있다. 이 이론에 따르면 주주 가치를 극대화하는 데 따른 주인과 대리인의 이익에 집중하게 만드는 강력한 금전적 인센티브가 없는 경우 대리인은 다른 의제를 추구한다. 그 과정에서 효율성에 충분한 주의를 기울이지 않거나 개인적으로 아끼는 프로젝트에 자본을 낭비해 주인에게 돌아갈 이익이 줄어든다.

경영대학원에서는 이런 인센티브 충돌 문제를 집중적으로 가르친다. 현재 상장기업의 대다수 임원들에게 보상을 제공하는 기준은 고정된 급여액보다 주가 상승분에 치우쳐 있다. 그에 따라 주당순이익과 그 증가율이 경영 실적을 가리키는 유일한 지표가 되었다. 누구나 시장 입지, 브랜드, 지식 자본, 장기 경쟁력 같은 다른 지표도 중요하다는 사실을 안다. 그러나 현실에서는 여러 기업을 대상으로 같은 기간에 걸쳐 쉽게 비교할 수 있는 단순한 양적 지표가 과도하게 중시된다. 주당순이익 증가율은 단기적 주가 상승의 중요한 동력이다. 그래서 경영자들은 당장 주가 부양에 도움이 되지 않는 투자를 꺼린다. 대신 '주주에게 이익을 되돌린다'는 명분하에 여유 자금으로 자사주를 사들인다. 주식 수를 줄이면 때로 주당순이익이 크게 높아진다. 그러나 회사의 내재적 가치를 높이는 데는 아무런 효과가 없으며, 오히려 파괴적 잠재력을 지닌 제품과 사업 모델에 투자할 자금을 줄여 피해를 초래하기도 한다. 실제로 일각에서는 주가를 기준으로 보상하는 관행이 2000년대 초반에 숱한 물의를 빚은 주가 조작의 원인이라고 지적한다.

경영자들이 순전히 돈 때문에 주당순이익에 집착하는 것은 아니다. 돈보다 명성을 중시하는 경영자들도 분기별 이익 같은 단기적 성과지표와 주가에 집착한다. 그들은 외부에서 적용하는 성공의 기준이 대체로 이런 지표에 연계된다는 사실을 안다. 그 결과 갈수록 나빠지는 집착의 악순환이 이뤄진다. 이 악순환은 소위 '깜짝 실적'이 나왔을 때 더욱 심화된다. 예상보다 실적이 크게 좋으면 단기적으로 주가가 상승한다(반대의 경우도 마찬가지다). 따라서 투자자들은 장기적 실적을 따지는 합리적 지표를 참고할 이유가 없다. 오히려 단기적 관점을 따를 때 보상을 얻는다.

차입 매수가 활발해지면서 주당순이익에 대한 집착이 더욱 심해졌다. 주가 하락으로 가치를 극대화하는 데 실패했다는 판정을 받은 기업들은 경영을 정상화하거나 경영자를 교체해 단기적으로 주가를 올리려는 기업 사냥꾼 및 헤지 펀드를 비롯한 외부의 공격에 취약해진다. 지난 20년 동안 경영자의 보상이 주가와 연동되는 비율과 함께 전반적인 보상 금액이 크게 늘어났지만 평균 재임 기간은 그만큼 줄어들었다. 동기가 당근(늘어난 보상)이든 채찍(회사의 매각 혹은 해고 위협)이든 대단히 많은 경영자가 주가를 예측하는 최고 지표로서 다른 모든 지표를 배제하고 주당순이익에만 집착하는 것은 놀랄 일이 아니다. 한 연구 결과에 따르면 고위 임원들은 실적 예상치를 달성하거나 실적 발표치를 높이기 위해 기꺼이 장기적 주주 가치를 희생시킨다.

우리는 주인-대리인 이론이 오용되고 있다고 생각한다. 대부분의 전통적 주인, 즉 주주들은 회사의 장기적 전망을 중시할 이유가 없다. 미국의 경우 상장 기업의 주식 중 90퍼센트 이상을 뮤추얼 펀드, 연금 펀드, 헤지 펀드가 보유하고 있다. 또한 평균 주식 보유 기간은 10개월이 채 되지 않는다. 이처럼 일시적으로만 보유하기 때문에 사실 '주주shareholder'라는 표현은 적절하지 않다. 그리고 대리인의 경우 대다수 임원은 몸과 마음을 바쳐 열심히 일한다. 그에 따른 보상을 받기 때문이 아니라 일을 사랑하기 때문이다. 주가와 연계해서 보상한다고 해서 더 열심히, 더 활기차게 혹은 더 똑똑하게 일하는 것이 아니다. 그러나 이런 관행은 일반적인 주주들의 주식 보유 기간과 인센티브를 책정하는 기준이 되는 기간 안에 성과를 내려고 노력하게 만든다. 그 기간은 대개 1년 미만이다.

아이러니하게도 현재 대다수 주인은 다른 사람들이 투자한 뮤추얼 펀드, 투자 포트폴리오, 기탁금, 은퇴 프로그램 등을 관리하는 대리인이다. 그들이 투자하는 기업의 단기적 재무지표는 투자 실적을 측정하고 자신의 보상 금액을 책정하는 기준이 된다. 따라서 단기적 재무지표를 개선할 토대를 제공하는 수준을 넘어 투자 기업의 내재 가치를 높여줄 이유가 없다.

마지막으로 살필 거대한 아이러니는 기업들이 단기적 주당순이익에 집착하느라 혁신적인 성장 기회에 투자하지 못했을 때 진정한 주인들(대리인을 통해 뮤추얼 펀드나 연금 펀드에 돈을 넣은 사람들)의 일자리가 위태로워진다는 것이다. 이런 맥락에서 우리는 주인-대리인 이론이 무의미해졌다고 생각한다. 지금 우리가 당면한 것은 '대리인-대리인' 문제다. 즉, 주주를 대신하는 대리인의 욕구나 목표가 회사를 운영하는 대리인의 욕구나 목표와 경쟁하고 있다. 이처럼 동기가 어긋나 있다고 해도 경영자들은 낡은 패러다임에 굴복해서는 안 된다.

혁신을 지지하는(또는 저해하는) 절차

앞서 살핀 대로 기존 기업의 경영자들은 혁신 투자를 대단히 어렵게 만드는 분석 도구를 내세워 잘못된 결정을 정당화한다. 게다가 투자 여부를 결정하는 일반적인 체계는 지금까지 설명한 수단이나 원칙에 내재된 결함을 강화한다.

단계-관문 혁신

대다수 기존 기업은 실현할 가능성이 있는 혁신들을 폭넓게 고려하는 일로 절차를 시작한다. 그런 다음 타당성이 적은 아이디어들을 단계별로 걸러내 유망한 아이디어들만 남긴다. 이런 절차는 대개 타당성 검토, 개발, 출시라는 3단계로 구성된다. 각 단계는 관문으로 나눠진다. 프로젝트 팀이 고위 임원들에게 성과를 보고하는 검토 회의가 관문에 해당한다. '문지기'들은 진전 상황과 잠재력을 토대로 프로젝트를 다음 단계로 넘기거나, 이전 단계로 되돌려 보완하게 만들거나, 폐기한다.

많은 마케터와 엔지니어가 단계-관문 개발 절차를 경멸한다. 왜 그럴까? 각 관문의 핵심 요건이 제품에서 기대할 수 있는 매출 및 이익의 규모와 그에 수반되는 위험이기 때문이다. 현재 판매하는 제품을 점진적으로 개선하는 데서 나오는 매출은 어느 정도 믿을 만하게 정량화할 수 있다. 그러나 파괴적 잠재력을 지닌 기술이나 제품 혹은 사업 모델을 통해 성장을 이루는 제안은 분명한 수치로 뒷받침할 수 없다. 초기 시장은 작고, 몇 년 동안은 높은 매출을 기대할 수 없다. 이런 프로젝트가 점진적 개선을 위한 존속적 혁신과 맞붙으면 승패는 뻔하다. 존속적 혁신을 제시하는 프로젝트는 수월하게 나아가지만 파괴적 혁신을 추구하는 위험한 프로젝트는 보류되거나 폐기된다.

이런 절차 자체가 두 가지 심각한 문제를 지닌다. 첫 번째 문제는 프로젝트 팀이 대개 자금을 얻으려면 예측치(예를 들어 순 현재 가치)가 얼마나 좋아야 하는지 안다는 것이다. 그러나 가정을 바꿔 완전히 다른 시나리오를 설정하면 부실한 프로젝트도 기준선을 넘을 수 있다. 종종 그렇듯이 재무 모델을 뒷받침하는 가정이 8~10개 있다면 그중 몇 개를 2~3퍼센트만 바꿔도 충분하다. 그러면 문지기 역할을 하는 고위 경영진이 현실성 여부를 따지는 것은 물론이고 어떤 가정이 가장 중요한지 가려내기도 어렵다.

두 번째 문제는 제안된 전략이 올바르다는 전제를 깔고 시작한다는 것이다. 혁신이 승인, 개발, 출시 단계를 거치면 능숙한 실행만 남는다. 출시이후 매출이 기대치에 크게 못 미치면(75퍼센트가 그렇다) 프로젝트는 취소된다. 문제는 점진적 혁신을 제외하면 특히 고객이 원하는 과제를 수행하기 위한 올바른 전략을 사전에 완전히 알 수 없다는 것이다. 그래서 일단시도한 후 다듬어야 한다.

단계-관문 체계는 새로운 성장 사업을 구축하기 위한 혁신을 평가하는 데 적절치 않다. 그런데도 대다수 기업은 대안이 없어서 이를 계속 활용한다.

발견 중심 계획

다행히 미래의 성장을 준비하는 현명한 투자를 뒷받침하도록 설계된 대안이 있다. 리타 건서 맥그레이스Rita Gunther McGrath와 이언 맥밀런Ian MacMillan이 '발견 중심 계획discovery driven planning'이라고 부르는 절차는 성공률을 크게 높을 수 있는 잠재력을 지닌다. 이 절차는 기본적으로 단계-관문 절차의 일부 단계를 유지한다. 그 논리는 명확하고 단순하다. 프로젝트 팀이 자금을 얻기 위해 어떤 수치가 필요한지 안다면 굳이 그기준을 만족시킬 때까지 가정을 바꾸는 과정을 거쳐야 할까? 그냥 받아들일 만한 최소의 매출, 손익, 현금 흐름을 제안서 첫 장에 제시하면 되지 않을까? 예상치를 실현하기 위해 가정을 검증하는 중요한 질문은 다음 장에서 제기할 수 있다. 프로젝트 팀은 이 분석을 통해 프로젝트가 성공하기 위해 검증해야 하는 사항들을 정리한 점검 목록을 만들어야 한다. 각 항목은 적은 비용으로 검증할 수 있는 순서에 따라 나열된다. 맥그레이스와 맥밀런은 이를 '역손익계산서reverse income statement'라고 부른다.

프로젝트가 새로운 단계에 진입하면 가정 점검 목록은 해당 단계에서 계획을 위한 토대로 활용된다. 그러나 이는 실행을 위한 계획이 아니라 학습, 즉 성공에 대한 가정이 실제로 타당한지 최대한 적은 비용으로 빠르게 검증하기 위한 계획이다. 중요한 가정이 타당하지 않은 것으로 드러나면 토대로 삼은 모든 가정이 타당할 때까지 전략을 수정해야 한다. 어떤 타당한 가정도 성공을 뒷받침하지 못한다면 프로젝트는 폐기된다.

전통적인 단계-관문 절차는 가정을 애매하게 만들고 재무적 추정치만 조명한다. 그러나 수치를 집중적으로 분석할 필요는 없다. 애초에 수치가 얼마나 매력적인지는 문제가 아니기 때문이다. 발견 중심 계획은 고위 경영진이 관심을 기울여야 할 지점, 바로 불확실성을 초래하는 가정에 초점을 맞춘다. 대개 혁신이 실패로 돌아갈 위험은 틀린 답을 구하는 것이 아니라 중요한 질문을 던지지 않는 데서 생긴다.

현재 발견 중심 계획 같은 절차는 정작 필요한 대기업이 아니라 신생기업에서 많이 쓰인다. 우리는 이런 체계가 지닌 힘을 확인함으로써 기존 기업들도 투자 프로젝트를 결정하는 방식을 재고하기를 바란다.

*

우리는 기존 기업이 혁신에 실패하는 근본적인 이유가 시장을 이해하고, 브랜드를 구축하고, 고객을 발굴하고, 인력을 선발하고, 팀을 조직하고, 전략을 개발하는 데 필요한 좋은 수단이 없기 때문이라는 사실을 거듭 확인하고 있다. 재무 분석과 투자 결정에서 흔히 활용되는 재무적 수단은 혁신 투자의 가치와 중요성, 성공 가능성을 왜곡한다. 경영 팀이 회사를 키우기 위해 활용할 수 있는 더 나은 방법이 있다. 그러나 이를 위해서는 재무 분석의 일부 패러다임에 도전할 용기와 대안적 방법론을 개발할 의지가 필요하다.

[2008년 1월호]

5. 사업 모델 재구성

– 클레이튼 크리스텐슨, 마크 존슨, 헤닝 카거만

2003년, 애플은 아이튠즈와 더불어 아이팟을 출시하면서 휴대용 음악 기기 시장에 혁신을 일으켰다. 그에 따라 새로운 시장이 창출되었고, 애플이라는 회사는 새롭게 탈바꿈했다. 아이팟/아이튠즈 조합은 불과 3년 만에 거의 100억 달러의 매출을 기록하면서 애플의 전체 매출에서 50퍼센트 가까운 지분을 차지했다. 덕분에 2003년 초반까지 10억 달러 수준이던 애플의 시가총액은 2007년 말 1,500억 달러를 넘겼다.

이 성공담은 잘 알려져 있다. 제대로 알려지지 않은 사실은 애플이 디지털 음악기기를 시장에 처음 선보인 회사가 아니라는 것이다. 다이아몬드 멀티미디어Diamond Multimedia라는 회사가 1998년에 이미 리오Rio라는 제품을 출시했고, 2000년에는 베스트 데이터Best Data에서 카보 64Cabo 64라는 제품을 출시했다. 둘 다 잘 작동했고, 휴대성이 좋았으며, 디자인도 뛰어났다. 그런데 왜 리오나 카보는 성공하지 못하고 아이팟은 성공했을까?

애플은 좋은 기술을 세련된 디자인에 담는 것 이상의 똑똑한 일을 해냈다. 다시 말해 좋은 기술을 뛰어난 사업 모델에 담아냈다. 애플의 진정한 혁신은 노래를 내려받는 일을 쉽고 간편하게 만든 것이었다. 그러기 위해 애플은 하드웨어와 소프트웨어, 서비스를 통합한 획기적인 사업 모델을 구축했다. 이 접근법은 질레트Gillette의 유명한 면도날과 면도기 모델을 거꾸로 뒤집은 방식을 취했다. 즉, '면도날(저이윤 아이튠즈 음악)'을 저렴하게 제공함으로써 '면도기(고이윤 아이팟)'를 사게 만들었다. 이 모델은 새로운 방식으로 가치를 정의했으며, 소비자들에게 산업의 판도를 바꾸는 수준의 편의성을 제공했다.

이런 사업 모델 혁신은 전체 산업을 재구성하면서 수십억 달러 규모의 가치를 재분배했다. 선구적인 사업 모델로 시장에 진입한 월마트와 타깃 Target 같은 할인점들은 현재 유통 부문 전체 시가총액의 75퍼센트를 차지하고 있다. 미미한 규모로 시작한 저가 항공사들은 항공 부문 전체 시가총액의 55퍼센트를 차지하는 수준으로 성장했다. 지난 25년 동안 설립되어 지난 10년 동안 『포천』 500대 기업에 들어간 27개 기업 중 11개가 사업 모델 혁신을 통해 그런 성과를 달성했다.

그러나 애플 같은 기존 기업이 사업 모델 혁신을 이룬 사례는 드물다. 지난 10년 동안 기존 기업이 이룬 주요 혁신 중 사업 모델과 관련된 경우는 소수에 불과하다. 또한 전미경영협회American Management Association가 근래에 발표한 연구 결과에 따르면 다국적 기업의 혁신 투자 중에서 새로운 사업 모델을 개발하는 데 투입되는 비율은 10퍼센트 미만이다.

그런데도 모두가 사업 모델 혁신을 이야기한다. 2005년에 이코노미스트 인텔리전트 유닛Economist Intelligence Unit이 발표한 설문 결과에 따르면 회사가 성공하기 위해서는 제품이나 서비스 혁신보다 사업 모델 혁신이 더 중요하다고 생각하는 임원의 비율이 50퍼센트를 넘는다. 또한 2008년에 IBM이 기업 경영자들을 대상으로 실시한 조사에서도 비슷한 결과가 나왔다. 조사에 참여한 경영자들은 거의 모두가 새로운 변화에 맞춰 사업 모델을 바꿔야 한다고 밝혔다. 그중 3분의 2 이상은 폭넓은 변화가 필요하다고 말했다. 지금처럼 경기가 나쁜 시기에 일부 경영자들은 시장의 영구적 변화에 대응하기 위해 일찍이 사업 모델 혁신을 모색하고 있다.

여기서 까다로운 질문이 제기된다. 사업 모델 혁신을 통해 새로운 성장을 이끌어내기가 왜 그렇게 어려울까? 우리가 조사한 바에 따르면 거기에는 두 가지 문제가 있다. 첫 번째 문제는 사업 모델 혁신이 아직 제대로 정의되지 않았다는 것이다. 사업 모델 혁신과 관련해 그 역학과 절차를 살핀 정식 연구는 아주 드물다. 두 번째 문제는 이면의 전제, 자연스러운 상호의존성, 강점과 약점을 비롯해 기존 사업 모델의 주요 측면을 제대로 이해한 기업이 거의 없다는 것이다. 많은 기업이 핵심 사업을 활용해야 하는 때와 새로운 사업 모델이 필요한 때를 분간하지 못한다.

우리는 10여 개의 기업과 함께 이런 문제에 대응하는 과정에서 새로운 사업 모델이 처음에는 내외부 이해관계자들에게 그다지 매력적으로 보이지 않는다는 사실을 발견했다. 현재 서 있는 땅의 경계를 넘어 새로운 땅을 내다보려면 이정표가 필요하다.

우리가 제시하는 이정표는 3단계로 구성된다. 첫 번째 단계는 아예 사업 모델을 생각하지 않는 데서 성공이 시작된다는 사실을 깨닫는 것이다. 대신 해결해야 할 과제가 있는 고객들을 만족시킬 기회를 생각해야 한다. 두 번째 단계는 고객의 필요를 충족하면서 이익을 낼 방법을 담은 청사진을 그리는 것이다. 나중에 살피겠지만 이 청사진은 네 개의 요소를 지닌다. 세 번째 단계는 청사진에 해당하는 새로운 사업 모델과 기존 사업 모델을 비교해 기회를 포착하려면 얼마나 많은 변화가 필요한지 확인하는 것이다. 그러면 기존 사업 모델과 조직을 활용할 수 있는지 아니면 새로운 사업부를 만들어 새로운 사업 모델을 실행해야 하는지 알 수 있다. 모든 성공적 기업은 명시적으로 이해하고 있든 아니든 효과적인 사업 모델을 통해 실질적인 고객의 필요를 충족하고 있다. 그러면 거기에 수반되는 것이 무엇인지 살펴보자.

사업 모델: 정의

우리가 보기에 사업 모델은 서로 얽힌 네 가지 요소로 구성되어 있다. 이 요소들이 한데 모여 가치를 창출하고 전달한다. 그중에서 가장 중요한 요소가 고객 가치 제안CVP이다.

핵심 정리

애플은 좋은 기술을 세련된 디자인에 담는 것 이상의 똑똑한 일을 해냈다. 다시 말해 좋은 기술을 **뛰어난 사업 모델**에 담아냈다. 하드웨어, 소프트웨어, 서비스를 통합한 새로운 사업 모델은 소비자들에게 산업 판도를 바꿀 만한 편의성을, 애플에 기록적인 이익을 제공했다.

뛰어난 사업 모델은 산업을 재구성하고 눈부신 성장을 안길 수 있다. 그러나 많은 기업이 사업 모델을 혁신하는 일에 애를 먹는다. 경영자들은 언제 어떻게 변화를 줘야 할지 판단할 수 있을 만큼 기존 사업 모델을 충분히 이해하지 못한다.

사업 모델을 바꿔야 할지 판단할 때는 다음과 같은 단계를 고려한다.

1. 기존 사업 모델을 성공적으로 만든 요인을 파악한다. 예를 들어 고객들을 위해 어떤 문제를 해결해주는가? 회사에 어떻게 돈을 벌어다주는가?
2. 상대하기 힘든 새로운 경쟁자의 등장처럼 사업 모델에 변화가 필요하다는 사실을 말해주는 신호를 포착한다.
3. 사업 모델을 재구성하기 위해 노력할 가치가 있는지 확인한다. 새 사업 모델이 산업이나 시장을 바꿀 수 있을 때만 혁신을 추진한다.

고객 가치 제안

성공적인 기업은 고객을 위해 가치를 창출할 방법, 즉 고객이 중요한 과제를 해결하도록 도울 방법을 찾는다. '과제'란 특정한 상황에서 해결해야 하는 근본적인 문제를 가리킨다. 이 과제와 함께 전체 수행 절차를 비롯한 모든 측면을 이해해야만 제품을 기획할 수 있다. 현재 고객들이 활용하는 대안의 만족도가 낮을수록, 새로운 해결책이 기존 해결책보다 뛰어날수록(또한 당연히 가격이 더 낮을수록) 더 좋은 고객 가치 제안이 된다.

실행 방법

현재 사업 모델을 이해하라.
성공적인 사업 모델은 세 가지 요소를 지닌다.

- **고객 가치 제안**: 다른 제품은 대응하지 못하는 구체적인 '과제'를 해결하도록 돕는다.
예: 마이뉴트클리닉스는 간단한 치료를 간호 인력에 맡겨 예약하지 않아도 바로 병원을 찾을 수 있도록 해준다.

- **수익 공식**: 매출 모델, 비용 구조, 이윤, 재고 순환 같은 요소들을 통해 회사를 위한 가치를 창출한다.
예: 타타 그룹에서 만든 나노는 저가로 팔려도 이익을 남긴다. 비용을 줄이고, 낮은 이윤을 수용하고, 신흥 시장의 첫 구매자라는 목표 시장에 대량으로 판매했기 때문이다.

- **핵심 자원 및 절차**: 목표 고객에게 가치를 전달하는 데 필요한 인력, 기술, 제품, 시설, 장비, 브랜드와 함께 이 자원들을 활용하는 절차(훈련, 제조, 서비스)를 갖춘다.
예: 타타 모터스는 나노의 수익 공식에 필요한 요건을 충족하기 위해 설계, 제조, 유통 방식을 재구성했다. 또한 부품의 85퍼센트를 외주로 돌리고 거래비용을 낮추기 위해 납품업체 수를 60퍼센트 가까이 줄이는 등 조달 전략을 바꿨다.

새로운 사업 모델이 필요한 때를 파악하라.
다음과 같은 경우는 대개 사업 모델의 변화를 요구한다.

대안 제품이나 서비스가 실질적인 과제를 염두에 둔 채 설계되지 않았고, 완벽하게 고객의 과제를 해결하는 제품이나 서비스를 설계할 수 있을 때 가장 강력한 고객 가치 제안이 이뤄진다.

기회의 내용	사례
기존 해결책이 너무 비싸거나 복잡하다고 여기는 대규모 집단의 필요에 대응	나노를 통해 신흥 시장의 저소득층 소비자들도 차량을 소유할 수 있도록 한 타타 모터스
신기술을 활용하거나 새로운 시장에서 기존 기술 활용	원래 군사용으로 개발된 기술을 상업용으로 개발
과제 중심 관점을 기존 시장에 적용	다른 서비스보다 빠르고 믿을 수 있는 방식으로 물건을 보낸다는 고객의 '과제'를 충족하는 데 집중한 페덱스

필요의 내용	사례
저가 시장에서 파괴적 혁신을 일으키는 신생 업체의 도전 저지	한 세대 전에 저비용을 앞세운 소형 철강사의 도전에 직면한 일관 제철소들
경쟁 상황의 변화에 대응	'충분히 쓸 만한' 저가 제품을 앞세운 신생 기업들에 시장을 잠식당하면서 판매에서 대여로 방향을 바꾼 전동공구 제조사 힐티

수익 공식

수익 공식은 고객에게 가치를 제공하면서 회사를 위한 가치를 창출하는 방법을 담은 청사진이다. 수익 공식에는 다음과 같은 요소들이 있다.

- 매출 모델: 가격 × 판매량
- 비용 구조: 직접비, 간접비, 규모의 경제. 비용 구조는 대부분 사업 모델에서 요구되는 핵심 자원의 비용에 따라 좌우된다.
- 이윤 모델: 예상되는 판매량 및 비용 구조를 감안할 때 원하는 이익을 얻기 위해 개별 거래에서 얻어야 하는 이윤.
- 자원 속도: 예상 판매량을 뒷받침하고 기대 이익을 달성하기 위해 재고나 고정 자산 및 기타 자산이 순환해야 하는 속도 혹은 전반적으로 자원을 활용하는 방법.

사람들은 종종 '수익 공식'과 '사업 모델'이 같은 말이라고 생각한다. 이익을 내는 방법은 사업 모델의 일부에 불과하다. 대개 고객 가치 제안을 달성하는 데 필요한 가격을 먼저 정한 다음 거꾸로 계산해 변동비와 총이윤이 얼마나 되어야 하는지 파악하는 것이 좋다. 그러면 원하는 이익을 얻기 위해 어떤 규모와 자원 속도가 필요한지 파악할 수 있다.

핵심 자원

핵심 자원은 목표 고객에게 제안한 가치를 제공하는 데 필요한 인력, 기술, 제품, 시설, 설비, 유통망, 브랜드 같은 자산을 말한다. 그중에서 고객과 회사를 위해 가치를 창출하는 핵심 자원과 이 요소들이 상호작용하는 방식에 초점을 맞춰야 한다(모든 기업은 경쟁력 확보를 위한 차별화에 도움이 되지 않는 범용 자원도 보유하고 있다).

핵심 절차

성공적인 기업은 원활하게 반복할 수 있고 규모를 키울 수 있는 방식으로 가치를 전달하는 운영 및 관리 절차를 갖추고 있다. 거기에는 훈련, 개발, 제조, 예산 수립, 계획, 영업, 서비스 같은 반복적 활동이 포함된다. 또한 규칙, 지표, 관행도 절차의 일부로 볼 수 있다.

이 네 가지 요소는 모든 기업의 토대를 이룬다. 고객 가치 제안과 수익 공식은 각각 고객과 회사를 위해 가치를 창출하는 방식을 정의한다. 그리고 핵심 자원과 절차는 그 가치를 고객과 회사에 전달하는 방식을 말해준다.

이 틀은 간단해 보인다. 그러나 그 힘은 요소들 사이의 복잡한 상호의존성에서 나온다. 이 네 가지 요소 중 하나에 중대한 변화가 생기면 나머지 요소도 전반적으로 영향을 받는다. 성공적인 기업은 이 요소들이 일관되고 보완적인 방식으로 결합하는 안정된 체계를 고안한다.

뛰어난 사업 모델을 구축하는 양상

우리의 사업 모델 이론을 예시하기 위해 산업의 판도를 바꾼 두 가지 사업 모델 혁신을 살펴보자.

고객 가치 제안 창출

먼저 명확한 고객 가치 제안을 파악하지 않고는 사업 모델을 수립하거나 재수립할 수 없다. 고객 가치 제안은 종종 아주 단순한 깨달음에서 출발한다. 당신이 비 오는 날 뭄바이의 거리에 서 있다고 상상해보라. 수많은 스쿠터가 차들 사이를 위태롭게 오간다. 자세히 살펴보면 스쿠터 한 대에 부모와 아이들까지 온 가족이 타고 있는 경우가 대부분이다. 당신은 '말도 안 돼!'라고 생각하거나 '개도국에서는 이렇게 최대한 되는대로 살아가는 수밖에 없어'라고 생각한다.

그러나 타타 그룹Tata Group의 라탄 타타Ratan Tata는 인도 거리의 모습을 보고 중요한 과제가 있다는 사실을 깨달았다. 바로 스쿠터로 이동하는 가족들에게 더 안전한 대안을 제공하는 과제였다. 그는 인도에서 가장 싼 차도 스쿠터보다 다섯 배 이상 비싸기 때문에 일반 소비자들이 살 수 없다는 사실을 알았다. 그들에게 저렴하고, 안전하며, 날씨에 구애받지 않는 대안을 제공하는 것은 아직 자동차 시장에 들어오지 못한 수천만 명에게 도달할 수 있는 잠재력을 지닌 강력한 가치 제안이었다. 라탄 타타는 또한 이런 제품을 필요한 가격대로 개발하는 데 타타 모터스Tata Motors의 사업 모델을 활용할 수 있다는 사실을 깨달았다.

리히텐슈타인에 근거지를 둔 전동공구 제조사로서 고가 시장을 공략하는 힐티Hilti는 현재 고객들이 해결해야 하는 실질적인 과제를 재고했다. 건설업체는 공사를 마무리해야 돈을 번다. 필요한 도구가 없거나 제대로 작동하지 않으면 과제를 수행할 수 없다. 건설업체는 도구를 '소유하는'

성공적인 사업 모델의 요소

모든 성공적인 기업은 이미 효과적인 사업 모델에 따라 운영된다. 경영진은 모든 구성 요소를 체계적으로 파악함으로써 자사의 사업 모델이 핵심 자원과 절차를 활용해 수익성 있는 방식으로 강력한 고객 가치 제안을 충족하는 양상을 이해한다. 그들은 이 이해를 토대로 상당히 다른 고객 가치 제안을 충족하는 데 같은 사업 모델을 활용할 수 있는지 혹은 기회를 잡기 위해 필요한 경우 새로운 사업 모델을 구축할 필요가 있는지 판단한다.

고객 가치 제안
- 목표 고객
- 해결 과제: 목표 고객이 해결해야 할 중요한 문제 혹은 필요.
- 제공물: 목표 고객의 문제나 필요를 충족하는 판매 대상 및 판매 방식.

수익 공식
- **매출 모델:** 얼마나 많은 돈을 벌 수 있는지 파악하는 모델(가격X판매량). 판매량은 시장 규모, 구매 빈도, 부수적 판매 등을 통해 파악할 수 있다.
- **비용 구조:** 핵심 자산 확보 비용, 직접비, 간접비, 규모의 경제 등을 고려해 전체 비용이 구성되는 방식.
- **이윤 모델:** 원하는 이익을 달성하기 위해 각 거래에서 얻어야 하는 이윤.
- **자원 속도:** 조달 기간, 처리량, 재고 순환, 자산 활용도 등을 고려해 목표 판매량을 뒷받침하기 위해 자원을 활용하는 속도.

핵심 자원
핵심 자원은 수익성 있는 방식으로 고객 가치 제안을 달성해야 하며, 다음과 같은 요소들이 있다.
- 인력
- 설비
- 유통망
- 브랜드
- 기술, 제품
- 정보
- 협력 및 연합 관계

핵심 절차
핵심 절차는 규칙, 지표, 관행과 더불어 수익성 있는 방식으로 고객 가치 제안을 달성하는 일을 반복적으로, 대규모로 할 수 있도록 만든다. 여기에는 다음과 같은 요소가 있다.
- **절차:** 설계, 제품 개발, 조달, 제조, 마케팅, 채용 및 훈련, IT
- **규칙 및 지표:** 투자를 위한 이윤 요건, 신용 거래 조건, 조달 기간, 납품 조건
- **관행:** 투자에 필요한 기회의 규모, 고객과 유통망에 대한 접근법

것이 아니라 최대한 효율적으로 활용하는 데서 돈을 번다. 힐티는 도구 자체가 아니라 도구의 용도를 판매함으로써 과제 해결에 도움을 주었다. 즉, 월정액의 대여료를 받고 도구를 관리해주면서 적시에 최고의 도구를 제공하거나 신속한 수리, 교체, 개선 서비스를 제공했다. 이 가치 제안을 달성하려면 도구 관리 프로그램을 만들고, 제조와 유통에서 서비스로 초점을 옮겨야 했다. 그에 따라 새로운 수익 공식을 구하고 새로운 자원 및 절차도 확보해야 했다.

고객 가치 제안의 가장 중요한 속성은 정확성이다. 즉, 얼마나 완벽하게 고객의 과제를 해결해주느냐가 관건이다. 대개는 이런 정확성을 달성하기 어렵다. 새로운 가치 제안을 만들려고 애쓰는 기업들은 종종 '하나'에만 집중하지 않는다. 많은 일을 하려고 들면 초점이 흐려지고, 하나도 '제대로' 해내지 못한다.

정확한 고객 가치 제안을 만드는 한 가지 방법은 과제 해결을 방해하는 네 가지 일반적인 장애물인 자금, 접근 경로, 기술, 시간을 살피는 것이다. 소프트웨어 제작사인 인튜이트Intuit는 자영업자들이 자금 고갈 사태에 이르지 않도록 돕는 퀵북스QuickBooks를 개발했다. 간단하게 과제를 해결하도록 도와주는 회계 프로그램은 그동안 복잡한 회계 프로그램을 활용하지 못하도록 막은 '기술 장벽'을 무너뜨렸다. 약국 기반 의료 서비스 제공업체인 마이뉴트클리닉스는 간호사들이 간단한 치료를 할 수 있게 만들어, 사람들이 예약 없이는 병원에 가지 못하게 막던 '시간 장벽'을 무너뜨렸다.

범용화에 대한 힐티의 대응

힐티는 제품을 서비스로 바꾸는 방식을 통해 수익성을 높일 기회를 활용하고 있다. 그들은 공구를 (갈수록 낮은 가격에) 판매하는 것이 아니라 '수리하거나 보관할 필요 없이 원할 때만 빌려 쓸 수 있는' 서비스를 판매한다. 이처럼 고객 가치 제안을 획기적으로 전환하려면 사업 모델의 모든 요소를 바꿔야 한다.

전통적인 전동공구 회사		힐티의 공구 관리 서비스
산업용, 전문가용 전동공구 및 부속품 판매	**고객 가치 제안**	현장 생산성을 높이기 위한 포괄적 전동공구 임대
낮은 이윤, 높은 재고 전환율	**고객 가치**	높은 이윤, 자산 중심, 공구 관리와 수리 그리고 교체를 위한 월 임대료
유통망, 저비용 제조 설비, 연구 개발	**핵심 자원 및 절차**	강력한 직접 판매 접근법, 계약 관리, 재고 관리, 수리를 위한 IT 시스템, 창고 관리

수익 공식 수립

라탄 타타는 스쿠터를 이용하는 가족들을 자동차 시장으로 끌어들이는 유일한 방법은 가격을 획기적으로 낮춰 '자금 장벽'을 무너뜨리는 것임을 알았다. 그는 '산업 판도를 바꿔 10만 루피에 살 수 있는 차를 만들면 어떨까?'라고 생각했다. 10만 루피는 2,500달러 정도로, 당시 가장 싼 차의 절반 가격에 불과했다. 물론 이 가격에 차를 판매하기 위해서는 수익 공식을 완전히 바꿔야 했다. 또한 총이윤을 크게 낮추고 비용 구조의 많은 요소를 상당히 줄여야 했다. 그렇더라도 판매량을 대폭 늘리면 여전히 수익을 낼 수 있었다. 목표 고객집단의 규모가 아주 커질 잠재력이 있었다.

힐티의 경우, 계약 관리 사업으로 옮겨가려면 자산을 고객의 대차대조표에서 자사의 대차대조표로 옮기고 대여료/관리비 모델을 통해 매출을 올려야 했다. 고객들은 매월 관리비를 내면 수리와 관리를 신경 쓸 필요 없이 간단하게 모든 전동공구를 쓸 수 있었다. 이런 사업 모델을 따르기 위해서는 매출 흐름(가격 설정, 지불 단계, 판매량), 비용 구조(추가 판매 개발 및 계약 관리 비용), 이윤 및 거래 속도를 비롯한 수익 공식의 모든 주요 요소를 근본적으로 바꿔야 했다.

핵심 자원 및 절차 파악

고객과 회사를 위한 가치 제안을 수립했다면 실현하는 데 필요한 핵심 자원과 절차를 파악해야 한다. 예를 들어 전문 서비스 기업은 대개 인력이 핵심 자원이고, 당연히 (교육, 개발 등) 인력과 관련된 절차가 핵심 절차다. 또한 소비재 기업은 강력한 브랜드와 탄탄한 유통망이 핵심 자원이고, 그와 관련된 브랜드 구축 및 유통망 관리 절차가 핵심 절차다.

대개 개별 자원이나 절차가 아니라 자원과 절차가 서로 맺고 있는 관계가 중요한 차이를 만든다. 특정한 고객들이 원하는 과제를 완벽하게 수행하려면 핵심 자원과 절차를 고유한 방식으로 통합해야 한다. 이를 통해 지속적인 경쟁우위를 창출할 수 있다. 먼저 가치 제안과 수익 공식에 초점을 맞추면 자원과 절차를 어떻게 융합시킬지 분명하게 파악할 수 있다. 예를 들어 대부분의 종합병원은 '모두를 위해 모든 의료 서비스를 제공하는' 가치 제안을 추구하지만, 그것을 실현하려면 독자적 방식으로는 융합시킬 수 없는 방대한 자원(전문가, 설비 등)이 필요하다. 그 결과 차별화를 이룰 수 없을 뿐 아니라 고객의 불만족을 초래한다.

반면 구체적인 가치 제안에 집중하는 병원은 자원과 절차를 고유한 방식으로 통합해 고객을 기쁘게 만들 수 있다. 예를 들어 덴버에 있는 내셔널 주이시 헬스National Jewish Health는 폐질환의 근본 원인을 밝히고 효과적인 치료법을 제시한다는 가치 제안을 중심으로 조직되었다. 이 병원은 초점을 좁힌 덕분에 서로 상승작용을 할 수 있도록 전문 인력과 전문 설비를 통합하는 절차를 개발할 수 있었다.

타타 모터스는 나노Nano를 위한 고객 가치 제안과 수익 공식의 요건들을 충족하기 위해 설계, 제조, 유통 방식을 재고해야 했다. 그래서 경험 많은 엔지니어와 달리 기존 수익 공식에 얽매이지 않는 젊은 엔지니어들로 소규모 팀을 구성했다. 이 팀은 나노에 들어갈 부품을 극단적으로 줄여 비용을 크게 낮췄다. 타타는 조달 전략도 크게 바꿔 무려 85퍼센트의 부품을 외주로 돌리고, 납품업체의 수를 거의 60퍼센트나 줄여 거래 비용을 낮추는 동시에 규모의 경제를 달성했다.

한편 타타는 제조 라인의 다른 부문에서도 완전히 새로운 조립 및 유통 방식을 구상하고 있다. 궁극적인 계획은 모듈 부품을 자사 혹은 외부 조립 공장으로 구성된 통합 생산망으로 보내 주문대로 조립하는 것이다. 나노의 설계, 조립, 유통, 서비스는 새로운 사업 모델 없이는 달성하기 어려운 획기적인 방식으로 진행될 것이다. 아직 성패는 결정되지 않았다. 그러나 라탄 타타는 그 과정에서 교통안전 문제를 해결할지도 모른다.

힐티의 경우 가장 큰 문제는 완전히 새로운 영업을 하도록 인력을 교육시키는 것이다. 관리 대행 서비스는 30분 만에 판매할 수 있는 것이 아니다. 고객들이 제품이 아닌 프로그램을 사도록 설득하려면 며칠, 몇 주, 심지어 몇 달이 걸릴 수도 있다. 현장 사무실에서 공사 감독들을 상대하던 지역 영업 책임자들은 갑자기 회의실에서 경영자들을 상대하게 되었다.

대여 사업을 하려면 적절한 패키지를 개발한 다음 계약을 맺는 데 필요한 인력, IT 시스템, 기술 같은 새로운 자원을 확보해야 했다. 또한 대량의 공구를 고객들보다 저렴하고 효율적으로 관리하는 절차를 수립해야 했다. 그러기 위해서는 창고 운영과 재고 관리 시스템, 그리고 교체용 공구 공급이 필요했다. 힐티는 고객 관리를 위해 현장 감독들이 전체 공구와 이용률을 확인할 수 있게 해주는 웹사이트를 만들었다. 이런 정보 덕분에 비용 회계를 쉽게 처리할 수 있었다.

규칙, 관행, 지표는 사업 모델을 개발할 때 마지막에 나타나는 경우가 많다. 그래서 새로운 제품이나 서비스가 시장에서 검증되기 전에는 온전한 구상이 이뤄지지 않는다. 그러나 사실 그렇게 되어서는 안 된다. 사업 모델은 초기에 바꿀 수 있는 유연성을 지녀야 한다.

새로운 사업 모델이 필요할 때

기존 기업들은 사업 모델 혁신을 가볍게 여기지 말아야 한다. 그들은 종종 사업 모델을 근본적으로 바꾸지 않고도 경쟁자들을 파괴시키는 새로운 제품을 만들어낸다. 예를 들어 P&G는 일회용 청소 제품인 스위퍼Swiffer나 새로운 방향제인 페브리즈Febreze 같은 제품들을 통해 소위 '파괴적 시장 혁신'을 여러 차례 일으켰다. 이 두 혁신 제품은 P&G가 가정용 소비재 시장에서 구축한 사업 모델과 지배적 입지를 토대로 삼았다.

그러나 새로운 성장을 이루려면 미지의 시장뿐 아니라 미지의 사업 모델로 진출해야 한다. 그때가 언제일까? 간단히 답하자면 '기존 사업 모델의 네 가지 요소에 중대한 변화가 필요할 때'다. 그러나 문제가 항상 이렇게 단순한 것은 아니다. 그래서 경영진의 판단이 요구되는 것이다. 다음은 우리가 관찰한 내용을 바탕으로 삼은, 사업 모델 변화가 필요한 다섯 가지 전략적 상황이다.

1. 기존 해결책이 너무 비싸거나 복잡해서 시장에서 완전히 소외당한 대규모 잠재 고객의 필요를 파괴적 혁신으로 충족할 수 있는 상황. 타타가 만든 나노의 경우처럼 신규 시장에서 제품을 보편적으로 퍼뜨릴(혹은 피라미드의 하단에 도달할) 수 있는 상황이 여기에 해당된다.
2. 신기술을 새로운 사업 모델에 담아서 활용하거나(애플과 MP3 플레이어) 검증된 기술을 새로운 시장으로 내보낼 수 있는(군사용 기술을 상

업용으로 활용하거나 그 반대) 상황.

3. 아직 해결하지 못한 고객의 과제에 초점을 맞출 수 있는 상황. 기업
들이 제품이나 고객 세분화와 기존 제품의 개선에 집중할수록 범용
화가 심해지는 산업에서 이런 상황이 자주 나온다. 이때 과제에 초
점을 맞추면 수익성을 크게 개선할 수 있다. 예를 들어 페덱스는 택
배 시장에 진입할 때 낮은 가격이나 더 나은 마케팅으로 경쟁하려
들지 않았다. 대신 기존 택배보다 훨씬 빠르고 안정적인 배달을 통
해 고객의 필요를 충족하는 데 집중했다. 그러기 위해서는 훨씬 효
율적으로 핵심 절차와 자원을 통합해야 했다. 페덱스는 이처럼 과제
에 집중하는 사업 모델 덕분에 UPS가 모방하는 데 오랜 시간이 걸
린 경쟁우위를 확보할 수 있었다.

4. 저가 시장에서 파괴적 혁신을 일으키는 경쟁자를 물리쳐야 하는 상
황. 나노가 성공을 거둔다면 소형 제철소가 한 세대 전에 훨씬 낮은
비용으로 철강을 생산하면서 일관 제철소를 위협했듯이 기존 자동
차들을 위협할 것이다.

5. 경쟁 토대의 변화에 대응해야 하는 상황. 시장에서 수용할 수 있는
해결책을 정의하는 요소는 시간이 지남에 따라 바뀌기 마련이다.
그 결과 핵심 세분 시장에서 범용화가 일어난다. 힐티는 세계적으로
제조 비용이 낮아짐에 따라 사업 모델을 바꿀 수밖에 없었다. '충분
히 좋은' 저가 제품들이 고가 제품의 지분을 잠식하기 시작했기 때
문이다.

물론 새로운 기회를 잡기 위해 노력을 기울일 가치가 있다는 확신이 들기 전에는 사업 모델 혁신을 추구하지 말아야 한다. 또한 새로운 사업 모델이 시장이나 산업의 판도를 바꿀 수 없다면 힘들게 추구할 필요가 없다. 이 경우 사업 모델을 바꾸려는 노력은 돈과 시간을 낭비할 뿐이다.

아래의 질문들은 사업 모델 혁신을 통해 나름의 성과를 거둘 수 있을지 판단하는 데 도움을 준다. 모든 질문에 '그렇다'라는 답이 나오면 혁신에 성공할 확률이 높아진다.

- 초점화된 강력한 고객 가치 제안으로 과제를 정확하게 포착할 수 있는가?
- 과제를 최대한 효율적으로 수행하도록 모든 핵심 요소, 즉 고객 가치 제안, 수익 공식, 핵심 자원, 핵심 절차를 통합하는 사업 모델을 고안할 수 있는가?
- 핵심 사업으로부터 부정적인 영향을 받지 않도록 사업 개발 절차를 구축할 수 있는가?
- 새로운 사업 모델이 경쟁자들을 파괴시킬 수 있는가?

새로운 사업 모델을 수립한다고 해서 기존 사업 모델이 위협받거나 바뀌어야 하는 것은 아니다. 오히려 다우 코닝Dow Corning의 사례처럼 새로운 사업이 핵심 사업을 뒷받침하고 보완하는 경우가 많다.

다우 코닝은 어떻게 독자적인 방식에서 벗어났는가

사업 모델 혁신의 필요성이 분명할 경우 올바른 사업 모델을 수립하는 동시에 새로운 가치를 창출하는 데 기존 사업이 방해되지 않도록 해야만 성공할 수 있다. 다우 코닝은 새로운 수익 공식과 함께 새로운 사업부를 설립할 때 이 문제에 직면했다.

다우 코닝은 오랫동안 수천 종의 실리콘 기반 제품을 판매했으며, 여러 산업에 체계적인 기술 서비스를 제공했다. 그러나 오랫동안 수익성 있는 성장을 구가한 후 여러 제품 부문이 정체되는 상황에 처했다. 문제를 전략적으로 검토한 결과, 저가 제품군이 범용화 단계에 이르렀다는 중대한 사실이 발견되었다. 실리콘 응용 제품을 경험한 많은 고객에게는 더 이상 기술 서비스가 필요 없었다. 낮은 가격에 기본적인 제품이 필요할 뿐이었다. 이런 변화는 성장을 이룰 기회를 열어주었다. 이 기회를 살리려면 가격이 더 낮은 제품을 고객에게 제공할 길을 찾아야 했다. 문제는 사업 모델과 기업문화가 모두 고가의 혁신적인 제품과 서비스 패키지를 토대로 구축되었다는 점이었다. 다우 코닝의 대표 게리 앤더슨Gary Anderson은 2002년에 이미 범용화가 진행된 저가 시장을 공략하기 위해 돈 시츠Don Sheets에게 신사업 개발을 맡겼다.

신사업 개발 팀은 가격을 중시하는 고객들의 과제를 해결할 수 있는 가치 제안부터 수립했다. 이 가치 제안을 실행하려면 가격을 15퍼센트나 낮춰야 했다(범용화된 제품으로서는 상당한 감소 폭). 신사업 개발 팀은 이 정

다우 코닝의 저가 시장 진출

전통적으로 고이윤을 추구하던 다우 코닝은 완전히 다른 방식으로 운영되는 별도 사업부를 통해 저가 시장을 공략하는 데서 새로운 기회를 찾았다. 저가 제품과 고가 제품을 근본적으로 차별화하면 저가 시장에서 새로 수익을 올려도 기존 사업이 잠식당할 일이 없다.

기존 사업		신규 사업
맞춤식 해결책, 협상을 통한 계약	**고객 가치 제안**	단순한 조건으로 인터넷을 통해 판매되는 벌크 제품
고부가가치 서비스에 대한 높은 가격	**수익 공식**	낮은 이윤과 높은 처리량을 통한 현물시장 가격
연구 개발, 판매, 서비스 중심	**핵심 자원 및 절차**	IT 시스템, 저비용 절차, 자동화 중심

도 규모의 감소 폭을 실현하기 위해서는 단지 서비스를 없애는 수준을 넘어 훨씬 많은 변화가 필요하다는 사실을 깨달았다. 무엇보다 훨씬 낮은 비용 구조를 수반하는 새로운 수익 공식을 수립해야 했다. 비용을 줄이기 위한 관건은 새로운 IT 시스템을 개발하는 것이었다. 또한 더 많은 제품을 더 빨리 판매하려면 인터넷을 활용해 절차를 자동화하고, 최대한 간접비를 줄여야 했다.

기존 사업 모델로도 충분한 경우

업계 판도를 바꿀 기회를 잡기 위해 항상 새로운 사업 모델이 필요한 것은 아
니다. P&G의 스위퍼 사례처럼 기존 사업 모델을 가지고 새로운 시장에서 혁신
을 일으킬 수도 있다. 다음과 같은 경우에는 기존 사업 모델로도 충분하다.

• 기존 수익 공식으로 새로운 고객 가치 제안을 충족할 수 있는 경우
• 전체 혹은 대부분의 기존 핵심 자원 및 절차로 새로운 고객 가치 제안을 충
  족할 수 있는 경우
• 현재 활용하는 핵심 규칙, 지표, 관행으로 새로운 고객 가치 제안을 충족할
  수 있는 경우

규칙 파괴

성공적인 기업으로서 성숙 단계에 이른 다우 코닝의 숙련된 인력들은
고관리high-touch 맞춤식 가치 제안을 충족하는 데 익숙했다. 신사업에서
자동화를 이루려면 훨씬 많은 표준화가 필요했다. 이는 전반적으로 훨씬
엄격한 규칙을 적용하는 일을 수반했다. 예를 들어 주문 규모는 소수의
대량 주문 옵션으로 제한되어야 했고, 조달 기간은 2주에서 4주 사이가
되어야 했으며(이 기간을 벗어나면 추가 비용을 내야 함), 신용거래 조건도 고
정되어야 했다. 구매자가 고객 서비스를 원할 경우 요금을 내야 했다. 결
론은 명확했다. 신사업은 저관리 자율 서비스에 표준화된 방식이어야 했
다. 신사업에 성공하려면 지금까지 성공으로 이끈 규칙을 깨뜨려야 했다.

그다음에는 새로운 규칙을 수반하는 신사업이 핵심 사업의 울타리 안에서 성공할 수 있을지 판단해야 했다. 시츠는 가상 실험을 통해 기존 인력과 체계가 새로운 고객 가치 제안의 요구에 어떻게 반응할지 검증했다. 그 결과 깊이 자리 잡은 습관과 절차 때문에 규칙을 바꾸려는 모든 시도가 실패로 돌아갔다. 즉, 조직 내에 형성된 항체가 신사업을 죽이고 말았다. 그에 따라 앞으로 나아갈 방향이 명확해졌다. 신사업이 새로운 시장에서 성공하려면 기존 규칙에서 벗어나 적절한 새로운 규칙을 자유롭게 결정할 수 있어야 했다. 또한 기회를 살리는 동시에 기존 사업 모델을 보호하기 위해서는 새로운 브랜드 정체성이 필요했다. 그렇게 해서 자이아미터Xiameter가 탄생했다.

새로운 역량 파악

새로운 고객 가치 제안과 수익 공식을 확립한 자이아미터 사업 팀은 새로운 역량으로 삼을 핵심 자원과 절차에 초점을 맞췄다. 당시 다우 코닝의 핵심 역량에서 작은 부분에 불과했던 정보 기술은 새로운 웹 기반 사업의 핵심으로 부상했다. 사업 초기 빠르게 변하는 환경에 잘 적응하고 모호한 상황에서 신속하게 현명한 판단을 내릴 수 있는 인력도 필요했다. 새로운 사업에는 명백히 새로운 역량이 필요했다.

자이아미터는 독립 사업부로 운영될 예정이었다. 그러나 사업 팀은 산업과 제품에 대한 깊은 지식이 안기는 기존 기업의 이점을 포기하고 싶지 않았다. 기존 규칙을 따르려는 경향을 차단한 채 전문성을 활용하는 것이 관건이었다. 시츠는 사내에서 위험 감수 성향을 지닌 인력들을 찾아냈다. 그는 필요한 역량을 지닌 후보들을 면접할 때 그 자리에서 바로 수락 여부를 결정해야 한다는 조건을 내걸었다. 덕분에 중대한 상황에서 신속한 결정을 내릴 능력을 지닌 인력을 골라낼 수 있었다.

비밀 요소: 인내

신사업으로 성공한 기업들은 대개 수익을 내기까지 네 번 넘게 사업 모델을 수정한다. 사업 모델 혁신 절차를 잘 수립하면 그 횟수를 줄일 수 있다. 그래도 초기의 실패를 견뎌내고 경로를 수정할 줄 알아야 한다. 실제로 계획을 실행하는 일만큼 학습과 조정이 중요하다. 우리는 새로운 사업 모델을 시도하는 기업들에 (시장이 지닌 기회가 제대로 전개될 수 있도록) 빨리 성장하라고 독촉하지는 않지만, (사업 모델의 타당성을 조기에 확인하기 위해) 수익성은 서둘러 확보하도록 조언한다. 수익성은 사업 모델이 타당하다는 사실을 일찍이 알려주는 최고의 지표다.

다우 코닝은 새로운 사업을 시도할 때 자연히 뒤따르는 시행착오를 허용하는 한편 최소 경비로 실적을 내고 타당성을 증명할 개발 주기를 수립하는 데 집중했다. 그래서 자이아미터 사업의 규모를 작게 유지하면서도 출시 기한을 공격적으로 설정하고 사업 1년 차에 수익을 낸다는 목표를 세웠다.

자이아미터는 3개월 만에 성과를 낸 데 이어 대성공을 거두면서 회사에 중대한 변화를 일으켰다. 그전까지 온라인 영업을 하지 않던 다우 코

어떤 규칙, 지표, 관행이 혁신을 가로막는가?

모든 기업에서 핵심 사업 모델에 대한 근본적인 이해는 시간이 갈수록 희미해지기 마련이다. 그러나 그 이해는 현재 상태를 보호하기 위한 규칙, 지표, 관행을 통해 계속 유지된다(예를 들어 '총이윤이 40퍼센트 이상이어야 한다'는 규칙). 규칙, 지표, 관행은 새로운 사업 모델이 기존 조직 내에 뿌리내리지 못하게 막는다.

재무
- 총이윤
- 기회의 규모
- 단위 가격 설정
- 단위 이윤
- 손익분기점 도달 시기
- 순 현재 가치
- 고정비 투자
- 신용거래 조건

운영
- 최종 제품 품질
- 납품 제품 품질
- 자체 생산 대 외주 생산
- 고객 서비스
- 유통망
- 조달 기간
- 처리량

기타
- 가격 설정
- 요구 성능
- 제품 개발 수명 주기
- 보상 및 인센티브 기준
- 브랜드 매개변수

닝은 매출의 30퍼센트를 온라인 영업으로 달성했다. 업계 평균보다 세 배나 높은 수준이었다. 게다가 온라인 고객 대다수가 신규 고객이었다. 자이아미터는 기존 고객을 잠식하기는커녕 주요 사업을 뒷받침했다. 덕분에 영업 팀은 가격에 민감한 고객들에게 타당한 대안을 제공하는 한편 핵심 제품에 프리미엄 가격을 더욱 쉽게 적용할 수 있었다.

*

전환적 성장을 시도하는 기존 기업들은 대개 제품 혁신이나 기술 혁신
을 추구한다. 이런 노력은 긴 개발 주기와 시장을 찾기 위한 단속적 시도
가 특징이다. 아이팟 사례가 시사하듯 뛰어난 기술을 발견하고 상업화하
는 것이 결코 진정한 전환적 사업의 전부는 아니다. 새로운 기술을 적절
하고 강력한 사업 모델로 담아내는 데서 성공이 이뤄진다.

하이랜드 캐피털 파트너스Highland Capital Partners의 창립자이자 총괄 파
트너인 밥 히긴스Bob Higgins는 20년 넘게 사업을 이어가는 동안 숱한 성
공과 실패를 겪었다. 그는 사업 모델 혁신의 중요성과 힘을 이렇게 설명한
다. "역사적으로 볼 때 우리(창업투자자)는 기술을 지원할 때 실패했고, 새
로운 사업 모델을 지원할 때 성공했다."

[2008년 12월호]

6. 신인수합병 지침서

- 클레이튼 크리스텐슨, 리처드 올턴, 커티스 라이징, 앤드루 월덱

회사의 실적을 향상시키거나 장기적 성장을 촉발하려 할 때 다른 회사를 인수하는 방안은 대단히 유혹적이다. 실제로 기업들은 다른 기업을 인수하는 데 해마다 2조 달러 이상의 돈을 쓴다. 그러나 여러 연구 결과에 따르면 인수합병이 실패로 돌아갈 확률이 70퍼센트에서 90퍼센트에 이른다. 많은 연구자는 대개 성공한 사례와 실패한 사례의 '속성'을 분석해 이 처참한 통계를 설명하려 시도했다. 우리가 보기에는 성패의 원인을 파악하는 탄탄한 이론이 필요하다.

지금부터 그 이론을 제시하고자 한다. 핵심을 말하자면 수많은 인수가 기대에 못 미치는 이유는 애초에 경영진이 전략적 목표와 후보를 잘못 짝지었기 때문이다. 구체적으로는 현재 경영 상태를 개선할 수 있는 인수

와 성장 전망을 크게 바꿀 수 있는 인수를 구분하지 못한 것이 문제다. 그 결과 잘못된 금액을 지불하고 잘못된 방식으로 통합 작업에 나서는 경우가 아주 많다.

다른 기업을 인수하는 데는 경영진이 종종 혼동하는 두 가지 이유가 있다. 먼저 일반적인 이유는 한편으로 프리미엄 입지를 유지하고, 다른 한편으로는 비용을 줄여 실적을 향상시키기 위해서다. 이런 효과를 안기는 인수는 회사가 나아가는 궤도를 바꾸지 못한다. 투자자들이 실적 개선을 예상하고 그 가치를 할인하기 때문이다. 이때 CEO들은 비현실적인 실적 개선 효과를 기대하고, 너무 많은 대가를 지불하며, 적절한 통합 방식을 이해하지 못하는 과오를 종종 저지른다.

덜 흔한 두 번째 이유는 사업 모델을 재구성해 근본적으로 회사가 나아갈 방향을 바꾸기 위해서다. 이 목표를 이루기 위한 최선의 표적이 무엇인지, 얼마나 지불해야 하는지, 통합을 해야 할지 아니면 다른 좋은 방법이 있는지 정확하게 아는 사람은 거의 없다. 그러나 이런 인수는 투자자들을 어리둥절하게 만들고 엄청난 성과를 안길 가능성이 높다.

이제 인수 대상 선택, 금액 책정, 통합에 필요한 지침을 통해 성공률을 크게 높일 수 있도록 우리가 제시하는 이론의 의미를 탐구할 것이다. 그 첫 단계는 한 기업이 다른 기업을 인수한다는 것이 어떤 의미인지 근본적인 수준에서 살피는 것이다.

핵심 정리

인수합병은 대부분 실패한다. 인수에 나선 기업이 무엇을 인수하는지 그리고 어떤 효과를 기대할 수 있는지 체계적으로 생각하지 않기 때문이다. 성공적인 인수를 위한 좋은 방법이 있다.

경쟁 방식을 근본적으로 바꾸려는 의도가 아니라 그냥 사업을 확장하고 싶다면 강점을 더해줄 자원을 보유한 회사를 사들여야 한다. 그런 다음 해당 자원을 기존 사업으로 끌어들이고 피인수 사업은 최종적으로 폐기해야 한다.

이때 과도한 금액을 지불하지 않도록 주의해야 한다.

사업을 재구성하려면 기존 사업 모델을 보완하거나, 확장하거나, 대체할 새로운 사업 모델이 필요하다.

이 경우에는 성장에 필요한 기술과 자본을 비롯해 최고의 자원을 피인수 기업에 투입해야 한다. 또한 새로운 사업 모델이 성공을 거두면 많은 이익을 낼 수 있으므로 금액을 후하게 지불해도 된다.

무엇을 인수하는가

인수의 성패는 통합이 이뤄지는 방식에 좌우된다. 어떻게 통합이 이뤄질지 예측하려면 정확히 무엇을 인수하는지 알아야 한다.

이를 위한 최선의 방법은 사업 모델을 중심으로 생각하는 것이다. 사업 모델은 가치를 창출하고 전달하는 네 가지 상호의존적 요소로 구성된다. 첫 번째 요소는 고객이 중요한 과제를 다른 대안들보다 편하고, 저렴하게, 효과적으로 수행할 수 있도록 돕는 고객 가치 제안이다. 두 번째 요소는 회사를 운영하는 데 필요한 이익과 현금을 확보할 매출 모델과 비용 구조로 구성되는 수익 공식이다. 세 번째 요소는 고객 가치 제안을 달성하기 위해 활용하는 인력, 고객, 기술, 제품, 설비, 현금 같은 자원이다. 네 번째 요소는 제조, 연구 개발, 예산 수립, 영업 같은 절차다(사업 모델 구축에 대한 자세한 내용은 〈5. 사업 모델 재구성〉 참조).

적절한 여건에서는 이 요소 중 하나인 자원을 피인수 기업으로부터 가져와 자사의 사업 모델에 투입할 수 있다. 자원은 기업과 별개로 존재하기 때문이다(기업은 내일 사라질 수 있지만 자원은 여전히 남는다). 우리는 이를 '사업 모델 강화용' 인수라 부른다.

그러나 피인수 기업의 사업 모델이 지닌 다른 요소를 자사의 사업 모델로 끌어오거나 그 반대의 경우가 항상 가능한 것은 아니다. 수익 공식 및 절차는 조직과 분리할 수 없으며, 따로 존재할 수 없다. 하지만 사업 모델은 외부에서 사들여 개별적으로 운영하고 전환적 성장을 위한 토대로 삼을 수 있다. 우리는 이를 '사업 모델 재구성용' 인수라 부른다. 앞으로 살펴보겠지만 자원을 인수하는 것보다 사업 모델을 인수하는 것이 훨씬 큰 성장 잠재력을 지닌다.

많은 경영자가 다른 기업의 자원을 인수하면 큰 효과를 볼 수 있다는 생각에 지나치게 많은 대가를 지불한다. 혹은 인수 대금이 너무 비싸다는 잘못된 판단 때문에 전환적 성장을 안길 수 있는 기회를 포기하거나, 자사의 사업 모델과 무리하게 통합하려 들다가 고성장 사업 모델의 가치를 파괴한다. 왜 이런 실수가 대단히 흔한지 그리고 어떻게 해야 피할 수 있는지 파악하기 위해, 인수를 통해 앞서 언급한 다음 두 가지 목표를 달성하는 양상을 살펴보자.

- 실적 개선
- 사업 모델 재구성

실적 개선

경영자에게 주어지는 첫 번째 과제는 사업을 효과적으로 운영해서 투자자들이 기대하는 단기적인 성과를 내는 것이다. 경영자들이 실적을 올리지 못할 경우 투자자들은 가차 없이 주가를 떨어뜨린다. 그래서 기업들은 수익 공식에 따른 성과를 개선하기 위해 사업 모델 강화용 인수에 나선다.

사업 모델 강화용 인수가 잘 이뤄지면 가격을 올리거나 비용을 낮출 수 있다. 간단한 것처럼 들리지만 이 두 가지 목표를 이루기 위해서는 대단히 구체적인 조건이 필요하다.

프리미엄 가격 확보를 위한 자원 인수. 프리미엄 가격을 확보하는 가장 확실한 방법은 제품이나 서비스를 개선하는 것이다. 다시 말해 고객들이 더 나은 상품성에 기꺼이 돈을 지불하게 만드는 것이다. 기업들은 이를 위해 자사 제품과 호환되는 개선된 부품을 사들인다. 그런 부품이 없을 때는 대개 지적 재산권 형태로 관련 기술과 함께 인력을 인수하는 것이 자체 개발보다 빠르게 제품을 개선하는 방법이다.

애플이 2008년 2억 7,800만 달러에 칩 설계사인 P. A. 세미[P. A. Semi]를 인수한 것이 한 예다. 그전까지 애플은 납품업체에서 마이크로프로세서를 조달했다. 그러나 다른 모바일 기기 제조사와 경쟁이 심해지면서 배터리 수명이 중요해졌다. 애초에 마이크로프로세서를 애플 제품 전용으로 설계하지 않으면 전력 소비를 최적화할 수 없었다. 즉, 가격 프리미엄을 유지하기 위해서는 자체 칩 설계 역량을 개발하는 데 필요한 기술과 인력을 사들여야 했다. 이는 전적으로 타당한 행보였다.

시스코도 비슷한 이유로 인수 방식을 활용했다. 시스코의 독자적 제품 아키텍처는 계속 성능의 한계를 밀어붙였다. 그래서 시스코는 소규모 하이테크 기업들을 사들여 그 기술과 인력을 제품 개발 절차에 접목했다 (상자글 '프리미엄 가격 확보를 위한 인수에 필요한 질문' 참조).

프리미엄 가격 확보를 위한 인수에 필요한 질문

- 고객들이 중시하는 중요한 성능 척도는 무엇인가(속도, 내구성, 기능성)?
- 해당 척도에서 제품을 개선하면 대다수 고객이 더 높은 가격을 지불할까 (가격을 더 지불할 만큼 개선된 속도, 내구성, 기능성을 중시하는가)?
- 고객들이 가격을 더 지불하게 만드는 방식으로 피인수 기업의 자원이 제품을 크게 개선하는가?

비용 절감을 위한 인수. 기업들은 대개 인수 결정을 발표할 때 그 효과로 비용이 낮아질 것이라고 장담한다. 그러나 실제로 그렇게 되는 경우는 소수의 상황에만 한정된다. 일반적으로는 인수에 나선 기업의 고정비가 높아야 한다. 그러면 규모를 키워도 수익성을 기대할 수 있다.

'동시다발성 인수roll ups', '쇠퇴 산업 부문 통합', '천연자원 거래' 같은 여러 인수 형태는 모두 같은 방식으로 성공을 거둔다. 바로 필요한 자원만 기존 사업 모델에 접목하고 잉여 자원은 폐쇄, 해고, 매각을 통해 처리하며, 인수한 사업 모델의 나머지 요소도 폐기하는 것이다. 이런 방식으로 규모의 경제를 실현하면 비용을 낮출 수 있다.

간단한 사례를 하나 살펴보자. 뉴잉글랜드 지역의 많은 가정에선 겨울에 석유로 난방을 한다. 석유 판매업체들은 대개 한 달에 한 번씩 석유를 배달한다. 이때 한 업체가 같은 지역에서 영업하는 경쟁업체를 사들이면 자연히 그 고객들도 인수하게 된다. 그러면 과거 두 업체가 따로 배달하면서 이중으로 들이던 고정비를 줄일 수 있다. 이 경우 인수를 통해 확보하는 주요 자원은 배달 트럭이나 배달 인력이 아니라 고객 자체다. 이 새로운 자원은 기존 자원, 절차, 수익 공식에 쉽게 접목할 수 있다. 이런 인수로 비용이 낮아지는 이유가 거기에 있다.

하지만 다른 도시에 있는 회사를 인수하는 경우엔 이야기가 달라진다. 이때는 비용이 줄어드는 것이 아니라 새로운 지역에서 같은 비용 구조가 반복된다. 간접비 부문에서 효율성이 높아질 수는 있으나 앞선 사례보다 줄어드는 비용이 훨씬 적을 것이다. 새로운 지역에서 영업을 하려면 여전

인수가 비용 절감에 도움이 되는지 파악하기 위한 질문

인수 대상 기업의 자원이 사업 모델의 성과를 개선해 비용을 낮춰줄지는 대개
기존 자원 및 절차와 얼마나 잘 맞는지 여부에 달려 있다.

자원	절차
피인수 기업의 제품이 혼란을 초래하는 일 없이 기존 제품 목록에 포함되는가?	피인수 기업의 제품을 기존 영업 방식에 따라 판매할 수 있는가?
피인수 기업의 고객이 기존 제품을 구매하거나 그 반대도 성립하는가?	기존 인력으로 피인수 기업의 고객에게 쉽게 서비스를 제공할 수 있는가?
최소한의 조정만으로 피인수 기업의 생산 능력을 기존 공급사슬과 유통망에서 활용할 수 있는가?	피인수 기업의 제품을 기존 공장에서 생산하거나 그 반대가 가능한가?
기존 영업 인력이 피인수 기업의 제품을 판매하는 데 필요한 기술을 지녔는가? 적극적으로 판매할 것 같은가?	기존 조달 체계, IT 시스템, 품질 관리 시스템을 통해 피인수 기업 제품의 품질을 개선할 수 있는가?

피인수 기업의 자원이 기존 자원 및 절차와 잘 맞는다면 수익 공식에 포함된
자원 속도를 개선할 가능성이 많다. 즉, 자산의 회전율이나 고정비의 활용도를
높여줄 가능성이 많다.

히 피인수 기업의 트럭이 필요하기 때문이다.

제약사가 피인수 기업의 제품을 고정비가 높은 영업망을 통해 판매하
거나, 아르셀로미탈ArcelorMittal이 경쟁 철강사를 사들여 효율적인 제철소

의 초과 용량을 활용하고, 잉여 제철소를 폐쇄한 것도 규모의 경제를 활용하는 인수에 해당한다. 석유가스 기업인 애너다코Anadarko가 2006년에 커맥기Kerr-McGee를 인수한 것도 같은 패턴을 따른다. 커맥기가 매력적인 인수 대상이었던 이유는 보유 유전이 애너다코의 유전과 가까운 거리에 있었기 때문이다. 그래서 동일한 파이프라인, 지원선, 기타 고정 운영 자산으로 두 유전을 동시에 운용할 수 있었다. 반면 커맥기의 유전이 북대서양에 있고, 애너다코의 유전이 멕시코만에 있었다면 고정비가 따로 들어갔을 것이다. 그러면 해당 인수는 간접비의 효율성만 높일 뿐 운용의 복잡성을 더했을 것이다.

잠재적 자원 인수를 통해 비용을 절감할 수 있는지 파악하려면 피인수 기업의 자원이 자사의 자원 및 절차와 잘 맞는지 따져야 한다(상자글 '인수가 비용 절감에 도움이 되는지 파악하기 위한 질문' 참조). 그런 다음 규모를 키우는 것이 실제로 원하는 효과를 가져오는지 판단해야 한다.

고정비가 총비용에서 큰 비중을 차지하는 산업의 경우 인수를 통한 규모 확대가 비용을 상당히 줄여준다. 석유 판매 회사가 같은 지역의 경쟁사를 인수해 비용을 줄이는 것이 그런 예다. 반면 시장점유율이 비교적 낮아도 가격 경쟁력을 갖출 수 있는 산업의 경우에는 이야기가 다르다. 이 경우에는 해당 규모를 넘어서도 비용 구조가 달라지지 않는다. 석유 판매 회사가 다른 지역의 경쟁사를 인수한 경우처럼 비용 구조가 그대로 복제될 뿐이다(그림 '규모 확대가 비용을 낮추는 때는 언제인가?' 참조). 예를 들어 폴리에스터 직물 산업에서 최첨단 공기 분사 직기air-jet loom를 충분히

[규모 확대가 비용을 낮추는 때는 언제인가?]

고정비가 총비용에서 큰 비중을 차지할 때 규모를 키우면 상당한 절감 효과를 거둘 수 있다. 반면 변동비의 비중이 큰 경우 규모를 키우기 위해서는 추가로 간접비를 투자해야 하기 때문에 절감 효과가 미미하다.

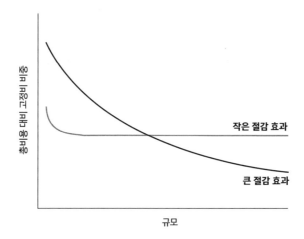

활용할 만큼 규모가 커진 후 생산량을 더 늘리려면 추가로 공기 분사 직기를 구매해야 한다. 또한 비용 구조에서 변동비가 상당 부분 차지하는 경우 자원 인수는 대개 수익 공식에 미미한 도움밖에 주지 않는다.

마찬가지로 규모 확대의 혜택은 제조, 유통, 영업처럼 고정비 비중이 높은 부문에서 가장 크게 나타난다. 규모의 경제를 통해 구매, 인력 관리, 법무 부문에서 관리비를 줄이는 인수는 수익 공식에 별다른 영향을 미치지 못하는 경우가 많다. 예를 들어 뉴욕 타임스New York Times가 보스턴 글로브Boston Globe를 인수했을 때 운영 부문의 시너지 효과는 미미했다(취재 인력과 인쇄 과정을 분리할 수밖에 없었다). 인사와 재무 부문에서 절감되는

사업 복합화에 대하여

지금까지 인수와 관련해 다루지 않은 범주가 있다. 바로 사업 포트폴리오를 구축하거나 최적화하기 위한 인수다. 사모펀드의 차입매수가 대표적인 사례다. 많은 사모펀드가 운영 개선을 통해 포트폴리오에 편입된 기업의 가치를 높이려고 시도한다. 그러나 그들이 얻는 실제 가치 중 상당 부분은 차입금 활용과 그에 수반되는 절세 효과에서 나온다. 그래서 전략적 인수라기보다 주식 매수에 더 가깝다고 할 수 있다. 버크셔 해서웨이Berkshire Hathaway의 워런 버핏Warren Buffett이나 루카디아 내셔널Leucadia National의 이언 커밍Ian Cumming 같은 투자자들도 차입금을 훨씬 적게 쓰긴 하지만 비슷한 이유로 인수 작업을 벌인다. 기존 사업과의 전략적 적합성을 노리기보다 사업 포트폴리오를 다양화하기 위해 대형 인수가 이뤄지는 경우도 있다. GE가 NBC를 인수한 것이 여기에 해당한다. 우리는 이런 인수의 가치에 의문을 제기하지 않는다. 그 가치는 상당히 클지도 모른다. 다만 이런 인수는 기존 사업 모델에 직접적이고 전환적인 영향력을 미치지 못한다.

관리비는 인수를 정당화하기에 부족했다.

일반적으로 사업 모델 강화용 인수가 주가에 미치는 영향은 1년 이내에 명확하게 드러난다. 시장이 인수 이전에 두 기업의 잠재력을 이미 파악한 상태이고, 1년이면 인수에 따른 시너지 효과와 통합 결과를 평가하기에 충분하기 때문이다. 대개 사업 모델 강화용 인수의 경우 경영자보다 투자자들이 훨씬 덜 낙관적인 태도를 보인다. 역사를 살펴보면 투자자들이 대체로 옳았던 것으로 판명된다. 그나마 최선의 결과는 주가가 새로운 고점 부근에서 머무는 것이다. 일부 경영자는 사업 모델 강화용 인수를 통해 예상치 못한 성장을 구가할 것이라는 기대를 버리지 않는다. 그러나 앞으로 확인하겠지만, 그 기대는 실망으로 끝날 가능성이 높다.

원 스톱 쇼핑의 유혹. 신규 고객을 획득하는 사업 모델 강화용 인수를 통해 실적을 개선하려는 기업들이 주의할 점이 있다. 우리가 파악한 모든 성공 사례에서 '인수된' 고객들은 과거에 사던 제품을 계속 샀다. 교차 판매를 목적으로 이뤄진 인수가 성공한 경우는 드물었다.

왜 그럴까? 가전제품과 가정용 보수용품을 사는 일반적인 소비자를 예로 들어보자. 그에게 물건을 판다면 두 제품을 모두 파는 월마트가 가전제품만 파는 베스트 바이Best Buy나 가정용 보수용품만 파는 홈 디포 Home Depot보다 유리할까? 한마디로 그렇지 않다. 생일 전이나 명절 전처럼 가전제품을 사는 때가 있고, 집을 수리할 시간이 나는 토요일 오전처럼 가정용 보수용품을 사는 때가 있기 때문이다. 이 과제들은 각각 다른 시기에 발생하므로 월마트가 두 가지 제품을 같이 판다고 해서 전문 판매점보다 유리한 것은 아니다. 반면 일반적인 소비자는 차에 기름을 넣을 때 대개 간식도 많이 산다. 그래서 주유소와 편의점이 같이 있는 경우가 많다. 이처럼 새로운 고객에게 다양한 제품을 팔기 위해 진행한 인수가 성공하려면 같은 장소에서 동시에 구매가 이뤄져야 한다.

시티그룹Citigroup의 샌퍼드 웨일Sanford Weill 같은 야심찬 금융기업 경영 자들은 신용 카드, 당좌예금, 자산관리, 보험, 주식 거래에 대한 고객의 필요를 한곳에서 충족하는 것이 효율적이고 효과적이라는 생각으로 '금융 슈퍼마켓'을 차렸다. 그러나 이런 시도는 거듭 실패로 돌아갔다. 각 상품은 다른 시기에 발생하는 다른 과제에 대응한다. 한곳에서 모든 상품을 다룬다고 해서 유리할 것이 없다. 오히려 이런 교차판매는 복잡성과 혼란을 초래할 뿐, 영업 비용을 낮춰주지도 못한다.

사업 모델 재구성

경영자에게 주어진 두 번째 근본적인 임무는 새로운 사업방식을 창출해 장기적 성장의 토대를 마련하는 것이다. 경쟁과 기술 발전이 수익 잠재력을 잠식하면서 기존 사업 모델의 가치가 날이 갈수록 약화되기 때문이다. 이때 도움을 주는 것이 사업 모델 재구성용 인수다.

투자자의 기대는 경영진에게 사업 모델 재구성에 나설 강력한 동기를 부여한다. 앨프리드 래퍼포트Alfred Rappaport와 마이클 모부신이 『기대 투자Expectations Investing』(2003)에서 지적한 대로 경영자들은 매출 증가 자체가 아니라 투자자들의 기대와 비교한 매출 증가가 회사의 주가를 좌우한다는 사실을 금세 깨닫는다. 한 기업의 주가는 예상되는 실적에 대한 수많은 정보를 하나의 수치로 합성한 다음 현재 가치로 할인한 것이다. 현금 흐름이 시장의 기대와 같은 수준으로 증가한다면 주가는 자본 비용만큼만 오를 것이다. 시장의 기대가 이미 주가에 반영되었기 때문이다. 주주 가치를 계속 늘리려면 투자자들이 이미 고려하지 않은 일을 계속 이뤄내야 한다.

파괴적 사업 모델 인수. 매출과 이윤을 예상 못한 수준으로 올리는 가장 안정적인 수단은 파괴적 제품과 사업 모델이다. 파괴적 기업은 기존 기업의 제품보다 간단하고 저렴한 제품으로 먼저 시장에 진입한다. 그렇게 시장 저변에서 입지를 구축한 다음 고성능, 고이윤 제품으로 점차 상위 시장으로 올라간다. 투자 분석가들은 어떤 기업이 현재 속한 시장을 기준으로 잠재력을 판단한다. 그래서 파괴적 기업이 제품을 개선하면서 상위 시장으로 올라가는 양상을 예측하지 못한다. 그 결과 파괴적 기업의 성장 잠재력을 과소평가한다.

파괴적 기업이 성장하는 양상을 이해하기 위해 중소 철강사인 뉴코를 예로 들어보자. 뉴코는 1970년대에 대형 철강사들이 쓰던 일관 제철 방식보다 훨씬 간단하고 비용이 적게 드는 방식을 개발했다. 뉴코는 처음에 가장 간단하고 이윤이 낮은 콘크리트 보강용 철근만 생산했다. 투자 분석가들은 보강용 철근 시장의 규모와 거기서 벌어들일 수 있는 이익을 토대로 뉴코의 가치를 가늠했다. 그러나 뉴코는 이익을 늘리기 위해 더 많은 역량을 개발했다. 뉴코가 연이어 상위 제품군을 공략하면서 저비용 제철 기법을 통해 갈수록 이윤을 높여가자 투자 분석가들은 대응 시장과 성장에 대한 추정치를 계속 바꿔야 했다. 그 결과 그림 '파괴적 사업이 대단히 큰 가치를 지니는 이유'가 보여주듯이 뉴코의 주가는 폭등했

[파괴적 사업이 대단히 큰 가치를 지니는 이유]

**저가 시장에서 고가 시장으로 나아간
뉴코의 사례**

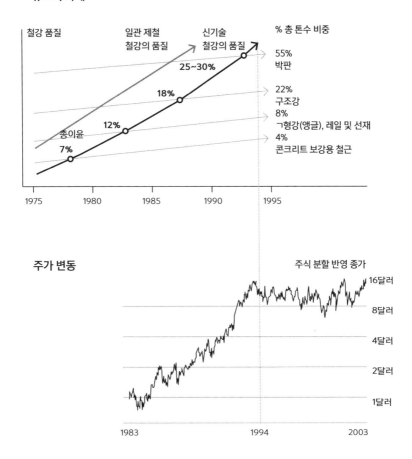

회사의 주가를 크게 높이는 요인은 무엇일까? 바로 투자자들이 예상치 못한 성장이다. 뉴코는 혁신적인 제철 기술을 연이어 개발하면서 점차 큰 시장으로 진출할 수 있었다. 그때마다 투자자들은 뉴코의 적정 주가를 재고해야 했다. 뉴코의 주가는 더 이상 개척할 시장이 사라진 후에야 상승을 멈췄다.

출처: 블룸버그Bloomberg

다. 1983년부터 1994년까지 연평균 성장률이 무려 27퍼센트에 이르렀다.

그동안 투자 분석가들은 뉴코가 대응할 수 있는 시장을 과소평가했다는 사실을 계속 깨달았다. 1994년 무렵 뉴코는 최상층 시장에 진입했다. 그제야 투자 분석가들은 뉴코의 성장 잠재력을 뒤늦게 따라잡았다. 그래서 매출이 계속 늘었지만 '할인 가능성discountability'이 정확하게 파악되면서 뉴코의 주가는 안정되기 시작했다. 이 시점에서 뉴코가 투자 분석가들의 기대를 뛰어넘는 수준으로 계속 주가를 부양하려면 파괴적 사업을 창출하거나 인수해야 했다.

파괴적 사업 모델을 인수하는 기업은 탁월한 성과를 낼 수 있다. 예를 들어 정보기술 대기업인 EMC가 VM웨어VMware를 인수한 사례를 보자. VM웨어의 프로그램은 IT 부서에서 하나의 기기로 여러 개의 '가상 서버virtual server'를 돌리도록 해주었다. 그래서 비싼 하드웨어를 저렴한 소프트웨어로 대체할 수 있었다. VM웨어의 제품은 서버 공급업체의 사업을 파괴시키는 반면 EMC의 사업을 보완해주었다. 저장용 하드웨어 공급업체들이 도달할 수 있는 범위를 넓혀주었기 때문이다. EMC가 6억 3,500만 달러의 현금을 지불하고 인수할 당시 VM웨어의 매출은 2억 1,800만 달러에 불과했다. 그러나 인수를 통해 파괴적 동력을 확보한 뒤 매출이 폭증해 2010년에는 무려 26억 달러에 이르렀다. 현재 EMC가 보유한 VM웨어 지분의 가치는 280억 달러 이상으로, 투자액의 44배에 달한다.

존슨앤드존슨의 의료기구 및 진단기기 사업부는 인수를 통한 사업 모델 재구성으로 탁월한 성장을 이룬 또 다른 사례를 제공한다. 이 사업부의 매출은 1992년부터 2001년까지 연 3퍼센트씩 적절하게 증가했다. 반면 같은 시기에 인수한 네 가지 소규모 파괴적 사업 모델은 엄청난 성장을 촉발했다. 사업 모델 재구성용 인수를 통해 획득한 사업들의 총매출은 해당 기간에 41퍼센트의 연 증가율을 기록하면서 사업부 전체의 성장 궤도를 근본적으로 바꿔놓았다(상자글 '회사의 성장 궤도를 바꿀 수 있는 인수인지 파악하기 위한 질문' 참조).

범용화 탈피를 위한 인수. 사업 모델 재구성용 인수는 범용화에 대비하는 수단으로 대단히 효과적이다. 앞서 설명한 대로 범용화의 역학은 예측 가능한 패턴을 따른다(〈7. 돈이 생길 곳으로 달려가라〉 참조). 시간이 흐름에 따라 독자적이고 통합적인 제품이 차별성을 잃고 모듈화되면 가치사슬에서 가장 수익성이 좋은 지점이 바뀐다. 구성 요소를 공급하는 혁신적인 기업들이 가장 매력적인 이윤을 차지하기 시작한다.

범용화에 가로막힌 경우 인수도 수익 공식의 성과를 개선하지 못한다. 사실 그 어떤 수단으로도 불가능하다. 이런 상황에 처한 기업은 대신 '수익이 나올 곳', 즉 향후 가치사슬에서 최고의 이윤을 획득할 수 있는 부문으로 이동해야 한다. 현재 주요 제약사의 사업 모델은 신제품 개발 능력 부재와 병원 영업 모델의 낙후화를 비롯한 여러 이유로 흔들리고 있다. 화이자Pfizer, GSK, 머크Merck 같은 선도 기업들은 실적을 개선하기 위해 경쟁사의 제품과 자원을 사들였다. 그래도 주가는 떨어졌다. 예를 들어 화이자의 주가는 인수 작업 후 40퍼센트나 폭락했다.

이보다 훨씬 나은 전략은 가치사슬에서 범용화에서 벗어나는 지점에 초점을 맞추는 것이다. 현재 신약 연구 과정의 핵심으로서 제약사에 중요한 역량으로 부상한 임상실험 관리가 그런 예다. 지금까지 대다수 제약사들은 코반스Covance나 퀸타일스Quintiles 같은 전문 대행사에 임상실험 과정을 맡겼다. 덕분에 이 대행사들은 가치사슬에서 좋은 입지를 확보할 수 있었다. 대형 제약사들이 무너지는 사업 모델을 재구성하기 위해서는 임상실험 대행사나 닥터 레디스 래버러토리Dr. Reddy's Laboratories 같은 파괴적 제약사를 인수하는 것이 좋다.

적정가 지불

사업 모델 재구성용 인수가 주주를 위한 가치 창출에 대단히 효과적이라는 우리의 주장을 감안할 때 아이러니한 사실이 있다. 바로 사업 모델 재구성용 인수는 실제 가치보다 낮은 가격에, 사업 모델 강화용 인수는 실제 가치보다 높은 가격에 이뤄지는 경우가 많다는 것이다.

인수합병 관련 책자들을 보면 지나치게 높은 가격을 지불하지 말라는 경고로 가득하다. 거기에는 충분한 이유가 있다. 실제로 사업 모델 강화용 인수에 나섰다가 거래를 성사시키고 싶은 마음에 시너지 효과로 기대할 수 있는 가치보다 많은 돈을 지불하는 경우가 숱하다. 이런 거래에서는 인수가 수익에 미치는 영향을 계산해 가치를 판단하는 것이 중요하다. 적정가보다 낮은 가치에 인수하면 주가가 상승할 것이다. 다만 약간 더 높은 선에서 대부분 약 8퍼센트에 해당하는 가중평균자본비용만큼 완만한 상승곡선을 그릴 것이다.

반면 그림 '파괴적 기업에 대한 시장의 보상'을 보라. 이 그림은 우리가 파악한 37개의 파괴적 기업이 상장 후 10년 동안 기록한 주가수익률을 나타낸 것이다. 이 기업들의 연 주가수익률은 역사적 수준보다 훨씬 높다. 그래서 투자 분석가들은 주가가 고평가되었다고 생각한다. 그러나 상장 시 주식을 매입한 후 10년 동안 보유한 투자자들은 무려 연 46퍼센트에 이르는 수익을 실현했다. 즉, '높은' 주가수익률에도 불구하고 줄곧 주가가 저평가되었던 셈이다.

적정 주가가 얼마인지 판단해야 하는 투자 분석가들은 적절한 비교 대
상을 찾는다. 사업 모델 강화용 인수의 경우 정확한 비교 대상은 비슷한
산업에서 비슷한 제품을 만드는 기업들이다. 반면 사업 모델 재구성용 인
수의 경우 이런 방식으로 비교하면 파괴적 기업의 주가가 고평가된 것처
럼 보인다. 그래서 사업 모델 재구성에 필요한 인수를 꺼리게 된다. 현실
적으로 파괴적 기업에 대한 올바른 비교 대상은 산업과 무관한 다른 파
괴적 기업이다.

[파괴적 기업에 대한 시장의 보상]

투자 분석가들은 우리가 파괴적 기업으로 선정한 37개 기업의 높은 주가수익률(순
이익 대비 높은 주가를 가리킴)을 보고 상장 시 주가가 고평가되었다고 판단했다.
그러나 이후 이 기업들이 올린 탁월한 실적은 사실 주가가 줄곧 저평가되었음을 말
해준다.

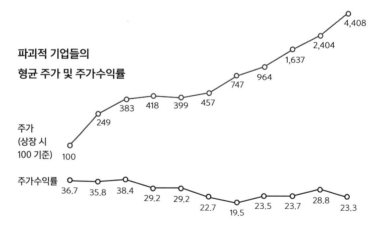

출처: 컴퓨스탯Compustat, 톰슨 로이터스Thomson Reuters, 블룸버그

궁극적으로 '올바른' 인수 가격은 최고 입찰자에게 매각하려는 투자은 행이나 매도자가 정할 수 있는 것이 아니라 인수 목적에 좌우되기 때문에 매수자만 정할 수 있다.

통합에 따른 실수들

통합에 대한 접근법은 거의 전적으로 인수 유형에 따라 정해져야 한다. 기존 사업 모델의 실효성을 개선하려고 다른 기업을 인수한다면, 그 자원을 운영 절차에 접목하고 사업 모델의 나머지 요소는 대체로 폐기해야 한다. 시스코는 기술 확보를 위해 인수에 나섰을 때 대부분 이런 방식으로 처리했다(물론 예외도 있다. 예를 들어 절차가 대단히 가치 있거나 두드러지는 경우 기존 절차를 대체하거나 거기에 추가할 수 있다). 반면 사업 모델을 보고 인수한다면 사업을 따로 운영하면서 계속 유지하는 것이 중요하다. 베스트 바이는 긱 스쿼드Geek Squad를 인수했을 때 기존의 저이윤, 저관리 소매 사업과 더불어 고관리, 고비용 서비스 사업을 별도로 운용했다. 마찬가지로 VM웨어의 서버 중심 사업 모델은 EMC의 저장 모델과 확연히 달랐다. 그래서 EMC는 VM웨어와 군이 긴밀한 통합을 시도하지 않았다. EMC의 기존 사업 모델이 계속 좋은 실적을 올리는 가운데 VM웨어의 파괴적 사업 모델을 추가하자 매출이 급격하게 증가했다.

인수 대상의 어디에 가치가 존재하는지 알지 못하고, 그에 따라 잘못된 방식으로 통합을 시도하는 일은 지금까지 엄청난 재난을 초래했다. 다임러가 1998년에 360억 달러를 들여 크라이슬러를 인수한 것이 대표적인 사례다. 이 인수는 자동차 산업에서 자원을 획득하기 위한 전형적인 시도처럼 보였다. 그러나 거기에는 치명적인 맹점이 있었다. 크라이슬러는 1988년부터 1998년까지 공격적인 모듈화에 나서 완성 차 조립에 필요한 하부 시스템을 1급 납품업체에 외주로 돌렸다. 이 정책으로 설계 절차를 간소화한 덕분에 설계 주기를 5년에서 2년으로 줄일 수 있었다(다임러의 경우 약 6년). 설계 절차에 투입되는 간접비도 다임러보다 5분의 1밖에 들지 않았다. 그 결과 이 기간 동안 일련의 인기 모델을 출시하면서 해마다 거의 1퍼센트씩 시장점유율을 늘릴 수 있었다.

투자 분석가들은 다임러가 크라이슬러를 인수한다는 발표가 났을 때 '시너지 효과'를 언급하기 시작했다. 다임러는 두 회사를 통합하면 80억 달러의 '잉여' 비용을 절감할 수 있을 것이라며 호응했다. 그러나 막상 다임러가 크라이슬러의 자원(브랜드, 판매망, 공장, 기술)을 기존 운영 절차로 끌어들이자 인수의 진정한 가치(크라이슬러의 빠른 절차와 간소한 수익 공식)와 함께 크라이슬러의 성공 토대가 사라지고 말았다. 다임러가 크라이슬러의 사업 모델을 독자적으로 유지했다면 상황이 훨씬 나았을 것이다.

*

목표를 스스로 달성할 수 없을 때 인수 작업에 나서는 것은 옳다. 그러나 단순히 다른 기업을 사들인다고 해서 마법이 일어나지는 않는다. 인수를 통해 더 높은 가격을 확보할 수는 있다. 다만 대다수 고객에게는 아직 충분히 좋지 않은 제품을 개선하는 동일한 방식을 통해서만 가격을 올릴 수 있다. 마찬가지로 인수를 통해 확보한 새로운 고객에게 기존 자원과 절차에 존재하는 초과 용량을 할애해 비용을 절감할 수 있다. 이 역시 스스로 새로운 고객을 찾아내는 동일한 방식으로도 같은 효과를 얻을 수 있다. 또한 새로운 사업 모델을 인수해 전환적 성장을 위한 토대로 삼을 수도 있다. 물론 내부에서 새로운 사업 모델을 개발하는 경우도 마찬가지다. 결국 인수 결정은 충분한 시간과 자원이 주어졌을 때 스스로 이루는 것보다 빠르고 경제적인지 여부에 달려 있다.

매일 잘못된 기업이 잘못된 이유로 인수된다. 또한 인수 가격을 설정할 때 잘못된 가치 척도가 적용되고, 잘못된 요소가 잘못된 사업 모델로 통합된다. 실제로 수많은 인수가 엉망으로 이뤄졌다. 반드시 그래야 한다는 법은 없다. 앞으로는 투자은행이 수수료를 보장받는 조건으로 솔깃한 인수 제안을 하더라도 옥석을 정확하게 가려내기 바란다.

[2011년 3월호]

7. 돈이 생길 곳으로 달려가라

- 클레이튼 크리스텐슨, 마이클 레이너, 매슈 벌린든

1980년대 초 운영체제와 프로세서 칩을 외주로 돌리기로 결정했을 때, IBM은 전성기를 구가하고 있었다. 오랫동안 메인프레임 산업을 지배하면서 시장의 70퍼센트, 총이익의 95퍼센트를 차지했다. 그러나 널리 알려진 대로 인텔Intel과 마이크로소프트Microsoft가 이익의 상당 부분을 빼앗아가는 바람에 재난이 시작되었고, IBM은 쇠퇴기에 접어들었다.

이제 와서 그때를 돌아보며 "도대체 무슨 '생각'으로 그런 거지?"라고 묻기는 쉽다. 그러나 사실 IBM의 결정은 보편적인 정설, 특히 핵심 역량만 남기고 나머지는 모두 외주로 돌려야 한다는 통념에 부합했다. 거기에 따르면 다른 기업이 더 잘 혹은 더 싸게 할 수 있는 기능은 모두 매각하거나 외주로 돌려야 했다. 실제로 당시 많은 전문가는 전략의 대가다운 미래 지향적이고 기민한 조치라며 IBM을 칭송했다.

물론 결과는 그렇지 않았다. IBM의 엄청난 실수를 통해 우리가 배울 수 있는 교훈은 무엇일까? 그 교훈은 전혀 명확하지 않다. "앞으로 많은 돈을 벌 수 있는 사업은 외주로 돌리지 마라"라고 말하기는 쉽다. 그러나 산업 경쟁력을 판단하는 기존 모델은 앞으로 가치사슬의 어디에서 가장 매력적인 수익이 나올지 예측하는 데 거의 도움이 되지 않는다. 경영자와 투자자들은 모두 퍽puck이 어디로 올지 예측하는 섬뜩한 능력을 지닌 아이스하키 선수 웨인 그레츠키Wayne Gretzky처럼 되고 싶어 한다. 그러나 대개 돈이 생기는 곳으로 가보면 이미 늦은 경우가 많다.

지난 6년 동안 우리는 산업 가치사슬의 진화를 연구하면서 반복적인 패턴을 발견했다. 이 패턴은 기업들이 노력과 자원을 집중할 부문을 선택할 때 전략적 오류를 저지르는 이유를 상당 부분 설명해준다. 또한 IBM과 수많은 다른 기업의 경영진들이 씨름한 문제들에 대한 답을 찾는 데 도움을 준다. 앞으로 가치사슬의 어디에서 매력적인 수익이 나올까? 어떤 환경에서 통합적 기업이 강력한 경쟁우위를 발휘할까? 어떤 환경 변화가 전문화된 비통합적 기업으로 경쟁우위를 옮겨갈까? 무엇이 산업의 분화를 초래할까? 분화가 일어날 때 해당 산업을 지배하는 통합적 기업은 외주로 돌릴 사업과 계속 보유할 사업을 어떻게 판단해야 할까? 신규 진입 기업은 이익을 극대화하기 위해 어디에 노력을 기울일지 어떻게 찾아내야 할까?

우리가 관찰한 패턴은 '파괴적 기술' 개념의 핵심 신조에서 기인한다.

파괴적 기술 모델

파괴적 기술 모델은 기술이 발전하는 속도와 고객이 그 기술을 활용하는 속도를 비교한다. 거기에 따르면 모든 시장에는 두 가지 유형의 성능 궤적이 존재한다. 어두운 면으로 표시된 한 궤적은 시간의 흐름에 따라 고객이 받아들일 수 있는 성능 개선의 폭을 나타낸다. 직선으로 표시된 다른 궤적은 업계의 투자가 이뤄내는 성능 개선 속도를 나타낸다.

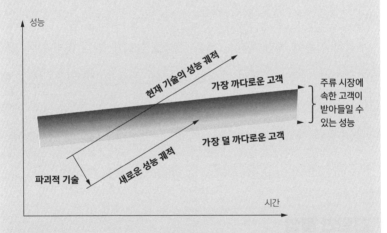

기술적 혁신의 속도를 나타내는 두 번째 궤적은 거의 언제나 해당 시장에서 고객이 받아들일 수 있는 속도를 앞지른다. 그에 따라 혁신적 기업이 '파괴적 기술', 즉 더 저렴하고 단순하며 편리한 제품이나 서비스로 하위 시장에 진출할 가능성이 열린다. 선도 기업들은 가장 수준 높고 수익성 있는 고객들을 공략하기 위한 상위 시장 혁신에 골몰하느라 파괴적 혁신을 간과한다. 파괴적 기술은 숱한 정상급 기업들을 위기와 몰락으로 빠뜨렸다.

거기에 따르면 기존 기업들이 기술을 발전시키는 속도는 고객들이 그 기술을 받아들이는 속도보다 빠를 수밖에 없으며, 그에 따라 신생 기업이 기존 기업을 대체할 기회가 생긴다. 이 모델은 기술 발전이 고객의 필요를 앞지르는 상황에서 산업이 어떻게 변할지 예측하는 데 오래 활용되었다(상자글 '파괴적 기술 모델' 참조). 파괴적 기술 모델을 토대로 삼은 우리의 이론은 산업이 변하는 가운데 어디에서 경쟁이 벌어질지, 가치사슬이 이동함에 따라 앞으로 어디서 돈을 벌 수 있을지 가늠하는 데 아주 유용하다.

우리의 이론이 지닌 함의는 많은 독자를 놀라게 만들 것이다. 우리의 말이 옳다면 대다수 기업이 향하는 곳에서는 돈을 벌 수 없을 것이기 때문이다. 그들은 반드시 고수해야 할 사업을 서둘러 외주로 돌리고, 외주로 돌려야 할 사업을 고집스럽게 고수한다. 이 문제는 나중에 다루겠다.

긴밀한 결합

제품이 진화하는 단계마다 다른 양상의 경쟁이 벌어진다. 제품의 기능성이 아직 핵심 고객의 필요를 충족하지 못하는 초기에는 성능이 주된 경쟁 요소다. 그러다가 기술이 개선되어 주류 고객의 필요를 충족하는 단계에 이르면 편의성, 맞춤화, 가격, 유연성을 중심으로 경쟁할 수밖에 없다. 이처럼 다양한 경쟁 요소는 기업과 산업 차원에서 아주 다른 조직

위대한 아이스하키 선수 웨인 그레츠키는 퍽이 갈 곳으로 미리 달려가는 것이 승리의 관건이라고 말했다. 사업 성공의 관건도 마찬가지다. 모든 기업이 앞으로 가장 큰 이익을 얻을 수 있는 곳으로 가고 싶어 한다. 그러나 대부분의 경우 힘들게 달려가도 '퍽'이 다른 곳으로 가버린다.

IBM의 사례를 보면, 1980년대 초 전성기를 구가하던 IBM은 컴퓨터 시스템 설계와 조립이라는 기존 수익원을 고수하고 프로세서 칩과 운영체제를 각각 인텔과 마이크로소프트에 외주로 맡겼다. 덕분에 두 기업은 돈이 생길 곳으로 나아가 상당한 이익을 챙겼고, 반면에 IBM은 10년에 걸친 쇠퇴기를 겪었다. 어떻게 해야 이런 일을 피할 수 있을까? 산업이 변하는 양상을 파악하려면 통찰력을 발휘해 다음과 같은 일을 해야 한다.

- 산업이 성숙함에 따라 이익이 어디로 이동할지 예측한다.
- 이익의 상당 부분을 창출할 수 있는 사업에 자원을 집중한다.

구조를 요구한다.

제품이 주류 고객에게 아직 충분히 좋지 않을 때는 기업들이 효율적인 방식으로 독자적 부품을 개발, 통합해 성능을 최대한 뽑아내는 데 집중해야 한다. 표준 인터페이스를 활용해 기존 부품을 조립하는 방식으로는 안 된다. 그러면 기술적 가능성의 한계에서 물러서기 때문이다. 이 경우 다른 기업들과 경쟁하는 데 어려움이 생긴다. 최고의 성능을 지닌 제품을 만들려면 대개 상호의존적이고 독자적인 제품 아키텍처를 채용해야 한다.

실행 방법

가치사슬이 진화하는 양상
산업과 그 제품이 성숙함에 따라 가치사슬은 예측 가능한 양상으로 진화한다.

• 1단계: 긴밀한 결합
초기 제품의 기능성은 아직 핵심 고객의 필요를 충족하지 못한다(예를 들어 초기 메인프레임 컴퓨터는 성능이나 속도가 충분치 않았다). 기업들은 성능 경쟁을 통해 가장 까다로운(그리고 가장 수익성 좋은) 고객들을 위한 고품질 제품을 생산한다.
기업들은 또한 제품의 구성요소를 더욱 효율적으로 개발 및 통합하고, 독자적인 상호의존적 제품 아키텍처를 활용하면서 기술적 한계를 밀어붙인다. 규모가 크고 수직적 통합을 이룬 기존 기업이 시장을 지배한다. 모든 사업부가 한 지붕 아래에서 의사소통을 하기 때문이다. 최종 사용자를 위한 제품은 가치사슬에서 가장 수익성 있는 지점을 이룬다.
예: 통신사들은 여전히 전화선을 통한 고속 인터넷 시장을 지배한다. DSL 제공업체와 통신사 사이에 예측할 수 없는 상호의존성이 너무 많이 존재하기 때문이다. 기존 통신사들은 전체 가치사슬을 포괄함으로써 안정적인 서비스를 제공한다.

• 2단계: 분화
기업들이 가장 까다로운 고객의 필요를 충족하려 애쓰는 가운데 제품 성능이 주류 고객의 필요를 앞지르는 수준에 이른다. 이때 파괴적 기업이 덜 까다로운 시장에 진입해 유연하고 저렴한 맞춤식 제품을 신속하게 제공해 기존 기업을 대체한다.

예를 들어 메인프레임 컴퓨터의 성능이나 속도가 아직 주류 고객의 필요를 충족하기에 부족했던 컴퓨터 산업 초기 시절에 납품받은 부품들을 조립하는 제조사는 살아남을 수 없었다. 컴퓨터를 설계하는 방식이 제조

예: 1990년대에 컴퓨터의 성능이 소비자의 요구를 뛰어넘으면서 경쟁력의 원천을 속도, 편의성, 맞춤화로 이동시켰다. 델 컴퓨터는 하부 시스템 외주, 맞춤식 조립, 신속한 배달, 경쟁력 있는 가격으로 구성된 시기적절한 사업 모델을 앞세워 놀라운 성공을 거뒀다.

흐릿한 연결고리

산업이 계속 성숙함에 따라 가치사슬에서 가장 수익성 있는 지점이 최종 사용자를 위한 제품에서 아직 기술적으로 상호의존적인 내부 아키텍처를 지닌 부품과 하부 시스템으로 옮겨간다.

이 단계에서 성공적인 기업들은 모든 것을 재설계하기보다 정상급 납품업체에서 조달한 최고 부품들을 조합해 고객의 필요를 충족한다. 그에 따라 부품과 하부 시스템 간에 상호의존성이 생겨난다.

승자는 누구?

제품의 아키텍처가 상호의존적이고 독자적인 기술로 제조될 경우에는 경쟁자들이 쉽게 모방하기 어렵다. 그래서 해당 산업의 가치사슬에서 상호의존적인 연결고리를 장악한 기업들이 시장을 지배한다.

이 연결고리를 통제하는 방법은 무엇일까? 산업이 성숙과 분화 단계를 거칠 때 갈수록 상호의존적인 아키텍처로 하부 시스템을 만드는 기업에 자산 집약적인 사업을 외주로 맡기지 마라. 대신 사업 운영 절차를 유연하게 연결하고 분리하라. 과거의 실수에서 교훈을 얻은 IBM은 이제 공개시장을 통해 기술, 부품, 하부 시스템을 판매하면서 통합적 가치사슬을 분해하고, 고가의 시스템 통합 사업을 추진한다. 이처럼 가치사슬에서 수익성 좋은 지점으로 달려가려면 복잡하고 비표준적인 통합이 필요하다. 현재 IBM은 인상적인 실적을 올리고 있다.

되는 방식에 좌우되었고, 그 반대의 경우도 마찬가지였기 때문이다. 운영체제, 메모리, 논리회로만 따로 만드는 납품업체도 살아남을 수 없었다. 이 핵심 하부 시스템들을 서로 긴밀하게 맞물리도록 설계해야 했기 때문이다.

다시 말해 제품이 아직 충분히 좋지 않을 때는 통합이 성공에 필수적이다. IBM은 가장 통합적인 기업으로서 초기 컴퓨터 산업을 지배했다. 포드와 제너럴 모터스General Motors, GM는 자동차가 아직 충분히 좋지 않았던 시기에 가장 통합적인 기업으로서 자동차 산업을 지배했다. 같은 이유로 RCA, 제록스, AT&T, 알코아Alcoa, 스탠더드 오일Standard Oil, 유에스 스틸이 비슷한 단계에서 해당 산업을 지배했다. 그들의 제품은 가능성의 한계를 밀어붙이는 데 필요한 독자적이고 상호의존적인 가치사슬을 토대로 삼았다.

비통합적 기업이 이런 상황에서 경쟁에 나서면 대개 실패한다. 하부 시스템과 전문성이 상호의존적일 때 다른 협력업체와 함께 시스템을 끼워 맞추기는 대단히 어렵다. 이 사실을 말해주는 역사적 사례가 많다. 그러나 근래에 부상하는 산업에서도 얼마든지 사례를 찾을 수 있다. 예를 들어 1990년대 말에 많은 비통합적 기업이 전화선을 이용하는 고속 DSL 인터넷 서비스를 제공하려 시도했다. 그러나 대부분 실패하고 말았다. 많은 사람이 1996년 제정된 통신법에 따른 규제 때문에 높은 요금을 매길 수 없어서 지역 서비스 회사들이 망했다고 생각했다. 그러나 규제는 부분적 요인에 불과하다. 근본적인 문제는 당시 시점에서 DSL 기술이 아직 충분히 좋지 않았으며, 그 결과 DSL 서비스 제공업체와 통신사 사이에 예측할 수 없는 상호의존성이 너무 많았다는 것이다. 전체 가치사슬을 아우를 수 있는 기존 통신사의 역량은 강력한 우위를 제공했다. 그들은 자체 네트워크 아키텍처를 잘 알았기 때문에 중앙 설비를 재조정해야 하는 뜻하지 않은 결과를 걱정할 필요 없이 서비스를 더욱 신속하게 제공할 수 있었다. 규제는 상호의존적 인터페이스를 해체하지 못했다. DSL 서비스가 대다수 사용자를 만족시키지 못하는 한 통합적 통신사가 비통합적 경쟁사보다 더 낫고 안정적인 서비스를 제공할 수 있었다.

분화

제품 성능은 거의 언제나 일반 소비자의 필요를 넘어서는 수준으로 개선된다. 기업들이 가장 까다로운(그리고 가장 수익성 좋은) 고객들의 필요를 충족하려 노력하기 때문이다. 기술 발전이 주류 고객의 용도를 앞지를 때 덜 까다로운 시장에서 성공하려는 기업들은 경쟁 방식을 바꿀 수밖에 없다. 그래서 더욱 유연한 제품을 더욱 빠르게 선보이고, 맞춤화를 통해 틈새시장에 속한 고객들의 필요를 충족해야 한다.

이처럼 새로운 측면에서 경쟁하려면 부품과 하부 시스템 사이의 인터페이스가 명확하게 정해진 모듈화된 제품을 설계해야 한다. 이 인터페이스는 궁극적으로 업계 표준으로 자리 잡는다. 모듈 아키텍처는 신제품을 빠르게 출시하는 데 도움이 된다. 모든 것을 재설계하지 않아도 하부 시스템을 개선할 수 있기 때문이다. 또한 최고의 납품업체에서 최고의 부품을 받아 개별 고객의 필요에 맞도록 조합할 수 있다. 표준 인터페이스는 시스템 성능을 저하시킬 수밖에 없다. 그러나 과도한 성능이 필요 없는 고객들을 노리는 기업들은 성능을 낮추는 대신 속도와 유연성이 안기는 혜택을 확보할 수 있다.

　모듈 아키텍처와 그에 필요한 산업 표준이 정해지면 통합은 더 이상 성공을 위한 필수요소가 아니다. 오히려 속도, 유연성, 가격 측면에서 경쟁력을 떨어뜨린다. 그에 따라 전체 산업이 분화 과정을 거친다. 그림 '컴퓨터 산업의 분화'는 그 양상을 보여준다. 초기에 컴퓨터 산업을 지배한 기업들은 가치사슬의 대다수 연결고리에 걸쳐 통합되어 있었다. 경쟁 환

[컴퓨터 산업의 분화]

메인프레임과 미니컴퓨터는 주류 시장을 형성할 만큼 충분히 좋거나, 빠르거나, 저렴한 적이 없었다. 그래서 언제나 독자적 설계와 부품으로 완제품을 만드는 대규모 통합적 기업들의 영역일 수밖에 없었다. 그러나 PC는 아주 빠르게 일반 소비자들에게 충분히 좋은 수준까지 도달하면서 여러 전문 기업을 탄생시켰다.

	1960~1980	1980~1990	1990~현재
설비		테라다인, 니콘, 캐논, 어플라이드 머티리얼스, 밀리포어 …	
소재		몬산토, 스미토모 메탈, 시플리 …	
부품		인텔, 마이크론, 퀀텀, 코맥 …	
제품 설계		IBM, 컴팩, 델, 게이트웨이, 패커드 벨 …	
조립		IBM, 컴팩 …	솔렉트론, 셀리스티카 …
운영체제	IBM / 컨트롤 데이터 / 디지털 이큅먼트	마이크로소프트	
응용 프로그램		워드퍼펙트, 로터스, 볼랜드, 마이크로소프트 …	
판매 및 유통		컴프유에스에이 …	델 …
서비스		독립 하청업체	

경이 통합을 강제했기 때문이다. 그러다가 PC가 파괴를 일으키자 산업 전체가 분화되기 시작했다. 시장을 지배하던 통합적 기업들은 가치사슬에 속한 수평적 부문에서 경쟁하는 전문 기업들로 대체되었다.

이 변화는 델 컴퓨터Dell Computer가 1990년대에 큰 성공을 거둔 이유를 말해준다. 델은 경쟁사인 IBM이나 컴팩보다 나은 제품을 만들어 성공한 것이 아니었다. 그보다는 업계에서 발생한 성능 초과 현상이 경쟁 기반을 속도, 편의성, 맞춤화로 이동시켰고, 델의 사업 모델이 새로운 환경에 완벽하게 맞았다는 것이 주된 이유였다. 고객들은 하부 시스템을 외주로 조달하고, 개인별 요건에 맞춰 조립하며, 경쟁력 있는 가격에 신속하게 배달되는 제품을 기꺼이 구매했다. 파괴적이고 비통합적인 사업 모델로 라우터router 시장을 공략한 시스코가 통신장비 시장에서 루슨트Lucent 같은 통합적 경쟁자를 물리친 양상도 비슷했다.

흐릿한 연결고리

지금까지 이 글을 세심하게 읽었다면 가치사슬의 각 단계 사이에 존재하는 인터페이스가 우리가 제시하는 주장의 핵심임을 알 수 있을 것이다. 산업 초기에 통합을 뒷받침하는 힘과 궁극적으로 산업을 분화시키는 힘은 모두 이 인터페이스에 좌우된다. 인터페이스의 중요성은 수익성을 다룰 때 더욱 커진다. 그러니 '부품과 하부 시스템 사이의 인터페이스'가

경영 교육 - 통합 탈피의 적기

파괴와 통합 탈피의 힘에서 자유로운 산업은 드물다. 경영 교육 산업도 마찬가지다. 현재 경영 교육 산업은 변하고 있다. 이 변화가 주요 경영대학원들에 좋을지 나쁠지는 대응 방식에 달려 있다.

경영 교육 산업의 정상에 서 있는 유수한 경영대학원들은 최고의 MBA 학생들에게 비싼 프리미엄 서비스를 제공한다. 이 서비스는 비싼 값을 한다. 졸업생들은 13만 달러 넘는 연봉을 받으며 고위직에 오른다. 정상급 MBA 프로그램의 구조는 사업 모델에 맞게 상호의존적이다. 예를 들어 제품 개발을 모르면 마케팅을 제대로 알 수 없고, 제조를 모르면 제품 개발을 제대로 알 수 없다고 전제한다. 또한 이 프로그램은 교수가 연구, 저술, 기획, 강의를 비롯한 모든 것을 한다는 점에서 통합되어 있다.

그러나 필요 수준 초과와 뒤이은 모듈화라는 익숙한 패턴이 경영 교육 산업에서도 명백히 드러나고 있다. 몸값이 갈수록 비싸지는 바람에 정상급 경영대학원 졸업생 중 상당수가 컨설팅 기업, 투자은행, 하이테크 신생 기업에 취업하고 있다. 지금까지 주요 취업 대상이던 기존 기업들은 MBA 출신들의 몸값이 너무 비싸 임금 구조와 경력 진로를 맞춰주기 어렵다고 생각한다.

그 결과 기존 기업과 일부 컨설팅 기업들은 갈수록 내부 육성 방식을 많이 따르고 있다. 그들은 학사나 기술 부문 석사 학위를 받은 사람들을 고용해 모토롤라의 모토롤라 대학Motorola University이나 GE의 크로톤빌Crotonville 같은 정식 기관에서 경영 능력을 갖추도록 도와준다. 다른 기업들도 덜 체계적이지만 폭넓은 경영 교육 프로그램을 운영한다. 예를 들어 작년에 IBM은 5억 달러 넘는 돈을 경영 교육에 투자했으며, 다른 기업의 임원을 대상으로 경영 교육 프로그램을 판매하겠다고 발표했다.

이런 실무 교육 프로그램은 대다수 파괴와 마찬가지로 아직은 MBA 프로그램

만큼 좋지는 않다. 적어도 명문 경영대학원들이 정한 기준을 따른다면 말이다. 프로그램의 내용이 MBA 프로그램처럼 철저하지 않고, 교육 대상도 평균적으로 보면 MBA 학생들만큼 잘 준비되어 있지 않다. 대신 실무 교육 프로그램은 다른 파괴적 사업들처럼 다른 측면에서 경쟁한다. 이 프로그램은 현장에서 접하는 구체적인 사안에 맞춰 구성되며 모듈화되어 있다. 예를 들어 3일 동안 전략적 사고를 가르친 다음 그 내용을 활용해 더 나은 전략을 세우도록 돕는다. 이런 강의는 MBA 과정의 전략 강의만큼 포괄적이지는 않다. 그러나 직접적인 필요에 잘 맞춰져 있어 교육 대상과 회사 입장에서는 더 유용하다. 또한 실무 교육 프로그램은 주요 경영대학원의 프로그램과 달리 통합되어 있지 않다. 그래서 회사마다 다른 교재를 개발하고, 다른 강의를 기획하며, 다른 방식으로 가르친다.

그렇다면 정상급 경영대학원은 어떻게 대응해야 할까? 물론 추세를 무시할 수도 있다. MBA 과정을 밟으려는 사람들이 갑자기 줄어들 일은 없다. 현재 상태로도 오랫동안 생존하는 것이 가능하다. 그러나 추세를 무시한다면 점차 영향력을 잃을 것이다. 경영 교육이 이미 상당 부분 현장에서 이뤄지고 있기 때문이다. 두 번째 대안은 현재 돈이 생기는 곳으로 달려가는 것이다. 즉, 실무 교육을 위한 맞춤식 강의를 설계하고 조합해야 한다. 맞춤식 임원 교육 시장이 커지고 있어 이 대안은 매력적이다. 다만 이미 해당 시장에 진출한 집중적이고 유연한 전문 기업들과 경쟁하기가 쉽지 않을 것이다.

더 나은 대안은 돈이 생길 곳으로 달려가는 것, 기업 교육 프로그램의 '인텔 인사이드Intel Inside'가 되는 것이다. 이는 사례 연구나 논문의 형태로 단일 부품만 제공하는 것이 아니라 독자적 내부 아키텍처로 된 '하부 시스템' 모듈을 제공하는 것을 뜻한다. 총체적이면서도 상호의존적인 방식으로 구체적인 통찰을 제공하는 일련의 사례 연구, 논문, 뉴스, 동영상 교재가 여기에 포함된다. 여기에는 이 교재들 사이의 상관성, 지금까지는 교재를 만든 교수의 직관 속에만 존재했던 상관성을 밝히는 강의 노트가 필요하다. 이 강의 노트가 있으면 기업 환경에서 덜 훈련된 강사라도 강력한 개념을 잘 가르칠 수 있다. 강의를 기획 하는 기업들은 교육 대상의 필요에 맞게 이런 교재를 조합할 수 있다.

파괴는 구매와 소비를 늘려 언제나 산업의 성장을 새롭게 이끈다. 우리의 모델 이 맞다면 경영 교육 시장에서는 앞으로 강의 기획 및 조합이 아니라 강의를 구성하는 하부 시스템을 개발하는 데서 점점 더 많은 이익이 창출될 것이다. 이 부문에서 가파른 규모의 경제와 차별화된 교재가 필요하다. 선도적인 경영 대학원들이 이런 방식으로 나름의 파괴를 이룬다면 전통적인 모델로 MBA 학 생들을 계속 가르치는 동시에 전체 경영 교육 산업의 성장에 참여해 이익의 상 당 부분을 누릴 수 있다.

무슨 뜻인지 자세히 살펴보자.

한 기업이 하부 시스템을 자체 제작하기보다 납품업체나 협력업체에서 조달하는 방안을 고려한다고 가정하자. 그러기 위해서는 세 가지 조건이 충족되어야 한다. 첫째, 어떤 속성이 중요하고 중요하지 않은지 구체적으 로 알아야 한다. 둘째, 해당 속성이 기준을 충족했는지 측정할 수 있어야 한다. 셋째, 예상치 못한 상호의존성이 없어야 한다. 즉, 하부 시스템이 다 른 요소와 맞물려 예측한 효과를 내는 양상을 알아야 한다. 구체성, 검 증성, 예측성은 납품업체 및 협력업체와 효율적으로 협력할 수 있게 해주 는 모듈 설계의 전제조건이다. 이런 측면에서 경제학자들이 말하는 효율적인 시장을 위한 '충분한 정보'에 해당한다.

대개 제품 성능이 충분히 좋은 수준을 넘어서면 거기에 동원되는 기술이 이 조건들을 충족할 수 있을 만큼 성숙한 상태가 된다. 그에 따라 가치사슬의 분리가 이뤄진다. 반면 제품 성능이 충분히 좋지 않을 때 새로운 기술이 새로운 방식으로 활용된다. 또한 이런 여건에서는 구체성, 검증성, 예측성이라는 조건이 대개 충족되지 않는다. 인터페이스에 충분한 정보가 존재하지 않을 때는 경영을 통한 조율이 언제나 시장의 역학을 이겨 통합적 기업의 힘을 강화한다.

대출 산업의 변화하는 구조가 그 힘이 작용하는 양상을 잘 보여준다. 체이스Chase나 도이체 방크Deutsche Bank 같은 통합적 은행들은 대출 시장의 가장 복잡한 부문에서 강력한 경쟁우위를 지닌다. 통합은 전 세계의 수준 높고 까다로운 고객들에게 규모가 크고 복잡한 금융 패키지를 한데 엮어 제공하는 능력을 갖추는 데 필수적이다. 대출 여부 및 금액에 대한 결정은 고정된 공식과 척도로 이뤄지는 것이 아니라 오직 경험 많은 담당자의 직관을 통해 이뤄진다. 해당 고객들을 위한 혁신적이고 복잡한 금융상품을 만드는 고위 은행가는 제품의 기능성이 충분히 좋지 않을 때 기술의 한계를 밀어붙이는 엔지니어와 비슷한 역할을 한다. 두 경우 모두 가장 까다로운 고객의 필요를 충족하려면 모든 구성요소를 한 지붕 아래에서 다루고, 시장의 역학을 따르기보다 조직의 역학을 통해 의사소통을 이룰 수 있어야 한다.

반면 보다 단순한 하위 대출 시장에서는 신용도를 측정하는 방식, 구체적으로는 신용평가 기술과 자산 유동화의 진전에 따른 혁신이 일어나고 있다. 이 부문에서 대부자는 대출자가 대출금을 반환할 가능성을 좌우하는 속성들을 정확하게 알고 측정할 수 있다. 나이, 거주지, 경력, 직장, 소득, 공과금 납부 내역 같은 증명 가능한 정보들이 강력한 알고리즘으로 처리되어 대출 결정을 자동화한다. 신용평가 방식은 1960년대 백화점들이 자체 신용 카드를 발급하면서 대출 시장의 하단에서 자리를 잡았다. 뒤이어 대형 은행들에는 안타까운 일이지만 전문 대출 기관들이 수익을 좇아 계속 상위 시장으로 이동했다. 그들은 일반 신용 카드 대출을 시작으로 자동차 대출과 주택 대출에 이어 지금은 자영업자 대출까지 취급한다. 예상대로 이 단순한 대출 시장은 대개 비통합화되어 있다. 전문 대출 회사들은 각각 특정한 부가가치에 초점을 맞춘다.

돈이 향하는 곳

통합된 시장에서 경쟁하는 기업들은 분화된 시장에서 경쟁하는 기업들과 크게 다른 난관에 직면한다. 부품이 모듈화되고 고객들이 기능성보다 속도나 편의성을 중시하기 시작하면 근본적으로 게임의 성격이 변한다. 수익의 원천 또한 바뀐다. 우리의 모델은 경영자, 전략가, 투자자들이 앞으로 이익을 거머쥐는 힘이 어떻게 변할지 파악하는 데 도움을 준다. 기본적인 원칙은 가치사슬에서 상호의존적인 연결고리를 통제하는 쪽이 최대 이익을 얻는다는 것이다.

제품의 기능성이 아직 충분히 좋지 않은 시기에는 최종 사용자를 위한 제품을 설계하고 제조하는 통합적 기업들이 대개 돈을 가장 많이 번다. 거기에는 두 가지 이유가 있다. 첫째, 제품의 상호의존적이고 독자적인 아키텍처가 차별화를 단순하게 만든다. 둘째, 상호의존적 아키텍처를 지닌 제품을 설계하고 제조하는 데 따른 높은 변동비 대비 고정비가 가파른 규모의 경제를 만든다. 규모가 큰 기업은 높은 고정비를 많은 물량에 걸쳐 분산할 수 있어 규모가 작은 기업보다 비용 측면에서 강력한 우위를 누릴 수 있다. 강력한 비용 우위를 바탕으로 고도로 차별화된 제품을 만드는 것은 많은 돈을 버는 비결이다.

메인프레임 산업에서 가장 통합된 기업인 IBM은 70퍼센트의 시장점유율만으로도 총이익의 95퍼센트를 벌어들였다. 또한 GM은 1950년대부터 1970년대까지 약 55퍼센트의 시장점유율로 총이익의 80퍼센트를 벌어들였다. 반면 IBM과 GM에 납품하는 대부분의 업체는 해마다 근근이 살아남았다.

그러다가 통합된 대규모 기업의 제품이 주류 고객들의 용도를 앞지르면 판도가 바뀌기 시작한다. 파괴적 기업들이 상위 시장으로 이동하고, 돈을 버는 힘도 최종 사용자 제품을 설계하고 조립하는 기업에서 여전히 기술적으로 상호의존적인 내부 아키텍처를 토대로 하부 시스템을 공급하는 기업들을 향해 가치사슬의 후방으로 옮겨간다.

이를 시각화하는 좋은 방법은 상사로부터 델, IBM, 휴렛팩커드의 컴퓨터보다 나은 컴퓨터를 설계하라는 명령을 받은 컴팩의 엔지니어를 상상하는 것이다. 이 엔지니어는 어떻게 해야 할까? 모듈 제품을 설계하고 조립하는 경우는 경쟁자가 무엇이든 쉽게 모방할 수 있다. 또한 외주 집약적 사업 모델에서는 변동비가 대부분이므로 규모의 경제를 통한 효과가 미미하다. 그래서 규모가 크든 작든 비용은 비슷하다. 차별화되지 않은 비용으로 차별화되지 않은 제품을 만들면 차별화되지 않은 이익밖에 얻을 수 없다.

그렇다면 컴팩의 엔지니어는 어떻게 할까? 아마 더 빠른 마이크로프로세서와 더 높은 저장용량, 더 저렴한 디스크 드라이브를 갖춘 제품을 만들라고 납품업체를 압박할 것이다.

시스템 수준의 필요 초과는 종종 하부 시스템 납품업체들을 조립업체가 필요로 하는 성능을 따라잡지 못하는 단계로 되돌린다. 그에 따라 경쟁에 떠밀린 하부 시스템 납품업체들은 성능의 한계를 밀어붙이기 위해 점점 더 상호의존적이고 독자적인 아키텍처를 만든다. 모듈 제품을 설계하고 조립하는 고객사의 선택을 받기 위해서는 그럴 수밖에 없다. 이처럼 산업 구조가 변하면 자연스럽고 불가피한 결과로 과거에 많은 돈을 벌던 곳, 즉 최종 사용자 단계에서는 앞으로도 계속 많은 돈을 벌 가능성이 줄어든다. 반대로 과거에 매력적인 수익이 나오지 않던 곳, 즉 부품과 하부 시스템에서는 종종 높은 수익이 나온다.

그림 'PC 산업에서 돈이 생기던 곳'은 1990년대 PC 산업에서 이런 현상이 일어난 양상을 보여준다. 초기에는 고객의 돈이 컴퓨터를 설계하고 조립하는 회사로 흘러갔다. 그러나 시간이 지나자 돈이 그 지점에 고여 이익으로 확보되는 돈이 갈수록 줄어들었다. 상당량은 운영체제 제조사인 마이크로소프트나 프로세서 제조사인 인텔로 흘러가서 고였다. 삼성이나 마이크론 테크놀로지Micron Technology 같은 DRAM 제조사로도 돈이 흘러갔다. 다만 대부분은 거기에 고이지 않고 계속 흘러 DRAM 제조사들에 칩 제조 장비를 공급하는 어플라이드 머티리얼스Applied Materials 같

[PC 산업에서 돈이 생기던 곳]

PC의 성능이 주류 사용자들에게 충분히 좋은 수준에 이르면서 이익은 조립 회사(IBM, 컴팩)를 거쳐 운영체제 제작사(마이크로소프트), 프로세서 제조사(인텔), 초기 메모리 칩 제조사, 디스크 드라이브 제조사 같은 부품 제조사로 흘러갔다. 그러나 DRAM 칩과 드라이브의 성능이 충분히 좋은 수준에 이르자 돈은 가치사슬을 더 멀리 거슬러 올라가 DRAM 장비 제조사와 헤드 및 디스크 납품업체로 향했다.

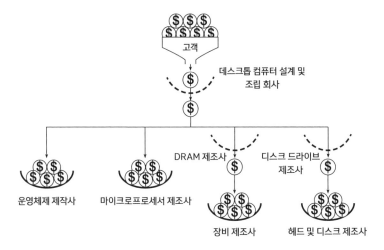

은 회사에서 고였다. 마찬가지로 퀀텀 같은 디스크 드라이브 제조사로 흘러간 돈은 최종적으로 헤드와 디스크를 만드는 단계에서 고였다.

돈이 고이는 곳과 그렇지 않은 곳의 차이는 무엇일까? 해당 기간에 걸쳐 이익은 아직 고객이 필요로 하는 수준에 이르지 못한 제품을 만드는 단계에서 고였다. 또한 제품의 아키텍처는 상호의존적이고 독자적인 성격을 띠었다. 반면 제품의 기능성이 충분히 좋은 수준을 넘어 아키텍처가 모듈화된 기업들은 겨우 생존할 만큼의 이익밖에 얻지 못했다.

DRAM 산업을 생각해보라. 칩의 아키텍처가 모듈화되었기 때문에 제조사들은 최고의 제조 장비로도 만족할 수 없었다. 성공하려면, DRAM 생산자들은 항상 제품의 비용을 낮추고 산출량을 높여야 했다. 어플라이드 머티리얼즈와 다른 회사들이 만드는 장비의 기능성은 아직 충분히 좋은 수준에 이르지 못했다. 그 결과 고객사가 요구하는 성능에 더 가까이 접근하려고 노력하는 가운데 장비의 아키텍처가 상호의존적이고 독자적인 성격을 띠게 되었다.

잘못된 곳으로 가는 기업들

산업이 분화되기 시작하면 모듈 제품을 설계, 조립하는 기업들에 예측 가능한 일들이 일어난다. 그들은 자산수익률을 높이라는 투자자들의 압력을 받는다. 그러나 제품을 차별화하거나 경쟁사보다 낮은 비용으로 생산할 수 없기 때문에 자산수익률의 분자를 개선할 수 없다. 그래서 분모를 줄인다. 즉, 부품을 설계, 제조하는 자산 집약적 사업부를 매각한다. 이를 매수하는 기업은 아키텍처가 갈수록 상호의존적으로 진화하는 하부 시스템을 만들어 자산수익률의 분자를 개선할 기회를 본다. 루슨트가 근래에 부품 사업부를 분사시킨 것이 그런 예다. 여러 시스템이 갈수록 모듈화되는 상황을 고려할 때, 이 결정은 대단히 논리적이고 필요한 것으로 보인다. 그러나 완벽하게 예측할 수 있는 사실은 자산수익률을 높이라는 월가의 압박이 나중에 돈이 생길 곳으로부터 기업들을 멀어지게 만든다는 것이다.

IBM에서도 곧 이런 상황이 전개될 수 있다. 1990년대 내내 노트북 컴퓨터에 쓰이는 2.5인치 디스크 드라이브의 용량은 충분한 수준에 이르지 못했다. 당연히 그 아키텍처는 상호의존적이었고, 설계 및 조립 단계에서 나오는 수익이 아주 좋았다. 선도 기업인 IBM은 40퍼센트에 이르는 총이윤을 누렸다. 이제 디스크 드라이브의 용량이 노트북 컴퓨터 제조사들에 충분히 좋은 수준을 넘어서면서 지금까지 양호하던 사업이 쇠퇴기를 맞을 여건이 조성되었다.

정확한 판단을 할 수만 있다면 사실 IBM은 대단히 매력적인 입지에 있다. 가장 통합된 제조사로서 모듈화의 진전을 활용해 헤드와 디스크 사업부를 설계 및 조립 사업부에서 분리한다면 돈이 생길 곳으로 달려갈 수 있다. 부품을 경쟁 제조사에 적극적으로 판매한다면 업계에서 가장 매력적인 이익을 계속 누릴 수 있다. IBM이 전투에 직접 참여해 이길 수

있는 시기는 이미 지났다. 이제 더 나은 전략은 전투에 나선 기업들에 총
알을 파는 것이다.

IBM은 이미 통합된 가치사슬을 해체하고 공개 시장에서 기술, 부품,
하부 시스템을 적극적으로 판매하면서 컴퓨터 사업에서 비슷한 행보에
나섰다. 동시에 고가 시장에서 컨설팅 및 시스템 통합 사업을 추진했고,
컴퓨터 설계 및 조립 부문에 대한 투자를 줄였다. 이처럼 가치사슬에서
복잡하고 비표준적인 통합이 필요한 지점으로 달려가는 것은 대기업으
로서 탁월한 행보다. IBM 같은 통합적 기업이라도 부진한 사업부를 무조
건 매각하는 것이 아니라 필요에 따라 유연하게 연결하고 분리할 수 있
다. 이 경우 주기가 바뀌어도 계속 성공할 수 있는 잠재력이 비통합적 기
업보다 크다.

자동차 산업에서 돈이 생길 곳

우리의 모델은 다양한 산업에 속한 경영자, 전략가, 투자자들이 역사
적 데이터를 분석하는 전통적인 모델을 따를 때보다 미래를 더 선명하게
내다보도록 도와준다. 예를 들어 우리의 모델을 토대로 자동차 산업에서
앞으로 어디에 돈이 생길지 살펴보면 자동차 회사들이 15년 전의 IBM과
같은 실수를 저지르고 있음을 알 수 있다.

자동차는 교체 시기가 되기 전에 녹이 슬거나 고장 나는 경우도 있지

만 일반적인 품질은 대다수 고객이 원하거나 필요로 하는 수준을 넘어섰다. 실제로 내구성이 좋은 자동차는 해당 디자인에 대한 유행이 한참 지나도록 고장 나지 않는다. 그에 따라 경쟁의 토대가 바뀌고 있다. 과거에는 신차를 설계하는 데 6년이 걸렸지만 지금은 2년이 채 걸리지 않는다. 자동차 회사들은 갈수록 작은 틈새시장의 취향에 맞춘 사양을 내세워 경쟁을 벌인다. 1960년대에는 한 모델이 연간 100만 대씩 팔리는 경우가 흔했다. 그러나 지금은 시장이 훨씬 세분화되어 특정 모델을 20만 대만 팔아도 양호한 수준이다. 현재 일부 자동차 회사들은 매장에서 원하는 구성대로 차를 주문하면 5일 후에 배달해준다고 약속한다. 이는 델 컴퓨터와 거의 비슷한 속도다.

이런 방식으로 경쟁하려면 주류 모델에 모듈화 아키텍처를 적용해야 한다. 즉, 수많은 납품업체로부터 개별 부품을 조달하는 것이 아니라 소수의 1급 납품업체로부터 하부 시스템을 조달해야 한다. 납품업체들이 성능 및 가격에 대한 고객사의 요구를 충족하려고 노력하면서 제동 시스템, 조향 시스템, 차대 같은 각 하부 시스템의 아키텍처는 갈수록 상호의존적인 성격을 띠고 있다. 그에 따라 하부 시스템의 외부 인터페이스는 점점 모듈화되어간다. 여러 모델에 걸쳐 같은 하부 시스템을 쓰는 데 따른 경제적 효과가 성능 저하를 보상하고도 남을 만큼 크기 때문이다.

경쟁 토대가 바뀌면서 수직적 통합을 이룬 자동차 회사들은 가치사슬을 해체해야 했다. 그래야만 최고의 납품업체로부터 최고의 부품을 조달해 신속하고 유연하게 조합할 수 있었다. GM은 부품 사업부를 분사시켰고, 델파이 오토모티브 시스템스Delphi Automotive Systems와 포드도 부품 사업부를 비스티온Visteon이라는 회사로 독립시켰다. 컴퓨터 산업에서 일어난 일이 자동차 산업에서도 일어나고 있는 것이다. 즉, 성능 초과가 경쟁 토대의 변화를 앞당겼고, 그에 따라 아키텍처가 바뀌었으며, 뒤이어 시장을 지배하던 통합적 기업이 분화에 나섰다.

IBM의 PC 사업부는 신속성과 유연성을 확보하기 위해 마이크로프로세서를 인텔에, 운영체제를 마이크로소프트에 외주로 맡겼다. 반면 돈이 생기던 컴퓨터 설계 및 조립 사업은 계속 유지했다. 덕분에 인텔과 마이크로소프트는 돈이 생길 사업에서 입지를 구축할 수 있었다. GM과 포드도 투자자들의 부추김에 떠밀려 같은 일을 했다. 그들은 돈이 생기던 사업에 계속 머물려고 가치사슬에서 돈이 생길 사업들을 잘라냈다.

GM과 포드는 부품 사업부를 설계 및 조립 사업부에서 분리할 수밖에 없었다. 그래서 주주들에게 한 사업부의 지분만 가지거나 두 사업부의 지분을 모두 가지는 선택권을 주었다. 그러나 돌이킬 수 없는 부분 매각 대신 IBM이 사업부 분리를 통해 기회를 살린 것을 참고하고, 투자은행이 부르는 사이렌의 노래를 무시하며, 앞으로 자산수익률의 분모가 더욱 매력적으로 바뀔 자산 및 규모 집약적 사업부를 버리지 않는 길을 찾을 수도 있었다. 이런 선택은 고객의 수요 변화로 향후 재통합이 필요해질 경우 더욱 중요했다.

사업 부문을 줄인 자동차 회사들도 여전히 잘 운영될 수 있다. 다만 설계 및 조립 단계의 사업방식을 크게 바꿔야 한다. 델이 컴퓨터 산업에서 그랬던 것처럼 확실한 속도와 유연성 그리고 편의성을 확보해야 한다. 성능 초과는 게임의 양상을 바꾼다. GM과 포드가 경쟁사들보다 새로운 게임을 잘하면, 델이 1990년대에 새로운 규칙을 효과적으로 습득하지 못한 경쟁사들을 상대로 그랬던 것처럼 여전히 번영을 누릴 수 있다.

*

이 사실들이 말하는 바는 명확하다. 매력적인 수익을 획득하는 힘은 가치사슬에서 아직 제품의 기능성이 고객의 필요를 충족하지 못하는 지점으로 이동한다. 여기서 복잡하고 상호의존적인 통합이 이뤄진다. 이 통합은 가파른 규모의 경제와 확실한 차별화 기회를 창출한다. 반면 표준화, 모듈화된 통합이 진행되어 고객의 필요가 충족되고 남는 지점에서는 매력적인 수익을 획득할 기회가 사라진다. 대다수 시장에서 이런 변화는 예측 가능한 방식으로 서서히 일어난다.

현재 많은 수익을 내고 있더라도 매력적인 수익원이 언제 이동할지 살펴야 한다. 그 신호를 잘 읽으면 하나의 주기만이 아니라 모든 주기에서 번영을 누릴 수 있다.

[2001년 11월호]

8. 파괴에서 살아남기

– 클레이튼 크리스텐슨, 맥스웰 웨슬

파괴적 혁신은 당신의 회사를 향해서 발사된 미사일과 같다. 우리는 20년 동안 이 미사일이 여러 목표물을 파괴한 양상을 설명해왔다. 냅스터Napster, 아마존Amazon, 애플 스토어Apple Store는 타워 레코드Tower Records 와 뮤직랜드Musicland를 파괴했다. 작은 저성능 PC들은 성장을 거듭한 끝에 미니컴퓨터와 메인프레임을 대체했다. 디지털 사진은 필름을 사실상 폐기시켰다.

그동안 우리는 타격을 받은 후에도 여전히 사업을 운영할 수 있는 유일한 대응법을 같이 제시했다. 그것을 바로 너무 늦기 전에 새로운 고성장 시장에 참여해 과실을 수확할 수 있도록 독자적인 혁신을 이루라는 것이었다. P&G의 스위퍼, 다우 코닝의 자이아미터, 애플의 아이팟과 아이튠즈, 아이패드 iPad 그리고 가장 두드러진 아이폰 iPhone이 그런 사례다. 무엇보다 우리의 처방은 갈수록 변동성이 심해지는 지금 더욱 절실하다.

　그러나 동시에 불완전하기도 하다.

　파괴는 단일 사건이라기보다 오랜 시간에 걸쳐 전개되는 과정이다. 빠르고 완전하게 이뤄지는 경우도 있지만 느리고 불완전하게 이뤄지는 경우도 있다. 항공 운송이 시작된 지 1세기 넘게 지난 지금도 수많은 화물선이 여전히 전 세계를 누빈다. 사우스웨스트 항공 Southwest Airlines이 상장된 지 40년 넘은 지금도 수많은 여행객이 대형 항공사를 이용한다. VCR이 출시된 지 한 세대가 지난 지금도 영화 매출의 상당 부분이 영화관에서 나온다. 경영자들은 혁신을 일으키려고 노력하는 동시에 앞으로도 수십 년 넘게 이익을 안겨줄 전통적인 사업의 운명을 고려해야 한다.

　지금부터 보다 완전한 전략적 대응책을 수립할 수 있도록 파괴의 경로와 속도를 파악하는 체계적인 방식을 제시하고자 한다. 당신의 회사를 겨냥한 혁신의 미사일이 명중할지, 스칠지, 빗나갈지 판단하려면 다음과 같은 일들이 필요하다.

• 파괴적 기업의 사업 모델이 지닌 힘을 파악한다.
• 당신의 회사가 지닌 상대적 우위를 파악한다.
• 파괴적 기업이 앞으로 이 우위를 극복하는 데 도움이 되거나 방해가 될 조건들을 평가한다.

우선 우리는 파괴적 기업의 힘을 파악하기 위한 수단으로 '확장 가능한 핵심extendable core'이라는 개념을 소개할 것이다. 확장 가능한 핵심이란 파괴적 기업이 점점 더 많은 고객을 찾아 상위 시장으로 거슬러 올라갈 때 성능 우위를 유지하도록 해주는 사업 모델의 측면을 가리킨다. 그다음에는 사람들이 해결해주기를 바라는 과제와 파괴적 기업이 확장 가능한 핵심을 통해 더 잘할 수 있는 과제를 깊이 이해해 상대적 우위를 분명하게 파악하는 양상을 탐구할 것이다. 끝으로 파괴적 기업이 당신의 회사를 무너뜨리기 위해 앞으로 넘어야 할 장벽들을 설명할 것이다. 이 접근법을 활용하면 현재 사업 중에서 어느 부분이 파괴에 취약하고 어느

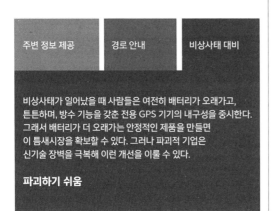

전통적 사업
휴대용 GPS

파괴적 사업
휴대전화 GPS

고객들이 바라는 해결 과제는?

주변 정보 제공	경로 안내	비상사태 대비

비상사태가 일어났을 때 사람들은 여전히 배터리가 오래가고, 튼튼하며, 방수 기능을 갖춘 전용 GPS 기기의 내구성을 중시한다. 그래서 배터리가 더 오래가는 안정적인 제품을 만들면 이 틈새시장을 확보할 수 있다. 그러나 파괴적 기업은 신기술 장벽을 극복해 이런 개선을 이룰 수 있다.

파괴하기 쉬움

파괴적 사업에 유리한 점

- GPS 앱 구입 비용이 스마트폰 가격에 포함되어 있다.
- GPS 데이터를 식당 평가 앱이나 예약 앱 같은 다른 앱에서 얻은 정보와 쉽게 연동할 수 있다.

파괴적 사업에 불리한 점

- 휴대전화는 튼튼하지 않다.
- 휴대전화는 주머니에 넣을 수 있을 만큼 작아야 하기 때문에 크기와 무게에 제한이 있다.
- 휴대전화는 다른 용도로도 쓰기 때문에 배터리를 자주 충전해야 한다.

핵심 정리

모든 혁신의 미사일이 당신의 회사에 직접 혹은 당장 맞는 것은 아니다. 한동안 큰 영향을 미치지 않는 혁신이 일어나는 경우 앞으로 핵심 사업을 이끌 올바른 경로를 고민해야 한다.

그러기 위해서는 파괴적 기업이 지닌 우위와 함께 당신의 회사가 지닌 우위를 파악하고 앞으로 파괴적 기업이 이 우위를 얼마나 쉽게 극복할 수 있을지 판단해야 한다.

파괴의 역학에 대한 새로운 통찰은 파괴적 기업의 우위가 확장 가능한 핵심, 즉 더 많은 고객을 찾아 상위 시장으로 거슬러 올라가면서 아주 낮은 가격을 유지할 수 있는 능력에서 나온다는 사실을 드러낸다. 반면 당신의 회사가 지닌 우위는 고객이 원하는 과제를 수행하는 능력에서 나온다.

미래에 대한 전망은 당신의 회사가 이 과제를 더욱 잘하도록 사업 모델을 조정하는지 여부와 파괴적 기업이 근본적 장벽을 넘어서는지 여부에 의해 좌우된다.

부분을 방어할 수 있는지 파악할 수 있다.

우위가 생기는 곳

혁신을 파괴적으로 만드는 것은 무엇일까? 우리의 동료인 마이클 레이너Michael Raynor가 『혁신 선언The Innovator's Manifesto』(2011)에서 설명한 대로 모든 파괴적 혁신은 파괴적 기업이 갈수록 까다로운 고객을 찾아 상위 시장으로 거슬러 올라가면서 규모를 키울 수 있는 기술적 우위 내지 사업 모델의 우위에서 나온다. 이 우위가 확장 가능한 핵심을 만든다. 즉, 파괴를 단순한 가격 경쟁과 구분한다.

이 중요한 구분을 이해하기 위해 레이너가 예로 든 호텔 산업의 단순한 가격 경쟁을 살펴보자. 홀리데이 인Holiday Inn은 같은 거리에 있는 포 시즌스Four Seasons보다 저렴하다(그리고 덜 호화롭다). 저가 호텔 체인이 포 시즌스 고객에게 어필하려면 내부 장식, 입지, 인력에 투자해야 한다. 그러기 위해서는 포 시즌스와 같은 비용 구조를 받아들여야 하며, 숙박비도 비슷하게 책정할 수밖에 없다.

반면 파괴적 혁신의 경우 신생 기업은 성능을 개선하는 와중에도 우위를 유지한다. 예를 들어 PC를 단순한 저가 미니컴퓨터가 아니라 파괴적 혁신으로 만든 것은 표준화된 부품을 활용해 제품을 조립함에 따라 제조사들이 달성한 획기적인 비용 우위였다. 부품 제조사들이 가격과 성능을 꾸준히 개선하면서 PC 제조사들은 연산력, 용량, 활용성을 개선하는 동안에도 비용 우위를 보존(혹은 강화)할 수 있었다. 미니컴퓨터들은 이 방식을 취할 수 없었다. 그들이 추구하는 개선은 더욱 효율적으로 비싼 맞춤식 시스템을 설계하는 것이었기 때문이다.

파괴적 기업의 확장 가능한 핵심에서 나오는 우위가 모두 압도적인 것은 아니다. 불리한 점들로 상쇄되는 경우도 많다. 현재 고등교육 시장에서 일어나는 혁신을 예로 들어보자. 온라인 대학들은 전통적인 대학들보다 훨씬 낮은 비용으로 훨씬 많은 학생에게 교육 서비스를 제공할 수 있다. 온라인 강의 기술 덕분에 교수 한 명이 초대형 강의실에서 가르치는 경우보다 훨씬 많은 학생을 가르칠 수 있기 때문이다. 온라인 강의의 초기 품질은 미진한 면이 많았다. 그러나 파괴적 혁신 이론이 말하는 대로 온라인 대학들은 프로그램의 실효성을 개선하는 가운데 비용 및 편의성 부문의 우위를 유지함으로써 많은 학생을 끌어들였다.

온라인 대학들이 만족시키기 어려운 두 부류가 있다. 하나는 명문대에 들어가 학벌로 이력서를 장식하고 싶은 부류다. 온라인 대학의 확장 가능한 핵심은 그들에게 별로 소용이 없다. 온라인 대학의 우위는 같은 교재로 많은 학생을 가르치는 데 있기 때문이다. 그래서 특별한 능력을 과시하는 수단이 될 수 없다.

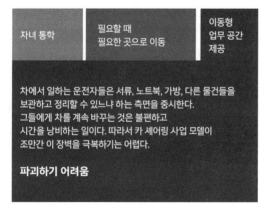

전통적 사업
자동차 판매

파괴적 사업
카 셰어링

고객들이 바라는 해결 과제는?

자녀 통학	필요할 때 필요한 곳으로 이동	이동형 업무 공간 제공

차에서 일하는 운전자들은 서류, 노트북, 가방, 다른 물건들을 보관하고 정리할 수 있느냐 하는 측면을 중시한다. 그들에게 차를 계속 바꾸는 것은 불편하고 시간을 낭비하는 일이다. 따라서 카 셰어링 사업 모델이 조만간 이 장벽을 극복하기는 어렵다.

파괴하기 어려움

파괴적 사업에 유리한 점
- 차를 자주 쓰지 않는 사람에게는 비용 측면에서 더 효율적이다.
- 보험에 가입할 필요가 없다.
- 주차 비용이 포함되어 있다.
- 다양한 회사의 차종을 운전해볼 수 있다.

파괴적 사업에 불리한 점
- 차를 자주 쓰고 장거리를 이동하는 사람에게는 비용 측면에서 덜 효율적이다.
- 필요할 때 항상 확보할 수 없다.

두 번째 부류는 부모로부터 독립하는 데 따른 성장 기회, 동기들로 구성되는 친밀한 공동체, 유명한 모교 스포츠 팀 등 대학생활의 사회적 측면을 중시하는 사람들이다. 온라인 대학들은 다양한 학생들을 끌어들이기 위해 온라인 강의뿐 아니라 오프라인 강의도 제공할 수 있다. 그러나 파괴적 우위를 온전히 발휘하기는 어렵다. 부가 서비스를 제공할 때마다 전통적인 대학의 비용 구조에 가까워지기 때문이다. 자매결연이나 기술적 혁신을 통해 결국에는 이 문제도 해결할 수 있을지 모른다. 그러나 현재 형태에서 확장 가능한 핵심은 이 부류를 만족시키기에 부족하다.

파괴적 기업의 확장 가능한 핵심을 분석하면 어떤 고객을 끌어들이는지, 마찬가지로 중요하게는 어떤 고객을 끌어들이지 못하는지 알 수 있다. 현재 두 부류의 고객을 각각 어느 정도나 보유하고 있는가? 이 질문에 답하려면 그들이 당신의 제품과 서비스를 사서 어떤 일을 하는지 살펴야 한다.

우위가 중요한 곳

왜 사람들은 상황에 따라 특정한 제품과 서비스를 원할까? 파괴 전문가들은 이미 그 답을 알고 있다. 바로 생활 속에서 접하는 과제를 해결하기 위해서다. 대학생이 청소용 세제, 스펀지, 양동이를 그냥 살 리는 없다. 예를 들어 곧 부모가 방문할 것이기 때문에 방을 청소하려고 필요한 물

건들을 사는 것이다. 청소용 세제, 스펀지, 양동이는 그 자체로 내재적 가
치를 지니지 않는다. 대학생이 중시하는 것은 부모와 원만하게 지내도록
해주는 능력이다.

성공적인 창업자들은 고객을 위해 해줄 수 있는 과제를 기준으로 기
회를 살핀다. 앞서 예로 든 대학생이 처한 상황을 관찰하면 항상 방을 깨
끗하게 청소할 생각은 없기 때문에 청소용품을 사두지 않는다는 사실을
알 수 있다. 또한 이런 사람들은 자주 청소하지 않고 익숙하지도 않기에
누구나 간단하게 쓸 수 있는 청소용품을 찾는다. 그리고 (방이 깨끗한 상
태로 유지되도록) 부모가 오기 직전까지 기다릴 것이므로 신속하게 청소를
끝내야 한다. 사업거리를 찾는 다른 학생이라면 이런 경우를 위해 30분
만에 청소를 끝내주는 사업을 구상할 수 있다. 소비재 회사라면 필요한
청소용품만 따로 묶어서 대학 서점이나 인근 잡화점 혹은 커피숍에서 편
리하게 살 수 있도록 제공하는 방안을 고려할 수 있다.

사람들이 필요로 하는 과제와 이 과제를 보다 쉽고, 편리하고, 저렴하
게 해결하는 방법을 찾아내면 더 많은 고객에게 어필할 수 있도록 제품
을 개선할 수 있다. 또한 파괴적 기업이 현재 당신의 회사가 하는 일을 얼
마나 효과적으로 하는지 파악하면 핵심 사업에서 가장 취약한 부문과
가장 지속 가능한 우위를 찾아낼 수 있다. 파괴적 기업이 같은 부문에서
뚜렷한 우위를 점하고 불리한 점이 없다면 신속하고 완전한 파괴가 일어
날 것이다(온라인 음악 대 CD의 경우를 생각해보라). 반면 파괴적 기업이 해
당 과제를 해결하기에 유리하지 않고 불리한 점이 많다면 파괴는 느리고

불완전하게 진행될 것이다. 화물선이 지금도 활용되는 이유는 무거운 화물을 옮기기에는 비행기보다 훨씬 낫기 때문이다. 영화관이 지금도 영화 매출에서 큰 비중을 차지하는 이유는 (십대 소년, 연인 등) 집 밖에서 영화를 보려는 사람들이 많기 때문이다. 아이비 리그 대학들이 지금도 온라인 대학들보다 각광받는 이유는 수재라는 위상을 부여하기 때문이다.

우위가 유지되는 곳

화물선을 쓸모없게 만들거나 명문대의 가치를 낮추는 일이 일어날 수 있을까? 그 답을 찾으려면 파괴를 일으키는 쪽이 앞으로 불리한 면을 얼마나 쉽게 극복할 수 있는지 살펴야 한다. 즉, '현재의 이점이 사라지려면 무엇이 바뀌어야 하는지' 따져야 한다. 이 문제에 접근할 때는 난이도에 따라 나열한 다섯 가지 파괴의 장벽을 체계적으로 평가하는 것이 좋다.

1. 동력 장벽(고객들은 현재 상태에 익숙하다)
2. 기술 적용 장벽(현재 기술로 극복할 수 있다)
3. 생태계 장벽(극복하려면 사업 환경의 변화가 필요하다)
4. 신기술 장벽(경쟁 상황을 바꾸는 데 필요한 기술이 아직 존재하지 않는다)
5. 사업 모델 장벽(파괴적 기업이 현재의 비용 구조에 적응해야 한다)

장벽을 넘기가 어려울수록 혹은 파괴적 기업이 더 많은 장벽에 직면할수록 고객들은 기존 기업 곁에 남을 가능성이 높다. 항만에서 철도, 트럭, 하역장까지 수월하게 이동하도록 설계된 컨테이너를 옮기는 화물선은 생태계 장벽으로 보호된다. 항공사들은 독자적 통합 물류 체계로 이 장벽을 공략할 수 있다. 물론 항공사들 입장에서는 저렴한 친환경 제트 연료를 개발하는 신기술 장벽이 훨씬 강력하다. 이 장벽을 넘으면 운송 비용을 크게 낮출 수 있다.

이 접근법은 직관적으로 타당해 보인다. 그러나 오랜 세월에 걸친 훈련을 통해 경영자들은 고객에게 제공하는 가치가 아니라 그 대리 지표인 이익과 매출 데이터에 집중하고 있다. 손실을 초래하는 혁신은 위험해 보인다. 그렇지 않은 혁신은 종종 무시된다. 위협을 과대평가하는 것은 무시하는 것만큼 큰 대가를 초래한다. 많은 기업이 가격을 낮추거나 비슷한 사양을 제공하는 전통적인 경쟁 방식으로 고객을 유지하려 애쓴다. 그러나 이런 대응으로는 파괴적 기업이 지닌 내재적 우위를 파악할 수 없을 뿐 아니라, 전통적 기업이 적절하게 방어할 수 있는 우위를 간과한다.

많은 사람에게 배가 여전히 화물을 옮기고, DVD가 영화관 사업을 완전히 파괴시키지 못한 이유는 명확하다. 이런 명확성은 파괴가 일어나려는 고비보다 일어난 후에 더 쉽게 확보된다. 1980년대 동안 콘텐츠 제작업체들은 가정용 비디오의 보급에 맞섰다. 지금은 디지털 스트리밍 서비스를 막기 위해 정신없이 싸우고 있다. 그러나 비디오 스트리밍 서비스는 DVD보다 분명히 개선된(그리고 DVD를 직접 위협하는) 기술이긴 하지만 영화관이 수행하는 여러 과제에서 확연히 불리한 점을 지닌다.

우리의 접근법을 더욱 모호한 사례에 적용하고 올바른 처방을 내리기 위해 지금 진행되고 있는 파괴를 살펴보자.

소매 유통점의 파괴

지난 15년 동안 온라인 소매업은 전통적인 소매업을 파괴시켰다. 타워 레코드와 할리우드 비디오Hollywood Video 같은 회사들을 무너뜨리면서 시작된 이 파괴는 니먼 마커스Neiman Marcus와 색스 피프스 애비뉴Saks Fifth Avenue 같은 고이윤 유통업체에도 타격을 입히고 있다. 유통은 여전히 창업정신과 혁신의 산실이다.

이 파괴적 흐름에 맞서는 최후의 보루는 식료품 유통 산업이다. 미국의 경우 피파드Peapod, 넷그로서NetGrocer, 프레시다이렉트FreshDirect 같은 온라인 유통 기업이 차지하는 비중은 약 1퍼센트에 불과하다. 그러나 혁신을 통해 상위 시장으로 올라갈 동기가 충분한 온라인 기업들이 점차 두각을 드러낼 것이다. 파괴적 혁신 이론에 따르면 이 신생 기업들은 새로운 고객과 더 높은 이윤을 좇아 배달 시간을 줄이고, 제품의 선택폭을 늘리며, 상상하지 못한 서비스를 추가할 것이다. 지금도 아마존은 인터넷으로 살 수 있는 식료품을 늘리면서 정기 배달 서비스에 할인 가격을 적용하는 실험을 진행하고 있다. 또한 월마트는 온라인으로 구매한 물품을 가져갈 수 있는 편리한 도심 수취 센터를 만들고 있다.

크로거Kroger, 세이프웨이Safeway, 홀 푸즈Whole Foods 같은 기업의 경영진에게 던져진 질문은 "식료품 유통 산업의 파괴는 얼마나 완전하게 이뤄질 것인가?"와 "전통적인 매장은 미래의 식료품 유통 시장에서 어떤 역할을 할 것인가?"이다.

온라인 식료품 유통 기업의 확장 가능한 핵심

우리는 모두 온라인 유통업이 지닌 우위를 직관적으로 인식한다. 그러나 파괴의 범위와 영향을 예측하려면 직관만으로 부족하다. 아마존이 사업을 시작했을 때 대다수 사람들은 두드러진 우위에만 주목했다. 이 우위는 매장을 없애서 절감한 비용을 할인된 가격으로 소비자에게 전달하는 데 따른 것이었다. 아마존의 사업 모델을 깊이 분석한 결과 현금 흐름이 더욱 강력한 우위라는 사실이 드러났다. 아마존은 납품업체에 대금을 지불하기 전에 소비자에게 먼저 돈을 받았다(이 방식은 너무나 수지가 맞아서 초기 개발 비용의 상당 부분을 충당하는 데 도움을 주었다). 책이든 시리얼이든 온라인으로 판매하는 모든 상품은 비슷한 우위를 제공한다. 온라인 식료품 유통 기업은 창고를 집중화해 재고를 줄이고, 구매량을 늘려 지불 비용을 낮출 수 있다. 인건비를 들여 영업 인력을 운용할 필요도 없다. 게다가 입지만 잘 고르면 주state 매출세를 내지 않아도 된다.

그렇지만 다른 한편으로 불리한 점도 있다. 우선 소비자의 가정까지 직접 제품을 배송해야 한다. 그래서 전통적인 유통 기업보다 훨씬 많은 물류 부담을 진다. 다양한 식료품을 배송하는 과정을 조율하려면 복잡한 물류 사슬을 관리해야 한다. 반면 슈퍼마켓에서는 고객이 모든 상품을 카트에 담아서 계산대까지 가져온다. 또한 영업 인력이 없어서 고객 서비스를 제공하는 데 한계가 있다. 그리고 소비자 입장에서는 온라인으로 구매하면 편리한 대신 상품을 직접 확인할 수 없다.

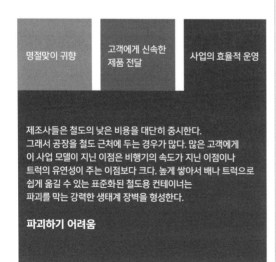

전통적 사업
철도

파괴적 사업
승용차, 트럭, 비행기

고객들이 바라는 해결 과제는?

| 명절맞이 귀향 | 고객에게 신속한 제품 전달 | 사업의 효율적 운영 |

제조사들은 철도의 낮은 비용을 대단히 중시한다.
그래서 공장을 철도 근처에 두는 경우가 많다. 많은 고객에게
이 사업 모델이 지닌 이점은 비행기의 속도가 지닌 이점이나
트럭의 유연성이 주는 이점보다 크다. 높게 쌓아서 배나 트럭으로
쉽게 옮길 수 있는 표준화된 철도용 컨테이너는
파괴를 막는 강력한 생태계 장벽을 형성한다.

파괴하기 어려움

파괴적 사업에 유리한 점
- 도로는 철도보다 훨씬 많은 곳으로 이어져 있다.
- 트럭은 공장에서 목적지로 훨씬 쉽게 물품을 옮길 수 있다.
- 비행기는 철도보다 훨씬 빠르게 승객과 화물을 이동시킬 수 있다.
- 비행기는 해외로 승객과 화물을 이동시킬 수 있다.

파괴적 사업에 불리한 점
- 변동비가 더 높다.
- 인건비가 더 많이 든다.

크로거와 홀 푸즈의 경영진은 이런 장점과 단점 중에서 어디에 초점을 맞춰야 할까? 이 질문에 답하려면 고객들이 매장을 이용하는 양상을 확인해야 한다.

전통적 식료품점이 수행하는 과제

기업이 고객을 위해 수행하는 과제를 파악하는 최선의 방법은 폭넓은 설문 조사, 면접 조사, 초점집단 조사, 직접 관찰 등이다. 크로거 매장의 출구 근처에서 하루 동안 이용자들을 관찰하면 몇 가지 뚜렷한 패턴을 확인할 수 있다. 오전과 이른 오후에는 많은 사람이 모든 매장의 복도에서 오랜 시간을 보내며 커다란 카트를 채운다. 가끔 서둘러 들어와서 한두 가지 물건만 들고 소량 전용 계산대로 가는 사람도 보인다. 늦은 오후 시간에는 여전히 기본 식품으로 카트를 채우는 사람들도 있지만 신선한 채소, 단백질 식품, 그리고 가끔 제빵류를 집는 사람들도 눈에 띈다.

이렇게 하루 동안 고객을 관찰하고 매장 방문 목적(그리고 같은 목적으로 활용하는 다른 대안)을 물어보면 크로거가 해결해주기를 바라는 과제가 무엇인지 적어도 몇 가지는 파악할 수 있다. 카트를 가득 채우는 사람들은 일주일 동안 사용할 생필품을 미리 사두는 경우가 많다. 서둘러 왔다가 가는 사람들은 깜박 잊고 빠뜨린 급한 물건이나 거기서만 파는 필수품을 사는 경우가 많다. 오후에 밀려들어오는 사람들은 주로 저녁거리를 사간다. 물론 이 세 가지 과제가 전부는 아니다. 그러나 식료품 유통 산업에서 일어날 파괴의 속도와 향후 전개될 변화를 가늠하기에는 충분한 동력으로 작용한다.

이런 의도 분석이 흔하게 이뤄질 것이라고 짐작하기 쉽지만, 실제로 이뤄지는 경우는 훨씬 적다. 이제는 데이터 수집 및 분석 기술이 발전해 누가, 무엇을, 얼마나 자주, 누구와 함께 사는지 자세한 정보를 구할 수 있다. 대개 컨설팅 기업이나 사내 전략 팀은 이런 데이터를 취합하고 수치를 분석한 다음 고객들을 '잦은 구매자', '젊은 부모', '할인 사냥꾼' 같은 세부 집단으로 나눈다. 이런 표지는 구매 의도를 드러내기 위한 것처럼 보이지만 실은 집단의 유형을 묘사하는 데 그친다. 특정한 환경에서 하는 행동에 대해서는 거의 아무것도 말해주지 않는다. 예를 들어 크로거 매장을 자주 찾는 사람들이 젊은 엄마들이라는 사실을 안다고 치자. 그러나 그들이 매장에 와서 무엇을 하는지는 알 수 없다. 같은 여성이 어떤 때는 매장을 꼼꼼하게 훑으면서 일주일 동안 쓸 필수품을 미리 살 수도 있고, 다른 때는 급히 들어와서 한두 가지 빠뜨린 물건만 살 수도 있다. 또한 매일 저녁 5시 30분에 와서 저녁거리를 살 수도 있다. 그녀가 매장을 방문할 때마다 어떤 과제를 해결하려는지 알지 못하면 어떤 혁신이 중요한 의미를 지닐지 파악할 수 없다.

고객들이 어떤 과제를 가장 많이 해결해주기를 바라는지 알면 파괴적 기업의 확장 가능한 핵심이 지닌 유불리가 당신의 기업에 얼마나 중요한지 평가할 수 있다. 급히 필요한 물건을 사야 하는 과제를 예로 들어보자.

당신은 오후 8시 45분에 치약이 떨어졌다는 사실을 깨닫는다. 그래서 치은염에 걸리는 일이 없도록 바로 치약을 사러 나간다. 집에서 구매하는데 따른 이점, 거의 무한한 진열 공간이 제공하는 다양한 선택지, 규모의 경제에 따른 저렴한 가격은 생각하지 않는다. 필요한 물건을 바로 확보해야 한다는 사실에만 집중한다. 당신은 어느 매장으로 갈지 결정하기 위해 편의점과 슈퍼마켓 같은 전통적 유통업체의 경쟁우위를 비교한다. 결정 기준은 거리가 가까운지, 당신이 좋아하는 치약(혹은 적어도 받아들일 수 있는 대안)을 갖추고 있는지 여부다. 이런 상황에서 온라인 유통업체의 우위는 당신에게 아무런 의미가 없다.

　저녁거리를 사는 과제의 경우에도 전통적 매장이 상대적 우위를 지닌다는 비슷한 결론에 이른다. 해당 고객들을 상대로 진행한 면접 조사 결과를 보면 대개 매장에 들어서기 전까지 무엇을 살지 결정하지 않는다는 사실을 알 수 있다. 다수는 매장에서 선정한 상품들을 기준으로 선택지를 좁힌다. 매력적으로 보이는 상품을 접하면 매일 저녁 식단을 계획해야 하는 과제를 해결하는 데 도움이 된다. 대개는 신선한 재료에 높은 가치를 둔다. 토마토, 쇠고기, 포도는 개별적인 상태가 다르기 때문에 하나씩 손에 들고 확인하고 싶어 한다.

　프레시다이렉트와 피파드는 신선한 상품을 제공한다고 보장한다. 그러나 고객들은 자신이 직접 상품을 확인해야만 안심한다. 길트 테이스트Gilt Taste가 고급 식재료를 아주 저렴하게 판매하는 것 같은 강력한 혜택만이 직접 확인에 따른 혜택을 대체할 수 있다. 이처럼 강력한 차별화 요소가 없으면 고객들은 슈퍼마켓이나 농산물 직판장 혹은 동네 가게에서 과제를 해결한다. 온라인 구매의 편의성이 지닌 이점은 그들을 끌어들이기에 충분치 않다.

시급한 구매와 저녁거리 구매라는 두 가지 과제를 해결하는 데서 파괴적 기업이 어려움을 겪을 것임을 쉽게 알 수 있다. 같은 맥락에서 생필품 구매라는 과제가 파괴에 얼마나 취약한지도 쉽게 알 수 있다. 참치캔, 커피, 팬케이크 믹스, 스파게티 소스 같은 장기 보존 식품을 구매하는 사람들은 무엇을 사야 할지 알고, 대개는 당장 필요로 하지 않는다. 또한 비제이스BJ's나 코스트코Costco에 가야 할 만큼 많이 필요할 때까지 기다린다. 이 경우 아마존에서 주문한 후 배달될 때까지 며칠 기다리는 것은 별반 차이가 없다. 우리의 분석에 따르면 이 과제가 온라인 유통 기업들이 일으킬 파괴에 가장 취약하다. 다이어퍼스닷컴Diapers.com과 소프닷컴Soap.com 이 과거 오프라인 유통 매장에서 제공하던 상품을 판매해 초기 성공을 거둔 사례는 변화가 임박했음을 말해준다.

파괴를 가로막는 장벽

파괴가 다가오고 있는 것은 분명하다. 그렇다면 얼마나 가까이 다가온 것일까?

이 질문에 답하기 위해 동력, 기술 적용, 생태계, 신기술, 사업 모델이라는 다섯 가지 장벽으로 다시 돌아가자. 시급한 구매라는 과제를 해결하는 부문에서 온라인 유통 기업들이 불리한 면을 극복하려면 자체 매장을 확보해 전통적인 경쟁자의 비용 구조에 적응하거나, 효율성을 따지지 않고 수많은 배달 트럭을 운용하는 방식으로 인프라를 확장하는 데 상당한 투자를 해야 한다. 즉, 강력한 사업 모델 장벽에 직면해 있다. 앞서 제시한 두 가지 해결 방식이 모두 우위를 제거하기 때문에 이 중대한 장벽을 극복하는 일은 쉽지 않다.

반면 생필품 보충이라는 과제를 해결하는 경우에는 사업 모델 장벽, 신기술 장벽, 기술 적용 장벽에 부딪힐 일이 없으며, 동력 장벽도 낮아지고 있다. 다만 저녁거리나 시급한 물건을 사기 위해 매일 매장에 가야 한다면 굳이 생필품만 따로 온라인에서 구매할 필요가 없다고 생각할 수 있다.

이 생각은 전통적인 매장에서 구매하는 것이 합리적인 경우에만 타당하다. 만약 농산물 직판장이 계속 번성하거나, 트레이더 조스Trader Joe's 같은 전통적인 경쟁자가 생필품을 줄이고 신선제품을 늘린 소규모 도시형 매장에 투자하면 어떨까? 그러면 소비자 입장에서는 따로 생필품을 구매하는 것이 합리적일 수 있다. 이익 추구에 따른 자연스러운 결과로 이런 생태계 변화가 일어날 수 있다. 따라서 조만간 파괴가 이뤄질 것으로 예상된다.

향후 경로

온라인 유통 사업은 필요성을 미리 알 수 있는 상품을 제공하는 과제에서는 타당하고 강력하다. 이 과제를 전통적인 유통 기업에 맡기던 고객들도 온라인 유통 기업이 내건 폭넓은 선택지와 낮은 가격을 중시한다. 시간이 지나 온라인 구매에 익숙해지면 무료 배달과 그에 따른 유류비 절감 효과도 중시할 것이다. 이렇게 온라인 구매로 옮겨가는 고객이 늘어나면 전통적인 유통 기업들은 갈수록 경쟁하기가 어려워진다. 할인 제도를 만들거나, 독점 유통권을 확보하거나, 좋은 입지에 더 많은 매장을 세우거나, 유류비 할인 혜택을 제공하는 마일리지 프로그램을 시행하거나 확대하면서 대응에 나설 수도 있다. 그러나 이런 노력들도 궁극적으로는 쓸모없어질 것이다. 몸집을 키운 온라인 유통 기업들은 더 나은 할인 제도와 마일리지 프로그램을 제공하거나, 오프라인 유통 기업처럼 독점 유통권을 확보할 수 있다. 현명한 오프라인 유통 기업은 이런 파괴적 변화를 정면으로 거스르지 않을 것이다. 대신 여전히 방어 가능한 과제, 즉 시급한 구매와 저녁거리 구매를 도와주는 부문에서 경쟁하는 데 주력할 것이다.

그러기 위해서는 더 낮은 가격과 더 나은 품질(특히 신선제품)로 편의점과의 경쟁에서 이기고, 더 나은 선택폭을 제공하거나 농민과의 직접 계약을 통해 농산물 직판장과의 경쟁에서 이기는 데 집중해야 한다. 또한 물리적 우위를 살리는 방법을 숙고해야 한다. 예를 들어 매장 구조가 저녁

거리 구매에 도움이 되는지 아니면 방해가 되는지 살펴야 한다. 고급 반
조리 상품을 통해 생필품 부문에서 잃은 이윤을 되찾은 영국의 마크스
앤드스펜서Marks & Spencer가 참고할 만한 사례다. 좋은 입지에 있는 다른
매장에 진열 공간을 두는 방안을 실험할 수도 있다. 예를 들어 편의점 안
에 트레이더 조스의 진열대를 설치하면 양쪽이 모두 고객에게 더 나은
서비스를 제공할 수 있다. 성공할 수 있는 부문이 어디이고, 성공하기 어
려운 부문이 어디인지 파악하는 것은 자원을 할당하는 중요한 결정을 내
리는 데 필수적이다. 그래야만 덧없는 단기적 이윤이 아니라 장기적 경쟁
우위를 실질적으로 추구할 수 있다.

*

파괴의 미사일이 크로거, 홀 푸즈, 세이프웨이를 겨누고 있다. 이 기업
의 경영진은 현재 매장의 많은 부분을 채우고 있는 수익성 높은 브랜드
제품을 판매하기 위해 온라인 유통 기업과 치열한 경쟁을 벌여야 할 것
이다. 따라서 해당 매출을 상당수 잃을 수밖에 없는 상황을 전제로 삼아
대응책을 수립해야 한다.

새로운 경쟁 패러다임의 존재를 받아들이는 일은 결코 쉽지 않다. 불가
피한 손실을 마지못해 인정해야 하기 때문이다. 또한 기존 사업을 잠식하
는 혁신을 일으켜야 할 때도 있다. 그러나 이런 현실에 적응하지 못하면
살아남을 수 없다.

다른 한편, 경쟁자가 지닌 파괴적 이점의 두드러진 우위를 성급하게 인정하는 것도 바람직하지 않다. 크로거, 홀 푸즈, 세이프웨이는 수많은 고객을 대상으로 온라인 유통 기업들이 당장 수행하지 못하는 중요한 과제를 여전히 수행하고 있다. 경영진은 무모한 가격 경쟁을 벌이거나 헛된 방어책에 자원과 노력을 낭비하기 전에 전반적인 상황을 점검하고 포괄적으로 대응에 나설 책임이 있다. 그래야만 독자적인 파괴로 파괴적인 사업에 맞설 수 있고, 전통적인 사업을 건강한 미래로 이끌 수 있다.

[2012년 12월호]

9. 파괴적 혁신이란 무엇인가

: 20년 후 살펴보는 파괴적 혁신 이론의 현재

- 클레이튼 크리스텐슨, 마이클 레이너, 로리 맥도널드

1995년 『하버드 비즈니스 리뷰』에 처음 소개된 파괴적 혁신 이론은 혁신 주도 성장을 생각하는 강력한 수단으로 증명되었다. 많은 창업자가 이 이론을 길잡이 별이라며 칭송한다. 인텔, 서던뉴햄프셔 대학, 세일즈포스닷컴Salesforce.com을 비롯한 대규모 기존 조직의 리더들도 마찬가지다.

그러나 안타깝게도 파괴적 혁신 이론은 성공의 부작용에 시달리고 있다. 널리 알려지긴 했지만 핵심 개념이 잘못 이해되거나 기본적인 원칙이 잘못 적용되는 경우가 많다. 게다가 지난 20년 동안 꾸준히 개선되었지만 초기에 인기를 끈 내용에 가려져 있다. 그 결과 이미 보완된 단점 때문에 비판받는 일도 있다.

우려스러운 점은 이뿐만이 아니다. 우리의 경험에 따르면 '파괴'를 말

하면서도 이 주제를 진지하게 다룬 책이나 논문을 하나도 읽어보지 않은 사람들이 너무 많다. 그들은 자신이 하려는 일을 혁신으로 포장하기 위해 '파괴' 개념을 너무 느슨하게 활용한다. 또한 숱한 연구자, 저술가, 컨설턴트들은 산업의 판도가 흔들리고 기존 기업들이 쓰러지는 모든 상황에 '파괴적 혁신'을 갖다 붙인다. 이런 활용은 너무 폭이 넓다.

산업의 경쟁 패턴을 바꾸는 모든 변화를 파괴적 혁신으로 뭉뚱그리는 것은 문제가 있다. 혁신의 유형에 따라 요구되는 전략적 접근법이 다르기 때문이다. 다시 말해 파괴적 혁신으로 성공한 사례(혹은 파괴적 혁신을 방어하는 데 성공한 사례)에서 얻은 교훈을 변화하는 시장에 속한 모든 기업에 적용할 수는 없다. 우리가 명칭을 부주의하게 붙이거나, 연구 및 경험에서 얻은 통찰을 이론에 반영하지 못하면 기업들이 환경과 맞지 않는 잘못된 도구를 써서 성공 확률이 낮아질 위험이 있다. 그러면 이론의 유용성이 훼손될 수밖에 없다.

이 글은 최신 이론을 소개하려는 노력의 일환이다. 그러기 위해 먼저 파괴적 혁신의 기본 원칙들을 탐구하고, 그 주요 사례로서 우버Uber 사업에 적용할 수 있는지 살필 것이다. 그런 다음 이론을 적용할 때 흔히 빠지는 함정과 함정이 생기는 양상 그리고 이론의 정확한 적용이 중요한 이유를 설명할 것이다. 끝으로 우리의 이론이 진화하는 과정에서 형성된 주요 전환점을 되짚어보고, 우리가 배운 교훈을 통해 앞으로 어떤 사업이 성장할지 더욱 정확하게 예측할 수 있다는 주장을 전개할 것이다.

우선 개념부터 간단하게 정리하자. '파괴'는 적은 자원을 지닌 작은 기

핵심 정리 💡

문제
'파괴적 혁신'이라는 개념은 사업 전략을 구상하는 강력한 수단이 되었다. 그러나 잘못된 이해와 적용으로 유용성을 잃을 위험이 생겼다.

대응
파괴적 혁신의 권위자들이 이론의 핵심 원칙과 20년에 걸친 발전 그리고 그 한계를 다시 조명한다.

결론
예를 들어 우버 사업이 파괴적 혁신에 해당하는지 여부가 중요할까? 중요하다. 그 진정한 속성을 모르면 혁신을 효과적으로 관리할 수 없다.

업이 기존 기업에 도전해 성공할 수 있는 절차를 가리킨다. 구체적으로 말하자면 기존 기업은 가장 까다로운(그리고 대개 가장 수익성이 좋은) 고객들을 위한 제품과 서비스를 개선하는 데 집중한다. 그 결과 다른 고객들의 필요를 초과하거나 무시하게 된다. 파괴적 기업은 이 세부 시장을 겨냥해 (종종 낮은 가격에) 적합한 기능을 제공함으로써 발판을 마련한다. 보다 까다로운 세부 시장에서 더 높은 수익성을 추구하는 기존 기업은 새로운 도전에 적극적으로 대응하지 않는다. 그동안 신생 기업은 상위 시장으로 진출하면서 초기 성공을 이끈 우위를 보존하는 한편 주류 고객들이 요구하는 성능을 제공한다. 그 결과 주류 고객들이 신생 기업의 제품을 대량으로 받아들이기 시작할 때 파괴가 이루어진다(〈7. 돈이 생길 곳으로 달려가라〉에 나오는 '파괴적 기술 모델' 참조).

우버 사업은 파괴적 혁신일까?

모바일 앱을 통해 승객과 운전자를 연결하는 새로운 사업 모델로 각광받는 우버의 사례를 살펴보자. 2009년에 설립된 이 회사는 지금까지 눈부신 성장을 이뤘다(현재 60개국에 진출했으며, 계속 활동 영역을 넓히고 있다). 재무적 측면에서도 엄청나게 성공한 것으로 알려져 있다(최근에 진행된 투자 유치를 통해 약 500억 달러의 가치를 인정받았다). 그에 따라 일련의 모방 업체들이 생겨났다(다른 신생 기업들은 우버의 '시장 창출' 사업 모델을 모방하려 애쓰고 있다). 우버는 분명히 미국의 택시 사업을 변화시키고 있다. 그렇다면 우버의 택시 사업은 '파괴적 혁신'에 해당할까?

이론적으로는 그렇지 않다. 재무적, 전략적 성과를 거뒀다고 해서 우버가 파괴적 기업이 되는 것은 아니다. 항상 그런 평가를 받기는 하지만 말이다. 우버 사업이 파괴적 혁신에 해당하지 않는 두 가지 이유가 있다.

파괴적 혁신은 저가 시장 혹은 신규 시장에서 시작된다. 파괴적 혁신이 이뤄지는 이유는 기존 기업들이 간과하는 두 가지 시장에서 출발하기 때문이다. '저가 시장'의 경우 기존 기업들이 가장 수익성 좋고 까다로운 고객들에게 점점 더 개선된 제품과 서비스를 제공하려 애쓰고, 덜 까다로운 고객들에게는 신경을 덜 쓰기 때문에 신생 기업을 위한 발판이 형성된다. 실제로 기존 기업의 제품은 종종 후자가 요구하는 성능 요건을 뛰어넘는다. 그에 따라 파괴적 기업이 (초기에) 저가 시장의 고객들에게 '충

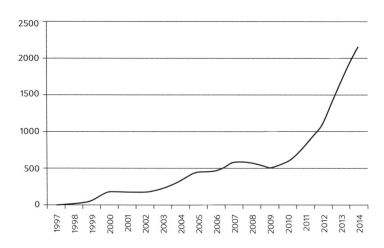

[남용되는 '파괴적 혁신']

'파괴적 혁신'과 '파괴적 기술'은 현재 기업계의 유행어가 되었다. 근래에 해당 구절을 쓰는 논문의 수가 급증한 데서도 이 사실을 알 수 있다.

출처: 팩티바Factiva

분히 좋은' 제품을 제공하는 데 집중할 여지가 생긴다.

'신규 시장'의 경우, 파괴적 기업이 아직 존재하지 않는 시장을 창출한다. 간단히 말해 비소비자를 소비자로 만들 방법을 찾는다. 예를 들어 복사 기술이 개발된 초기에 제록스는 대기업을 목표 고객으로 삼고 그들이 요구하는 성능을 제공하기 위해 높은 가격을 책정했다. 학교 도서관이나 볼링장 혹은 다른 소규모 고객들은 가격 때문에 시장에서 밀려나 카본지나 등사기를 써야 했다. 그러다가 1970년대 말에 신생 기업들이 개인용 복사기를 출시해 개인과 소규모 조직에 저렴한 가격으로 해결책을 제공했다. 그에 따라 새로운 시장이 창출되었다. 비교적 소박하게 시작한 개인용 복사기 제조사들은 제록스가 중시하는 주류 시장에서 점차 중대한 입지를 구축했다.

파괴적 혁신은 본래 이 두 가지 발판 중 하나에서 시작된다. 우버는 어느 쪽에도 해당하지 않는다. 우버가 저가 시장에서 기회를 찾았다고 보기는 어렵다. 택시 회사들이 택시를 너무 많이 늘리고, 이용하기 너무 쉽게 만들고, 너무 깨끗하게 관리하면서 주류 고객의 필요를 초과했다는 뜻이 되기 때문이다. 그렇다고 해서 너무 비싸거나 불편하다는 이유로 대중교통을 이용하거나 자가용을 몰던 사람들, 즉 비소비자를 주로 겨냥한 것도 아니다. 우버는 샌프란시스코(잘 충족된 택시 시장)에서 사업을 시작했으며, 우버의 고객은 대개 이미 택시를 타던 사람들이다.

다만 우버는 총수요를 늘렸다. 폭넓은 필요에 맞게 더 낫고 덜 비싼 해결책을 개발하면 이런 일이 생긴다. 그러나 파괴적 기업은 저가 시장 및 미충족 시장에 어필한 다음 주류 시장으로 '진출한다'. 이와 비교하면 우버는 정반대로 움직였다. 즉, 먼저 주류 시장에서 입지를 구축하고 뒤이어 지금까지 간과된 세부 시장에 어필했다.

파괴적 혁신은 품질이 따라잡을 때까지 주류 고객에게 인기를 끌지 못한다. 파괴적 혁신 이론은 파괴적 혁신과 '존속적 혁신'을 구분한다. 존속적 혁신은 기존 기업의 기존 고객들을 위해 제품을 개선한다. 5중날 면도기, 고해상도 텔레비전, 고감도 휴대전화가 그런 예다. 이런 개선은 점진적일 수도 있고 획기적일 수도 있다. 그러나 모두 가장 수익성 있는 고객에게 더 많은 제품을 팔도록 해준다. 반면 파괴적 혁신에 따른 초기 제품은 기존 기업의 기존 고객들이 보기에 열등하다. 그래서 단지 가격이 싸다는 이유로 새로운 제품으로 옮겨가지 않는다. 대신 품질이 만족스러운 수준으로 올라올 때까지 기다린다. 그때가 되면 새로운 제품으로 갈아타면서 더 낮은 가격을 누린다(파괴는 이런 식으로 시장 가격을 낮춘다).

우버의 전략이 지닌 대다수 요소는 존속적 혁신에 해당한다. 우버의 서비스는 기존 택시 서비스보다 열등하지 않다. 사실 '더 낫다'고 말하는 사람들이 많다. 간편하게 휴대전화로 예약할 수 있고, 요금을 현금으로 낼 필요가 없으며, 운전자를 평가할 수 있어서 높은 서비스 기준을 보장하기 때문이다. 게다가 안정적인 정시 서비스를 제공하고, 기존 택시 서비스와 경쟁할 수 있는(혹은 더 저렴한) 요금을 매긴다. 기존 기업들이 존속적 혁신에 따른 위협을 받을 때 흔히 그렇듯, 많은 택시 회사가 적극적으로 대응하고 있다. 예를 들어 우버 앱과 경쟁할 수 있는 별도 앱을 만드는 한편, 우버 서비스의 적법성을 따지고 있다.

올바른 구분이 중요한 이유

우버의 사례에 정확한 단어를 쓰는 것이 왜 중요한지 의아한 독자들이 있을 것이다. 우버는 분명 택시 산업에 파란을 일으켰다. 그것만으로도 충분히 '파괴적'이지 않을까? 아니다. 파괴적 혁신 이론을 정확하게 적용하는 일은 그 혜택을 실현하는 데 필수적이다. 예를 들어 당신의 기업이 운영하는 사업을 가장자리만 조금씩 갉아먹는 소규모 경쟁자들은 무시하는 것이 맞다. 그러나 그들이 파괴적 궤도를 따르고 있다면 향후 치명적인 위협이 될 수 있다. 다만 이 두 가지 도전은 핵심 고객을 유혹하는 데서 제기되는 도전과 근본적으로 다르다.

우버의 사례가 보여주듯이 진정한 파괴적 혁신을 파악하는 일은 까다롭다. 파괴적 혁신 이론을 잘 이해하는 경영자들도 전략적 결정을 내릴 때 그 미묘한 측면을 간과하는 경향이 있다. 다음은 흔히 간과하거나 오해하는 네 가지 요점이다.

1. 파괴는 과정이다. '파괴적 혁신'이라는 개념은 제품이나 서비스의 장기적인 진화가 아니라 고정된 시점에 한정될 때 오해를 초래하기 쉽다. 미니컴퓨터가 혁신적이었던 이유는 단지 저가의 신제품으로 처음 등장했거나, 나중에 여러 시장에서 메인프레임보다 우월하다는 평가를 받았기 때문이 아니다. 주변부에서 시작해 주류로 나아가는 경로를 따랐던 것이다.

파괴적이든 아니든 대다수 혁신은 소규모 실험으로 시작된다. 특히 파괴적 기업은 제품만이 아니라 사업 모델을 올바로 만드는 데 집중한다. 이 일에 성공하면 주변부(저가 시장 혹은 신규 시장)에서 주류로 나아가는 과정에서 기존 기업의 시장점유율에 이어 이익을 잠식하게 된다. 이 과정을 거치려면 시간이 걸린다. 그동안 기존 기업은 기존 사업을 지키기 위해 상당히 창의적인 대응에 나설 수 있다. 예를 들어 첫 할인점이 문을 연 지 50여 년이 지났지만 주류 유통 기업들은 여전히 전통적인 백화점을 운영한다. 만약 완전한 대체가 일어난다면 수십 년이 걸릴 수도 있다. 기존 사업 모델을 고수하는 데서 나오는 점진적 이익이 한 번에 자산을 정리하는 데 따른 이익보다 크기 때문이다.

파괴에 시간이 걸린다는 사실은 기존 기업들이 파괴적 기업을 자주 간과하는 이유를 말해준다. 예를 들어 1997년에 처음 선보인 넷플릭스 Netflix의 서비스는 대여점 체인인 블록버스터Blockbuster의 매장에서 충동적으로 영화(대개 신작)를 고르는 대다수 고객에게 매력적이지 않았다. 넷플릭스는 독자적인 온라인 인터페이스와 대규모 영화 목록을 보유하고 있었다. 그러나 우편으로 배달하는 방식 때문에 5일을 기다려야 영화를 볼 수 있었다. 이런 서비스는 신작 영화에 별로 관심이 없거나 일찍 DVD 플레이어를 샀거나, 온라인 구매에 익숙한 소수 집단에만 매력적이었다. 넷플릭스가 사업 폭을 넓히지 않았다면 넷플릭스를 무시한다는 블록버스터의 결정이 전략적 실수가 되지는 않았을 것이다. 두 기업은 각자의 (다른) 고객을 위해 아주 다른 필요를 충족시켰기 때문이다.

그러나 넷플릭스가 신기술을 활용해 인터넷으로 스트리밍 서비스를 제공하면서 상황이 달라졌다. 넷플릭스는 낮은 가격, 높은 품질, 뛰어난 편의성과 함께 다양한 영화를 원하는 만큼 볼 수 있게 해주는 접근법을 통해 블록버스터의 핵심 고객들에게 어필했다. 그러는 과정에서 전형적인 파괴적 경로를 거쳤다. 넷플릭스가 (우버처럼) 핵심 시장을 겨냥한 서비스로 사업을 시작했다면 블록버스터는 아마 훨씬 강력하게 대응해 반격에 성공했을지도 모른다. 그러나 넷플릭스가 지나는 궤도에 효과적으로 대응하지 못하면서 몰락하고 말았다.

2. 파괴적 기업은 기존 기업과 아주 다른 사업 모델을 구축한다. 의료 산업을 예로 들어보자. 일반 병원에서는 의사가 대개 경험과 검사 결과를 토대로 환자의 증상을 해석하고, 병명을 진단하며, 처방을 내린다. 우리는 이를 '해결책 제공형solution shop' 사업 모델이라 부른다. 반면 여러 간이 병원convenient care clinics은 우리가 말하는 '절차형' 사업 모델을 통해 파괴적 경로를 취한다. 그들은 소수의 질병을 표준화된 절차에 따라 진단하고 처리한다.

애플의 아이폰은 혁신적 사업 모델을 통해 파괴를 일으킨 유명한 사례다. 애플이 2007년에 아이폰을 출시한 것은 스마트폰 시장에서 일어난 존속적 혁신에 해당했다. 기존 기업들과 같은 고객을 겨냥했고, 제품의 우월성을 토대로 성공했기 때문이다. 그러나 아이폰의 뒤이은 성장은 파괴로 설명하는 것이 정확하다. 아이폰이 파괴시킨 대상은 다른 스마트폰이 아니라 인터넷에 접속하는 주된 도구로 쓰이던 노트북이었다. 이 파괴는 제품 개선만이 아니라 새로운 사업 모델의 도입을 통해 이뤄졌다. 애플은 앱 개발자들과 사용자들을 잇는 네트워크를 구축함으로써 시장의 판도를 바꿨다. 아이폰은 인터넷 접속을 위한 새로운 시장을 창출했으며, 주류 고객이 선택한 수단인 노트북에 도전했다.

3. 성공하는 파괴적 기업도 있고 실패하는 파괴적 기업도 있다. 세 번째 흔한 실수는 결과에만 초점을 맞추는 것이다. 이런 관점에 따르면 성공한 기업만 파괴적이라는 평가를 받을 수 있다. 그러나 성공은 파괴의 정의에 내재되어 있지 않다. 모든 파괴적 경로가 성공으로 이어지는 것은 아니며, 모든 성공이 파괴적 경로를 따르는 것도 아니다.

예를 들어 1990년대 말에 수많은 인터넷 기반 유통 기업이 파괴적 경로를 추구했지만 소수만 성공했다. 나머지 기업들의 실패는 파괴적 혁신 이론에 결함이 있다는 증거가 아니다. 단지 어떤 용도에 파괴적 혁신 이론을 활용해야 하는지 말해주는 표지일 뿐이다. 파괴적 혁신 이론은 더 나은 자원을 갖춘 기존 기업과의 정면 대결을 피하라는 것 외에는 초기 시장에서 성공하는 법을 거의 말해주지 않는다.

모든 성공 사례를 '파괴'라고 부르면 완전히 다른 방법으로 정상에 오른 기업들도 성공을 위한 통찰의 원천으로 보일 것이다. 이 경우 서로 맞지 않는 전략을 뒤섞어 바라는 결과를 얻지 못할 위험이 생긴다. 예를 들어 우버와 아이폰은 모두 플랫폼 기반 사업 모델 덕분에 성공했다. 우버는 앱을 통해 승객과 운전자를 연결하고, 아이폰은 앱 개발자와 사용자를 연결한다. 그러나 우버는 존속적 혁신의 속성에 따라 택시보다 나은 방식으로 네트워크와 기능성을 확장하는 데 주력한 반면, 애플은 파괴적 경로를 따라 앱 생태계를 구축함으로써 아이폰을 개인용 컴퓨터와 비슷하게 만들었다.

4. '파괴하지 않으면 파괴당한다'는 말은 오해를 낳을 수 있다. 기존 기업들은 시장에서 일어나는 파괴에 대응해야 한다. 그러나 여전히 수익성을 갖춘 사업을 폐기하는 과잉반응을 보여서는 안 된다. 대신 존속적 혁신에 투자해 핵심 고객과의 관계를 계속 강화해야 한다. 또한 파괴에서 생기는 성장 기회에 집중하는 새로운 사업부를 만들 수도 있다. 우리가 조사한 바에 따르면 새로운 사업의 성공은 핵심 사업에서 확실하게 분리하느냐에 크게 좌우된다. 즉, 한동안은 아주 다른 두 가지 사업을 계속 운용해야 한다. 물론 새로운 사업이 성장하면 핵심 사업에서 고객을 빼앗아갈 수 있다. 그렇지만 문제가 생기기 전부터 해결하려 들 필요는 없다.

파괴적 혁신의 관점이 말해주는 사실

어떤 기술이나 제품이 본질적으로 존속적 혁신이나 파괴적 혁신의 성격을 지니는 경우는 드물다. 또한 파괴적 혁신 이론은 신기술을 개발했을 때 무엇을 해야 할지 말해주지 않는다. 대신 존속적 경로와 파괴적 경로 사이의 전략적 선택에 도움을 준다.

파괴적 혁신 이론에 따르면, 신생 기업이 더 나은 제품이나 서비스를 통해 정면으로 도전할 때 기존 기업은 사업을 지키기 위해 혁신 속도를 높인다. 기존 기업은 한층 더 나은 제품이나 서비스를 비슷한 가격에 제공해 신생 기업을 물리치거나 아예 인수해버리는 방법을 택한다. 이와 관련된 데이터는 독립적 사업에서 존속적 전략을 추구하는 신생 기업이 성공할 가능성이 아주 낮다는 파괴적 혁신 이론의 예측을 뒷받침한다. 크리스텐슨이 디스크 드라이브 산업을 조사해서 쓴 중요한 논문에 따르면 존속적 전략을 쓴 신생 기업 중에서 성공한 비율은 6퍼센트에 불과하다.

따라서 우버의 강력한 실적은 설명이 필요하다. 파괴적 혁신 이론에 따르면 우버는 예외적 사례에 속한다. 이처럼 비전형적인 사례를 보편적으로 설명할 방법은 없다. 우리가 보기에 택시 사업이 엄격한 규제를 받는다는 점이 우버의 성공에 커다란 영향을 미쳤다. 많은 지역에서 택시 시장 진입과 요금은 긴밀하게 규제된다. 그 결과 택시 시장에서는 거의 혁신이 일어나지 않았다. 택시 기사들의 경우 우버로 전향하는 것 외에는 혁신을 일으킬 방법이 없었다. 우버는 택시 회사와 비교할 때 독특한 입장에 서 있다. 경쟁자들은 우버가 더 나은 품질을 제공해도 단기적으로는 대응책을 찾기 어렵다.

지금까지 우버가 택시 시장에서 파괴를 일으켰는지 여부를 따졌다. 리무진 혹은 '검은 차' 사업은 이야기가 다르다. 이 시장에서는 우버가 파괴적 경로를 거칠 가능성이 훨씬 높다. 우버셀렉트UberSELECT 서비스는 일반 차량보다 훨씬 호화로운 차량을 제공한다. 요금은 일반 차량보다 비싸지만 대개 리무진 요금보다는 싸다. 물론 낮은 요금 때문에 타협해야 하는 부분도 있다. 예를 들어 우버셀렉트는 리무진 시장의 주요 서비스에 해당하는 사전 예약을 받지 않는다. 그래서 돈을 아끼기 위해 편리함을 희생시키는 고객들이 속한 리무진 시장의 하단에 어필한다. 하지만 앞으로 비용과 가격 우위를 절충하지 않고 기존 기업의 성능 수준을 뛰어넘는 방법을 찾는다면 리무진 시장의 주류로 진입할 가능성이 높다.

파괴에 대한 우리의 생각이 발전한 과정

처음에 파괴적 혁신 이론은 단순한 상관성을 밝히는 데 그쳤다. 실증적 자료에 따르면 기존 기업들은 존속적 혁신에서는 신생 기업보다 앞섰지만 파괴적 혁신에서는 신생 기업보다 뒤처졌다. 이 상관성의 원인은 명확하지 않았다. 그러나 파괴적 혁신 이론의 요소들이 하나씩 자리를 잡기 시작했다.

먼저 연구자들은 기업이 전략적 변화를 이루는 경향은 생존에 필요한 자원을 제공하는 고객들의 관심에 크게 영향을 받는다는 사실을 깨달았다. 다시 말해 기존 기업들은 기존 고객들에게 (마땅히) 귀를 기울였고, 그 결과 존속적 혁신에 집중했다. 연구자들은 뒤이어 두 번째 통찰에 이르렀다. 거기에 따르면 기존 기업의 경우 기존 고객에 대한 초점이 내부 절차로 제도화된다. 그래서 경영진도 파괴적 혁신으로 투자 방향을 바꾸기 어렵다. 예를 들어 디스크 드라이브 산업에 속한 기존 기업의 경영진을 면접조사한 결과, 자원 배분 절차가 존속적 혁신(잘 알려진 고객들로 구성된 대규모 시장을 겨냥하며, 이윤이 높은 사업)을 중심으로 진행된다는 사실이 드러났다. 이런 양상은 뜻하지 않게 파괴적 혁신(제대로 정의되지 않은 고객들로 구성된 소규모 시장을 겨냥하는 사업)에 필요한 재원을 제한했다.

이 두 가지 통찰은 기존 기업이 파괴적 혁신에 효과적으로 대응하지 못하는 이유를 말해주었다. 그러나 시간이 지남에 따라 신생 기업이 상위 시장으로 이동하면서 거듭 기존 기업에 도전하는 이유는 설명하지 못했다. 나중에 밝혀진 바에 따르면, 기존 기업이 초기 단계의 혁신을 무시하게 만드는 요인이 궁극적인 파괴를 이끌고 있었다.

우리가 깨달은 사실은 파괴의 기반이 되는 저가 시장 혹은 신규 시장이 기존 제품보다 더 단순하거나, 더 편리하거나, 더 저렴한 제품을 판매하는 여러 신생 기업으로 채워지는 경우가 많다는 것이었다. 기존 기업은 사실상 가격 우산을 제공해 많은 신생 기업이 기반 시장에서 수익성 있는 성장을 이루도록 허용한다. 그러나 이런 양상은 오래 지속되지 않는다. 기존 기업이 (실수가 아니라 합리적 판단에 따라) 기반 시장을 양보하면서 가격 우산도 사라진다. 이후 신생 기업 사이에 가격 경쟁이 벌어진다. 그 과정에서 일부 신생 기업은 쓰러진다. 그러나 현명한 신생 기업, 진정한 파괴적 기업은 제품을 개선하면서 상위 시장으로 진출하며, 여기서 다시 비용을 더 많이 쓰는 기존 기업과 이윤을 놓고 경쟁한다. 파괴적 혁신의 효과는 기존 기업과 신생 기업을 모두 상위 시장으로 몰아간다.

이런 깨달음과 함께 파괴적 혁신 이론은 상관성을 넘어 인과성도 설명했다. 그 핵심 요소는 유통, 컴퓨터, 인쇄, 모터사이클, 자동차, 반도체, 심혈관계 수술, 경영 교육, 금융 서비스, 경영 컨설팅, 카메라, 통신, 설계 소프트웨어 등 수많은 산업에 대한 연구를 통해 검증되고 입증되었다.

이례적 현상에 대한 이해. 파괴적 혁신 이론으로 설명할 수 없는 특정한 이례적 현상 혹은 예기치 못한 시나리오에 대응하기 위한 보완이 이뤄졌다. 예를 들어 우리는 처음에 모든 파괴적 혁신이 기존 시장의 하단에 자리 잡는다고 가정했다. 그러나 신생 기업이 완전히 새로운 시장에서 경쟁하는 경우도 있었다. 그에 따라 앞서 제시한 저가 시장과 신규 시장에 대한 구분이 이뤄졌다.

저가 시장의 경우, 파괴적 기업(중소 제철소 및 할인 유통업체)은 시장의 하단에 진입해 기존 가치망 안에 자리 잡는다. 그런 다음 상위 시장으로 이동하면서 기존 기업(일관 제철소 및 전통적 유통업체)을 공격한다. 반면 신규 시장의 경우, 파괴적 기업은 완전히 새로운 가치망 안에 자리 잡고 이전에는 제공되지 않던 제품으로 어필한다. 소형 트랜지스터라디오와 PC가 그런 예다. 대형 라디오와 미니컴퓨터 제조사들은 이 제품들을 대부분 무시했다. 애초에 자사 제품을 소비하지 않는 사람들을 겨냥했기 때문이다. 이처럼 파괴적 혁신이 일어나는 두 가지 기반 시장을 제시함으로써 실용성을 보강한 파괴적 혁신 이론은 이전보다 더욱 강력해졌다.

흥미를 자아내는 또 다른 이례적 현상은 근래까지 파괴의 힘에 저항한 산업이 존재한다는 것이었다. 미국의 고등교육 산업이 그런 예다. 지금까지 실로 100년 넘는 기간에 걸쳐 비소비자를 비롯한 다양한 집단의 필요에 대응하기 위해 새로운 교육기관이 다양한 형태로 설립되었다. 토지공여대학, 교육대학, 2년제 대학 등이 전통적인 4년제 대학에 가지 못하거나 갈 필요가 없는 사람들에게 교육 서비스를 제공했다.

새로운 교육기관들 중 다수는 기업이 수익을 추구하듯이 성장, 위상, 공공선을 위해 서비스의 품질을 개선하려고 노력했다. 그 과정에서 명문대를 모방하려는 노력의 일환으로 연구 시설, 기숙사, 체육 시설, 교수진 등에 상당한 투자가 이뤄졌다. 덕분에 일부 영역에서는 성과가 개선되었다. 예를 들어 학생들에게 더 풍부한 학습과 생활이 가능한 환경을 제공했다. 그러나 그들의 '상대적' 위상은 거의 변하지 않았다. 수십 년이 지났어도 소수의 예외를 제외하면 상위 20대 명문은 그대로 유지되었으며, 그다음 50위권 대학들도 중위권에 머물렀다.

기존 대학과 신생 대학들이 같은 전략을 추구했기 때문에, 기존 대학이 위상을 유지한 것은 놀랄 일이 아니다. 그러나 근래에 비소비자들에게 성공적으로 어필하는 새로운 모델에 대한 실험이 진행되고 있다.

여기서 중요한 문제는 신생 대학이 기존 대학의 높은 비용 구조를 따르지 않고 상위 시장으로 이동하는 것, 즉 파괴적 경로를 따르는 것이 가능한지 여부다. 결론은 '가능해' 보인다. 이를 뒷받침하는 혁신은 폭넓게 확산되고 있는 온라인 학습이다. 온라인 강의의 비용은 낮아지고 있으며, 접근성과 품질도 개선되고 있다. 온라인 교육 기업들은 대단히 빠르게 주류 시장으로 진입하고 있다.

온라인 교육이 기존 사업 모델을 파괴할까? 그렇다면 언제 그렇게 될까? 다시 말해 온라인 교육의 개선 궤적이 주류 시장의 필요와 교차할까? 우리가 파악한 바에 따르면 이 궤적의 경사는 핵심 기술이 개선되는 속도에 좌우된다. 철강 산업에서 연속 주조 기술은 아주 느리게 개선되었다. 중소 철강사인 뉴코가 일관 제철소를 운영하는 대형 철강사의 매출을 따라잡는 데 40년 이상 걸렸다. 반면 PC가 미니컴퓨터를 파괴하도록 한 디지털 기술은 훨씬 빠른 속도로 개선되었다. 덕분에 컴팩은 12년 만에 매출을 10배로 늘려 선도 기업인 DEC와 비슷한 수준에 이르렀다.

파괴 속도를 좌우하는 요소가 무엇인지 이해하면 결과를 예측하는 데 도움을 준다. 그러나 그 속도에 따라 파괴를 관리하는 방법을 바꿔야 하는 것은 아니다. 파괴가 신속하게 진행된다고 해도 근본적으로 다른 점은 없다. 인과 기제가 다르지 않으며, 개념적으로 다른 대응이 필요하지도 않다.

마찬가지로 일부 유명한 신생 기업들이 채택한 전략에 따라 특별한 파괴가 이뤄지는 것도 아니다. 대개는 그저 범주를 잘못 정한 경우가 많다. 테슬라 모터스Tesla Motors가 단적인 예다. 이 회사가 파괴적 혁신을 일으키고 있다고 보기 쉽지만 테슬라 모터스의 기반은 (대당 가격이 7만 달러 넘는) 고가 시장이다. 이 부문은 기존 기업들도 많이 중시한다. 당연히 그들은 테슬라의 진출에 상당한 관심을 보이면서 대응에 나서고 있다. 파괴적 혁신 이론이 옳다면 테슬라는 앞으로 훨씬 큰 기존 기업에 인수되거나 의미 있는 입지를 확보하기 위해 오랫동안 힘들게 싸워야 할 것이다.

아직 배워야 할 것이 많다. 우리는 파괴적 혁신 이론을 계속 확장하고 보완하고 싶다. 그래서 앞으로 해야 할 일이 많다. 예를 들어 파괴적 기업의 위협에 효과적으로 맞서기 위한 보편적인 대응책이 아직 마련되지 않았다. 지금까지 우리가 제시한 대응책은 경영진의 보호 아래 독자적인 사업부를 만들어 새로운 파괴적 사업 모델을 탐구하고 활용하라는 것이었다. 그러나 이 전략은 통할 때도 있고, 통하지 않을 때도 있다. 이해 부족이나 관심 부족 혹은 투자 부족 외에 대응에 실패하는 다른 이유들이 있다. 또한 기존 기업이 새로운 시장에 진입하는 데 따른 난관은 무엇이고, 그 난관을 극복하는 최선의 방안은 무엇인지도 확실히 밝혀지지 않았다.

파괴적 혁신 이론은 구체적으로는 혁신에 대해, 일반적으로는 사업의 성공에 대해 모든 것을 말해주지 않는다. 영향을 미치는 힘들이 너무나 많으며, 각각의 힘을 더 많이 연구할 필요가 있다. 이 모든 힘을 사업의 성공에 관한 포괄적 이론으로 통합하는 것은 조만간 달성하기 어려운 야심찬 목표다.

그러나 희망을 품을 만한 이유도 있다. 실증적 연구 결과에 따르면 파괴적 혁신 이론을 활용할 경우 신생 기업의 성공 가능성을 훨씬 정확하게 예측할 수 있다. 많은 연구자와 기업인이 파괴적 혁신 이론을 토대로 삼는 한편 다른 관점과 통합하고 있기 때문에, 앞으로 성공적인 혁신에 도움을 주는 요소가 무엇인지 더욱 잘 이해하게 될 것이다.

[2015년 12월호]

10. 냉철한 경영자들이 경영 이론을 신경 써야 하는 이유

- 클레이튼 크리스텐슨, 마이클 레이너

오늘 당신은 몸이 안 좋아 병원에 갔다. 그런데 당신이 증상을 설명하기도 전에 의사가 처방전을 내밀며 이렇게 말한다.

"하루에 세 번, 두 알씩 드시고 다음 주에 다시 오세요."

당신이 묻는다.

"뭐가 문제인지 말도 안 했는데 이게 도움이 될지 어떻게 알죠?"

의사가 대답한다.

"왜 도움이 안 돼요? 앞의 두 환자한테 효과가 있었는데요."

유능한 의사라면 누구도 이런 식으로 치료하지 않을 것이다. 물론 환자도 그냥 수긍할 리 없다. 그런데도 경영학자와 컨설턴트들은 계속 이런 포괄적 조언을 제시하고, 경영자들은 계속 받아들인다. 특정한 행동이 다른 회사들이 성공하는 데 도움을 줬다면 자신들에게도 도움이 되리라는 순진한 믿음 때문이다.

통신장비 제조 회사인 루슨트의 사례를 보자. 1990년대 말에 루슨트는 3개 사업부를 11개로 나누는 조직 개편을 단행했다. 각 사업부를 내부의 신생 회사처럼 독립적으로 운영한다는 생각에 따른 것이었다. 경영진은 이런 접근법을 통해 의사결정권을 시장에 가까운 일선 조직으로 넘겨 더 빠르고 집중적인 혁신을 일으키면 성장성과 수익성 측면에서 도약할 수 있다고 주장했다. 이는 당시 유행하던 풍조였다. 탈집중화와 자율성은 다른 대기업에 도움이 된 것처럼 보였다. 또한 큰 성과를 내던 신생기업들은 모두 작고, 자율적이었으며, 시장에 가까웠다. 그들에게 좋은 것이라면 루슨트에도 좋을 것이 분명했다. 그러나 현실은 그렇지 않았다. 조직 개편은 고객의 필요에 대응하는 측면에서 속도와 유연성을 오히려 떨어뜨렸다. 게다가 비용이 줄기는커녕 새로운 추가 비용이 발생했다.

왜 이런 일이 일어났을까? 다른 기업에서는 더 간결하고, 더 빠르고, 더 신속하게 대응하도록 해준 공식이 왜 루슨트에서는 역효과를 냈을까? 이런 접근법을 조언한 컨설턴트들과 그것을 수용한 경영진이 앞서 예로 든 의사와 환자처럼 행동했기 때문이다. 고객과 가까운 곳에서 제품에 집중하는 작은 사업부를 만들어 혁신성과 유연성을 개선하는 전략은 모듈화된 자립적 제품을 판매할 때 도움이 된다. 루슨트의 주요 고객은 대규모 통신망을 운영하는 통신사들이었다. 또한 그들이 구매하는 것은 플러그앤드플레이plug-and-play 제품이 아니라 정확하고 안정적으로 작동하

당신에게 해결해야 할 문제가 생겼다. 예를 들어 수익성이 떨어지거나, 이직률이 높아지거나, 제품 개발이 지연되고 있다. 당신이 접한 경영 서적, 논문, 컨설팅 보고서는 의사결정의 탈집중화나 수직적 통합 혹은 핵심 역량에의 집중이나 사업 영역 확대처럼 상반되는 조언들로 가득하다.

각각의 전략은 나름대로 유망해 보이며, 인상적인 성공담들을 수반한다. 그러나 상반되는 전략들을 어떻게 걸러내야 할까? 흥미로운 이론을 적용하려고 시도하다가 파국적인 결과가 생기면 어떻게 할까? 어떤 경영 이론을 신뢰할 수 있을까?

문제는 한 기업에 도움이 되는 이론이라도 여건이 다른 기업에는 해로울 수 있다는 것이다. 예를 들어 루슨트가 더 간결하고, 더 신속하며, 더 대응력이 좋은 조직을 만들기 위해 탈집중화를 실행했을 때 파국적인 결과가 나왔다. 비용이 급증하고, 서비스가 부실해지고, 고객의 불평이 쏟아졌다. 왜 그럴까? 탈집중화는 모듈화된 자족적 제품을 판매하는 경우 유연성을 높여준다. 그러나 루슨트의 고객들은 대규모 통신망을 운용했으며, 상호의존적 요소들로 구성된 복잡한 시스템 솔루션을 요구했다. 이런 조건에서 탈집중화는 시스템을 설계, 판매, 서비스하는 데 필요한 조율을 더 어렵게 만들었다.

그렇다면 어떻게 해야 경영 이론에 대한 안목을 갖춰 여건에 맞는 전략을 고를 수 있을까? 그러기 위해서는 합당한 경영 이론을 구성하는 요소가 무엇인지 이해해야 한다. 그런 다음 누가 제시한 주장이든 날카롭게 평가해야 한다.

려면 구성요소를 복잡하게 엮어야 하는 시스템 솔루션이었다. 이런 시스템을 설계하고, 판매하고, 서비스하려면 서로 분리된 조직들이 상호의존적 절차를 진행하기 위해 일일이 조율할 필요가 없어야 더 효율적인데, 루슨트는 여건에 맞지 않는 이론을 따르는 바람에 치명적인 결과를 초래

실행 방법

이론이 개발되는 양상

이론은 어떤 행동이 어떤 결과로 이어지며, 그 이유는 무엇인지 말해준다. 합당한 이론은 예측에 도움을 주며('X를 하면 Y가 일어날 것이다'), 현재를 해석해준다('지금 이러이러한 일이 이러이러한 이유로 일어나고 있다'). 연구자들은 폭넓은 상황에서 어떤 현상이 일어나는 양상을 정확하게 예측할 수 있도록 가설을 다듬어 이론을 개발한다. 이 과정은 3단계를 거친다.

- **현상 관찰**
  예를 들어 성공한 다양화 전략을 관찰할 수 있다. 다만 이 단계에서는 소수의 성공 사례를 찾아내고, 공통된 관행을 파악하는 데 그쳐야 한다. 해당 관행이 모든 기업에 통할 것이라는 결론을 내리면 부실한 이론적 토대를 놓는 위험이 생긴다.

- **범주 분류**
  예를 들어 수직적 다양화 전략과 수평적 다양화 전략으로 나눌 수 있다. 이 절차는 복잡한 현상 사이에 존재하는 의미 있는 차이를 조명한다.

- **가설 수립**

이론이 하는 일

합당한 이론은 다음과 같은 일을 한다.

- **정확한 인과성 분석**
  연관성과 인과성은 다르다. 예를 들어 성공한 일부 기업이 창업투자사에서 자금을 조달했다고 해서 그 덕분에 성공했다고 보기는 어렵다. 물론 그럴 가능성은 있으나 창업 투자 자금이 성공에 어떤 기여를 했는지 파악하기 전에는 인과 기제를 정확하게 포착할 수 없다. 그때까지는 단순한 속성이나 특성일 뿐이다. 그러므로 이론으로 발전하기에는 아직 멀었다.

- **예측성 진전**
  이론을 통해 결과 이면에 놓인 원인과 함께 그 인과 기제가 성공으로 이어지는(혹은 이어지지 않는) 상황을 파악할 때 예측성이 높아진다.

- **실패 요인 분석**
  기업이 이론을 충실히 따랐는데도

원하는 결과를 얻지 못하는 경우가 있다. 이런 '실패담'은 현상을 더욱 자세히 분석하고 이론을 보완해 타당성을 높일 귀중한 기회를 제공한다. 또한 특수성을 무시한 만능 전략을 권하지 않도록 경각심을 준다.

이론에 대한 안목

합당한 이론은 다음과 같은 일을 한다. 어떻게 해야 부적절한 이론을 피할 수 있을까? 다음은 참고할 만한 몇 가지 지침이다.

- 모든 것을 혁신하라고 촉구하는 논문이나 책을 주의하라. 어떤 통찰도 모든 회사가 처한 모든 상황에 적용할 수는 없다. 어디서, 언제, 왜 변화가 필요한지 알아야 하는 동시에 바꾸지 말아야 하는 것이 무엇인지도 알아야 한다.

- 속성이나 특성을 기준으로 여러 현상을 분류하는 데 그친 연구 결과를 주의하라. 이런 연구 결과는 믿을 만한 이론으로 나아가기 위한 예비 단계에 불과하다.

- 인과성으로 위장한 연관성을 주의하라. 예를 들어 "창업투자사를 통한 자금 확보는 신생 기업이 성공하는 데 도움을 준다"는 말은 연관성을 지적한 것일 뿐이다. 합당한 이론은 인과성이 작용하는 양상을 설명한다. 예를 들어 창업투자사는 수많은 실험적 사업에 일정한 자금을 지원한다. 그에 따라 신생 기업들은 부진한 사업을 즉시 포기하고 새로운 접근법을 시도하면서 성공 확률을 높인다.

- 긍정적인 연구 결과를 최종 결론으로 받아들이지 마라. 이전에 맞지 않았던 상황을 설명할 수 있도록 이론을 보완할 때 진전이 이뤄진다.

했다.

그러면 이론에 대해서 살펴보자. 이론은 종종 경영진 사이에서 부당한 평가를 받는다. '이론적'이라는 단어가 '비실용적'이라는 냄새를 풍기기 때문이다. 이는 잘못된 것이다. 이론은 어떤 행동이 어떤 결과로 이어지며 그 이유는 무엇인지 말해준다. 경영자들이 취하는 모든 행동과 그들이 수립하는 모든 계획은 원하는 결과를 가져다줄 것이라고 설명하는 이론을 토대로 삼는다. 그러나 몰리에르Molière의 『서민 귀족Le Bourgeois Gentilhomme』에 나오는 주르댕 씨가 자신이 평생 산문체로 말했다는 사실을 몰랐던 것처럼 대다수 경영자는 자신이 이론을 열심히 활용한다는 사실을 모른다.

좋은 이론은 최소한 두 가지 측면에서 가치를 지닌다. 첫째, 예측에 도움을 준다. 중력 이론이 한 예다. 중력 이론은 인과성을 밝혀 실제로 해보지 않고도 절벽 밖으로 발을 내디디면 떨어질 것임을 알려준다. 믿을만한 데이터는 모두 지난 사실들을 토대로 삼는다. 그래서 어느 정도 확신을 갖고 미래를 내다보려면 인과성을 말해주는 탄탄한 이론을 활용할수밖에 없다. 둘째, 현재를 해석해 지금 일어나는 일이 무엇이고 왜 일어나는지 말해준다. 이론은 전략적 의미가 없는 잡음으로부터 미래에 일어날 중요한 변화를 알리는 신호를 가려내준다.

우리가 이 글을 통해 이루고자 하는 세 가지 목표가 있다. 첫 번째 목표는 경영을 위한 의사결정에서 이론이 수행하는 핵심적 역할을 밝히는 것이다. 두 번째 목표는 좋은 이론이 개발되는 양상을 설명하고, 장기적으로 이론을 보완하는 방법을 제시하는 것이다. 마지막 목표는 경영자들이 논문이나 책을 읽을 때 어떤 이론을 믿어도 되는지 혹은 믿으면 안 되는지 감을 잡을 수 있도록 돕는 것이다. 무엇보다 경영자들이 경영 이론의 현명한 소비자가 되어 대학과 컨설팅 기업에서 나온 최선의 성과를 활용하며, 세심함과 엄격성이 부족한 이론이 해를 입히지 않도록 만드는 것이 전반적인 목표다.

이론은 어떻게 수립되는가

탄탄한 이론을 수립하는 과정은 3단계로 진행된다. 첫 번째 단계는 이해하고자 하는 현상을 묘사하는 것이다. 물리학의 경우 고에너지 입자의 운동과, 비즈니스의 경우 시장에서 성공하거나 실패하는 혁신이 대표적인 예다. 그림으로 그릴 경우 이 단계는 폭넓은 토대를 바탕으로 그려진다. 현상을 세심하게 관찰하고 그 폭과 복잡성을 묘사하지 않으면 좋은 이론을 수립할 수 없기 때문이다. 소수의 성공 사례만 성급하게 관찰하고 거기에 해당하는 기업들이 공통적으로 가진 관행이나 특성을 파악한 다음 성공 비결이라고 제시하면 부실한 이론으로 이어질 수밖에 없다. 예를 들어 다음과 같은 주장을 할 수 있다.

- 유럽의 무선 통신 산업은 단일 GSM 표준을 중심으로 재편된 후 큰

성공을 거뒀다. 따라서 미국의 통신사들도 GSM 표준을 받아들이는 데 동의했다면 이용률이 더 빨리 높아졌을 것이다.

- 최고의 납품업체들과 협력하는 모범관행을 따르면 모든 기업이 성공할 수 있다.

이런 연구는 특정한 전략이 일부 기업에 도움이 되었다면 다른 모든 기업에도 도움이 된다고 믿게 만들기 때문에 위험하다. 이처럼 낮은 수준의 이해를 넘어서려면 현상의 여러 측면을 분류하는 두 번째 단계로 나아가야 한다. 예를 들어 의학자들은 당뇨병을 성인형과 소아형으로 나눈다. 또한 경영학자들은 다양화 전략을 수직형과 수평형으로 나눈다. 이런 분류는 복잡하고 혼란스러운 현상을 정리해 의미 있는 차이를 드러낸다. 그러면 세 번째 단계로 나아가 무엇이 어떻게 해당 현상을 초래했는지 가늠하는 가설을 세울 수 있다. 이것이 이론이다.

이 예비 이론 혹은 가설을 어떻게 개선할까? 아래의 그림이 보여주듯

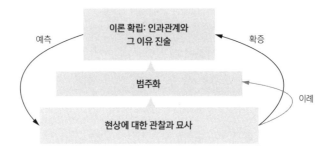

이 그 과정은 반복적으로 진행된다. 연구자들은 두 번째 단계에서 정의한 다양한 범주에서 다른 사례들을 관찰하면 무엇을 보게 될지 이론을 토대로 예측한다. 이 예측이 맞는다면 비슷한 상황에 대해 예측할 때 보다 자신 있게 이론을 활용할 수 있다.[1]

그러나 추가 관찰에서 이론으로 설명하거나 예측할 수 없는 현상을 접하는 경우가 많다. 이런 이례異例는 다른 현상이 일어나고 있음을 말해준다. 이때 연구자들은 범주화 단계로 돌아가 범주를 추가 혹은 제거하거나 때로는 전체를 재고해야 한다. 그래야만 새로운 범주화 체계 위에 개선된 이론을 구축할 수 있다. 이 새로운 이론은 지금까지 관찰한 현상뿐 아니라 이례적으로 보이는 현상까지 설명한다. 다시 말해 더 폭넓은 환경에서 어떤 현상들이 일어날지 더 정확하게 예측할 수 있다.

이론이 개선되는 양상을 확인하기 위해 국제무역에 대한 관점이 진화한 과정을 살펴보자. 오랜 관점에 따르면 저렴하고 풍부한 자원을 보유한 국가는 해당 자원이 중요한 요소로 투입되는 산업에서 경쟁우위를 지닌다. 예를 들어 전력이 저렴한 국가는 전력을 많이 쓰는 제조 부문에서, 노동력이 저렴한 국가는 노동 집약적인 부문에서 훨씬 유리할 것이다. 이 이론은 마이클 포터Michael Porter가 이례를 발견하기 전까지 보편적으로 수용되었다. 철광석과 석탄이 넉넉하지 않은데도 철강 산업에서 강세를 보이는 일본이나, 전력이 비싸고 점토를 다수 수입해야 하는데도 세라믹 타일 부문을 지배하는 이탈리아가 여기에 해당했다.

포터의 경쟁적 군집 이론은 이런 이례들을 설명하기 위한 노력을 통해 확립되었다. 그의 설명에 따르면 군집은 강력한 경쟁으로 이어지고, 그 결과 연구 개발, 생산, 교육, 물류 절차를 개선하려는 기업들의 노력이 이어진다. 이 새로운 통찰은 저비용 자원을 토대로 삼은 우위에 대한 기존 이론이 틀렸다고 말하지 않는다. 다만 모든 상황에서 결과를 정확하게 예측하지는 못한다는 점을 지적할 뿐이다. 예를 들어 캐나다의 대규모 펄프 및 종이 산업은 비교적 풍부한 목재를 토대로 설명할 수 있으며, 방갈로르Bangalore가 컴퓨터 프로그래밍 부문에서 거둔 성공은 저렴하고 풍부한 고급 인력을 토대로 설명할 수 있다. 그러나 일본과 이탈리아를 비롯한 일부 국가가 특정 산업에서 획득한 경쟁우위는 산업 군집을 통해서만 설명할 수 있다.

기존 이론을 보완한 포터의 이론은 귀하고 가치 있는 자원이 비교적 풍부한 경우에는 이 우위를 활용해 번영을 구가할 수 있으며, 그렇지 않은 경우에는 군집을 개발해 절차 기반 경쟁우위를 구축해야 한다고 말한다. 싱가포르나 아일랜드 같은 국가는 포터의 이론을 토대로 군집 구축 정책을 추진함으로써 해당 이론이 예측한 대로 번영을 이루었다.

그렇다면 이론 구축의 세 가지 측면을 보다 자세히 살펴보자. 첫 번째 측면은 어떤 결과를 초래하는 원인을 설명하는(그 결과와 경험적으로 연계된 속성을 묘사하는 데 그치지 않는) 일의 중요성이고, 두 번째 측면은 잠정적 이해에서 믿을 만한 예측으로 나아가도록 해주는 범주화 절차다. 그리고 세 번째 측면은 실패 사례를 분석해서 좋은 이론을 구축하는 일의 중요성이다.

정확한 인과성

이론 구축 초기 단계에서는, 대개 어떤 현상의 여러 속성 중에서 특정 결과와 '상관성'을 지닌 것으로 보이는 속성을 파악한다. 그런 다음 이 속성을 범주화의 토대로 활용한다. 이는 이론 구축의 출발점이지만 중요한 첫 단계 이상의 의미는 없다. 특정 결과를 초래한 '원인'에 대한 더 깊은 이해를 담은 범주를 만들려면 시간이 걸린다.

비행의 역사를 예로 들어보자. 초기 연구자들은 비행 능력과 깃털 및 날개 사이에 강력한 상관성이 있다는 사실을 관찰했다. 그러나 비행의 '모범관행'을 따라 깃털이 달린 날개를 팔에 달고 절벽에서 도약해 열심히 퍼덕여도 나는 데 실패했다. 강력한 상관성은 파악했지만 비행의 근본적인 인과 기제를 이해하지 못했기 때문이다. 비행 현상의 가시적 속성만을 기준으로 범주화를 시도하면(예를 들어 날개가 있는 동물 대 날개가 없는 동물, 깃털이 있는 동물 대 깃털이 없는 동물) 기껏해야 날개와 깃털이 비행 능력과 연관되어 있다는 '상관성'밖에 밝힐 수 없다.

이 단계에서 제시하는 진술은 일정한 정도의 불확실성을 수반한다. 예를 들어 "날개와 깃털을 가진 동물 중 상당수는 날개를 퍼덕여 하늘을 날 수 있기 때문에(타조, 에뮤, 닭, 키위는 예외) 깃털이 달린 날개를 팔에 묶고 절벽에서 도약해 열심히 퍼덕이면 날 수 있을지도 모른다"는 식이다. 이 단계의 연구 결과를 토대로 행동에 나서면 대개 문제에 부딪힌다. 속성과 결과의 상관성을 이면의 인과 기제와 혼동하기 때문이다. 그래서 성공하는 데 필요하다고 생각하는 행동을 해도 실패하고 만다.

　경영을 다룬 논문과 서적 중에도 속성과 결과의 상관성을 인과성과 혼동하는 경우가 놀랄 만큼 많다. 예를 들어 다음과 같은 사례들이 있다.

- 창업투자사로부터 자금을 조달한 기업의 성공률과 법인 자본으로부터 자금을 조달한 기업의 성공률을 비교하는 것(재원財源이 성공한 기업들과 아직은 모르는 이유로 연관되는 속성이라기보다는 성공의 이유임을 시사함).
- 담백한 경영자가 이끄는 기업이 요란한 경영자가 이끄는 기업보다 높은 주주수익률을 올린다고 주장하는 것(특정한 경영자의 성격이 성과를 개선시킨다고 시사함).
- 핵심 사업을 표준 산업 분류 코드SIC codes보다 높은 수준으로 분산시킨 기업은 그렇지 않은 기업보다 낮은 주주수익률을 올린다고 주장하는 것(그에 따라 분산화 혹은 집중화의 속성이 주주 가치 창출의 요인이라고 결론지음).
- 25~35세 여성 주택 보유자의 78퍼센트는 특정 제품을 다른 제품보다 선호한다고 결론짓는 것(그에 따라 주택 보유, 연령, 성별과 관련된 속성이 특정 제품에 대한 선호를 초래한다고 시사함).

　이 주장 중 어느 것도 인과성을 밝히지 않는다. 그저 속성과 결과 사이의 상관성을 제시할 뿐이다. 사실 결과를 초래하는 것이 무엇인지 모르면 대개 이런 주장밖에 할 수 없다. 예를 들어 첫 번째 사례와 관련해 창업투자사로부터 자금을 조달한 신생 기업의 20퍼센트가 성공했고, 50퍼센트는 겨우 버티고 있으며, 나머지는 실패했다고 치자. 반면 다른 조사에서 법인 자본으로부터 자금을 조달한 신생 기업의 성공률은 훨씬 낮게 나왔다. 그렇다고 해서 창업투자사로부터 자금을 조달하면 성공할 것이라고 결론지을 수는 없다. 먼저 창업투자사의 투자가 성공에 영향을 끼치는 요인 혹은 기제를 알아야 한다.

불행하게도 경영학 부문에서 활동하는 많은 연구자와 컨설턴트는 이 상관성 단계에 의도적으로 머문다. 강력한 컴퓨터로 대규모 데이터베이스를 '분석'하고, 속성과 결과 사이의 상관성을 측정하는 회귀 분석으로 통계적 유의도를 높이면 '이론'의 예측력을 향상시킬 수 있다는 잘못된 믿음 때문이다. 이런 연구 결과를 지침으로 삼는 경우엔 운이 좋기를 바랄수밖에 없다. 일반적으로 성공과 연계된 속성을 획득하면 비슷한 성공의 축복을 누릴 것이라고 말이다.

범주화에서 근본적 인과성에 대한 이해로 나아가는 돌파구는 대개 수많은 데이터를 분석하는 것이 아니라 대단히 세밀한 현장 조사를 실시하는 데서 열린다. 그러기 위해서는 회사 내부로 들어가 인과적 절차가 진행되는 과정을 직접 관찰해야 한다. 토요타의 생산 방식에 대한 이해가 어떻게 진전되었는지 보라. 처음에 연구자들은 제조 부문에서 일본 기업들이 미국 기업들을 앞지르고 있다는 사실을 발견했다. 초기 범주화는 가장 두드러진 속성을 기준으로 모호하게 진행되었다. 그에 따라 일본 문화가 지닌 어떤 요소가 차이를 만들었다는 가정이 제시되었다.

이후 토요타의 공장으로 가서 직접 그 생산 방식(소위 '린lean 생산 방식')을 접한 연구자들은 재고를 최소화하는 관리 체계와 컴퓨터가 아닌 칸반kanban 카드를 활용하는 생산 일정 수립 체계 등 더욱 중요한 속성들을 확인했다. 그러나 안타깝게도 그들은 속성에서 결론으로 성급하게 나아가고 말았다. 그래서 토요타와 같은 속성을 지닌 생산 체계를 구축하면 비용, 품질, 속도 면에서 대등한 수준에 오를 수 있다고 주장했다. 실제로 여러 제조업체가 이 주장을 그대로 따랐다. 그중 다수는 일정한 개선을 이뤘지만 토요타의 수준에 근접한 경우는 하나도 없었다.

스티븐 스피어Steven Spear와 켄트 보언Kent Bowen은 토요타가 품질, 속도, 비용을 지속적으로 개선할 수 있는 근본적인 요인을 제시함으로써 이론을 한층 진전시켰다. 스피어는 한동안 토요타의 여러 조립 라인을 연구한 끝에 특정한 패턴을 발견했다. 토요타는 노동자 교육이나 자동차 시트 설치 혹은 장비 보수를 위한 모든 절차를 설계할 때 이 패턴을 따랐다. 스피어와 보언은 신중하고 폭넓은 관찰을 통해 토요타의 모든 절차가 네 가지 구체적인 규칙에 따라 설계된다는 결론을 내렸다. 이 절차는 자동적인 피드백 고리를 형성해 새로운 활동의 효율성을 거듭 검증하면서 지속적인 개선이 이뤄져야 할 방향을 가리켰다(스피어와 보언이 제시한 이론에 대해 좀 더 알고 싶다면 『하버드 비즈니스 리뷰』 1999년 9/10월호에 게재된 「토요타 생산 체제의 DNA 해독Decoding the DNA of the Toyota Production System」을 참조할 것). 병원, 알루미늄 제련소, 반도체 제조사 등 운영 방식이 토요타와 많이 달라 보이는 다양한 조직이 이 기제를 활용해 대규모 개선을 이루기 시작했다.

예측 가능성을 향한 진전

다니엘 베르누이Daniel Bernoulli가 유체역학을 통해 양력이 발생하는 기제를 이해하면서 비행의 가능성이 열렸다. 그러나 기제 자체를 이해한다고 해서 비행이 가능하다는 사실을 완벽하게 '예측할' 수 있는 것은 아니었다. 게다가 해당 기제가 작동하는 상황과 작동하지 않는 상황도 파악해야 했다.

베르누이의 이론을 토대로 제작한 익형 항공기airfoil wings 중 일부는 여전히 추락했다. 실패로 이어진 조건이 무엇인지 찾아내야 했다. 연구자들은 "성공과 연관된 속성은 무엇인가?"라는 질문을 멈추고 "어떤 상황에서 이 이론을 활용하면 실패하는가?"라는 질문에 집중했다. 예를 들어 그들은 너무 가파르게 상승하면 양력이 부족해진다는 사실을 밝혀냈다. 또한 특정한 난기류를 만나면 비교적 공기의 밀도가 낮은 구역이 날개 아래로 형성되어 갑작스러운 추락을 초래한다는 사실도 밝혀냈다. 다른 제작 기술과 비행 기술이 필요한 상황 혹은 비행을 위험하게 만드는 상황들이 파악되면서 비행은 단지 가능한 일이 아니라 예측 가능한 일이 되었다.

경영학 부문에서도 행동과 결과를 한데 묶는 인과 기제를 파악할 뿐
아니라 해당 기제가 성공으로 이어지는 여건과 이어지지 않는 여건을 밝
힐 때 예측 가능성이 한층 높아진다. 그러면 다양한 여건에서 조직을 운
영하는 방식을 조정해야 하는지 여부와 그 방법을 알아낼 수 있다. 다시
말해 좋은 이론은 '상황 결부적circumstance contingent'이다. 즉, 어떤 이유로
어떻게 특정한 결과가 나오는지 말해줄 뿐 아니라 이 인과 기제가 상황
에 따라 다른 결과로 이어지는 양상을 밝힌다.

예를 들어 기업들이 장기간 탁월한 주주수익률을 올리기가 대단히 어
려운 이유를 밝히는 작업에 나선 두 연구자가 있다고 가정하자. 각자 따
로 연구 작업을 벌인 두 사람은 상반된 결론을 제시했다. 한 사람은 장기
간 최고의 성과를 낸 기업들의 경우 대개 '핵심 사업'을 통해 관련 기술
을 연마한 부문에서 성장을 추구했다고 주장하면서 다른 기업들도 따라
할 것을 권했다. 반면 다른 사람은 '매력적인 사업'도 대부분 시간이 지나
면 수익성이 떨어지므로 내부에 역동적인 창업정신을 불어넣어 적극적
으로 새로운 핵심 사업을 창출해야 한다고 주장했다.

이처럼 대조적인 연구 결과를 잘 살펴보면 두 사람이 실은 이론의 예
측 가능성을 높이기 위한 핵심적인 질문을 제기한 데 불과하다는 사실
을 알 수 있다. 바로 "어떤 상황에서 핵심 사업을 고수하는 것이 우월한
실적을 유지하는 데 도움이 되고, 언제 창조적 파괴의 힘을 발휘해야 하
는가?"라는 질문이다. 이 질문과 관련된 일련의 상황을 제시하고 그에 따
른 상황 결부적 이론을 확립해야만 올바른 경로라는 확신을 갖고 실제

상황에 적용할 수 있다.

상황 결부적 이론은 현재 상황에서 전략과 전술을 성공시키는 요소가 무엇인지 알 수 있도록 도와준다. 또한 경쟁 환경에서 중요한 변화가 일어나는 상황을 파악해 새로운 환경에서도 계속 성공하기 위해 다른 '비행술'을 시도하도록 도와준다. 이 단계까지 나아간 이론은 성공을 실현 가능하고 예측 가능하게 만들 뿐 아니라 지속 가능하게 만든다. 이론을 다듬는 과정에는 끝이 없다. 예를 들어 포터의 군집 이론은 대단히 높은 가치를 지니는 것으로 증명되었다. 그러나 탄탄한 군집이 와해되는 경우와 그 이유를 찾아낼 여지는 여전히 많다. 이런 연구는 국제적 경쟁우위에 대한 이론을 한층 탄탄하게 만들 것이다.

실패 사례의 중요성

인과 기제에 대한 가설을 세운 뒤에는 그에 따라 실행했는데도 실패한 사례를 파악하는 것이 대단히 중요하다. 그러나 안타깝게도 기업들이 성공하는 방법을 찾는 데만 골몰해 실패에 대해서는 연구하지 않는 연구자가 너무나 많다. 성공한 기업과 그 '모범관행'에 대한 집착은 경영학 부문에서 진부성과 일시적 유행이 계속 이어지고, 수많은 초기 단계 이론이 다음 단계로 나아가지 못하는 주된 이유다. 경영자들은 그럴듯하게 들리는 조언을 실험적으로 따랐다가 예측한 결과가 나오지 않는 상황에 처하면 바로 돌아선다. 그러고는 흔히 "통하지 않는다"고 결론 내린다.

"언제 통하지 '않는가?'"라는 질문은 인과성에 대한 설명을 상황 결부적 방식으로 제시하는 마법의 열쇠다. 많은 경영학자와 경영 저술가는 알 수 없는 이유로 이 열쇠를 돌리지 않으려 한다. 그 결과, 여러 유망한 연구가 폐기와 오명의 굴레를 뒤집어썼다. 애초에 통하는 상황과 통하지 않는 상황 그리고 그 이유를 파악하려 노력하지 않고 모든 상황에서 통한다고 부주의하게 주장했기 때문이다.

바람직한 의사와 환자의 관계를 보면 의사가 특정 환자에게 어떤 문제가 있는지 분석하고 진단한 다음 적절한 치료법을 제시한다. 반면 경영자와 경영학자의 관계는 거리가 멀다. 이 관계가 유용해지려면 경영자들이 스스로 상황을 진단할 수 있도록 연구를 실시하고 결과를 제시해야 한다. 예를 들어 "이 이론이 우리 산업에도 적용될까?"라거나 "이 이론이 제조업뿐 아니라 서비스업에도 적용될까?"라는 의문은 이론이 통하거나 통하지 않는 여건이 무엇인지 파악하기 위한 것이다. 대부분의 경영자는 이론을 잘못 적용하는 바람에 낭패를 본 경험이 있다. 자신이 어떤 환경에 속하는지 명확하게 알기 위해서는 어떤 환경에 속하지 않는지도 알아야 한다. 상황을 정의한 범주를 확립하는 일이 유용한 이론을 구축하는 데 대단히 중요한 이유가 여기에 있다.

우리는 산업 기반 혹은 제품 대 서비스 기반 범주화가 믿을 만한 이론을 위한 토대를 놓는 데 거의 도움이 되지 않는다는 사실을 발견했다. 이론의 성패를 좌우하는 여건이 산업의 경계와 일치하는 경우가 드물기 때문이다. 예를 들어 『성공기업의 딜레마』는 신생 기업들이 디스크 드라이브와 컴퓨터 부문을 선도하는 기존 기업들을 무너뜨린 방식이 굴착기, 철강, 유통, 모터사이클, 회계 소프트웨어 부문에서도 같은 역할을 수행한 양상을 설명한다. 이 이론에서 중요한 조건은 기업이 속한 산업보다는 혁신이 재무적 측면에서 사업 모델에 매력적인지 여부와 관계가 있다. 자원 배분 절차라는 기제는 재무적 측면에서 혁신이 사업 모델에 매력적일 때 기존 기업이 경쟁에서 이기도록 해준다. 동시에 사업 모델에 매력적이지 않은 제품, 이익 모델, 고객을 지닌 파괴적 혁신 기업에 공격받을 때는 제대로 대응하지 못하게 만들기도 한다.

이 사례처럼 여건이 바뀜에 따라 성공으로 이어지는 행동도 함께 바뀌는 양상을 설명하는 이론만이 신뢰할 가치를 지닌다. 혁신적인 경영의 세계가 대단히 무작위적으로 보이는 주된 이유가 여기에 있다. 부실한 범주화는 수많은 상황에서 나쁜 결과로 이어지는 만능 제안으로 이어졌다. 상황 결부적인 방식으로 활용할 수 있는 이론을 개발하기 전에는 경영의 세계에 예측 가능한 성공을 끌어들일 수 없다.

여기서 다시 루슨트의 사례로 돌아가보자. 루슨트는 현재 회복 단계에 있다. 핵심 제품군의 시장점유율은 안정되었고, 고객 만족도가 높아졌으며, 주가도 오르고 있다. 이런 반전이 일어난 이유는 아이러니하게도 1990년대에 단행된 조직 개편을 되돌려 더욱 집중화된 구조로 나아갔기 때문이다. 현 경영진은 탈집중화가 초래한 피해를 분명하게 인식하고 있다. 그들은 자사의 복잡한 제품과 시장에 맞는 이론을 지침으로 삼아 이면의 기술적 필요에 따른 효율적 구조를 정립하려 애쓰고 있다.

이 사례가 전하는 교훈은 의료의 경우와 마찬가지로 사업에서도 모든 병을 고치는 단일 처방은 없다는 것이다. 루슨트의 경영진은 1990년대에 사업 규모를 키워야 한다는 압박에 시달렸다. 당시 루슨트는 비교적 집중화된 의사결정 구조와 그에 따른 관료적 성격을 지니고 있었다. 경영진은 빠르게 성장하는 대부분의 기술 기업들이 상반된 조직 구조를 지녔다는 사실을 확인하고 그들을 모방해야 한다는 결론을 내렸다. 많은 경영학자가 이런 믿음을 지지하고 널리 알렸다. 그러나 여기서 파국적인 결과를 부른 오판은 루슨트가 근본적으로 다른 환경에서 작고 빠르게 성장하는 기업들의 속성을 모방했다는 것이다. 루슨트의 경영진에게는 실제 환경에 최적화된 조직 구조로 이끌 다른 이론이 필요했다.

이론에 대한 안목

해결해야 할 문제가 있는 경영자는 신속한 결론을 원한다. 어떤 이론이 도움이 될까? 좋은 이론과 나쁜 이론을 어떻게 구분할까? 다시 말해 우연이 아니라 환경, 행동, 결과 사이의 인과관계를 토대로 범주화를 이룬 진전된 이론을 어떻게 파악할 수 있을까? 다음은 어떤 이론이나 제안이 회사가 처한 상황에 얼마나 적절한지 판단하는 데 도움을 주는 몇 가지 지침이다.

- 어떤 문제나 사안을 연구하기 시작하는 단계에서는 그냥 현상을 서술하는 것만으로도 후속 연구를 통해 범주를 정의하고 원인을 밝히는 데 큰 도움이 된다. 예를 들어 아난스 라만Ananth Raman과 동료들이 진행한 초기 연구는 대단히 정교한 바코드 스캔 시스템을 갖춘 기업도 재고 기록이 부실하기 짝이 없다는 사실을 보여줌으로써 공급사슬 연구 부문에 파장을 일으켰다. 이런 관찰은 스캔 시스템이 일으키는 오류의 유형과 이런 오류가 빈번한 매장의 유형을 가려내는 다음 단계로 이어졌다. 뒤이어 라만과 동료들은 창고 정리 절차를 세심하게 관찰해 어떤 행동이 오류를 초래하는지 파악했다. 이를 토대로 특정 조건에서 어떤 시스템이 통하는지 설명하는 이론이 확립되었다.

- 모든 것을 획기적으로 바꿔야 한다고 촉구하는 주장에 주의해야 한다. 이는 묘사에서 이론으로 성급하게 뛰어든 오류의 결과다. 모든 상황에 속한 모든 기업에 적용할 수 있다고 말하는 이론은 믿지 마라. 대개 어떤 환경이 조성된 데는 나름의 이유가 있다. 어디서, 언제, 왜 변화가 필요한지 알아야 할 뿐 아니라 바꾸지 말아야 할 것도 알아야 한다. 대부분의 경우 새로운 범주화 체계는 기존의 사고를 완전히 뒤집지 않는다. 대신 상황 결부적 방식으로 생각하고 행동하는 방법에 대한 새로운 통찰을 제공한다. 예를 들어 국제 경쟁력에 대한 포터의 연구는 기존 통상 이론을 뒤엎은 것이 아니라 다른 행동 기제가 경쟁우위로 이어지는 상황을 제시했다.

- 어떤 현상의 속성을 기준으로 범주화만 이룬 이론은 믿을 만한 수준에 이르기 위한 예비 단계에 머물러 있는 것이다. 이 단계에서 알 수 있는 사실은 연구 대상이 된 기업의 속성과 해당 기업이 얻은 결과 사이에 모종의 상관성이 있다는 것뿐이다. 이는 해당 집단의 일반적인 경향으로 제시될 수 있다(예를 들어 창업투자사로부터 자금을 조달한 기업이 성공할 확률은 법인 자본으로부터 자금을 조달한 기업이 성공할 확률보다 높다). 그러나 이 이론을 행동지침으로 삼으면 실패의 길로 접어들기 쉽다.

- 인과성으로 위장한 상관성은 종종 수식어를 수반한다. '겸손한' CEO가 주주 가치를 창출한다거나 '창업투자사'를 통한 자금 조달이 신생 기업의 성공을 돕는다는 식이다. 진정한 이론은 기제가 작동하는 양상을 설명해야 한다. 예를 들어 창업투자사를 통한 자금 조달이 신생 기업의 성공을 돕는 양상에 대한 이론은, 신생 기업이 타당한 전략을 향해 단계별로 나아가도록 자금을 조금씩 제공하는 방식이 차이를 만든다는 가설을 제시해야 한다. 이런 자금 조달 방식은 부진한 접근법을 신속하게 버리고 새로운 접근법을 시도하도록 유도한다. 반면 법인 자본을 동원하면 처음부터 신사업에 거액을 투입해 잘못된 전략도 오래 끌고 나가게 만들기 때문에 비효율적인 경우가 많다. 게다가 뒤늦게 사업을 철수하면 다른 접근법을 실험할 수도 없다. 같은 맥락에서 닷컴 거품이 일던 시기에는 창업투자사들이 신생 기업에 돈을 퍼부었다. 즉, 창업투자사로부터 조달한 자금 '그

자체'가 재난을 피하는 데 도움을 주는 것은 아니었다.

- 연구 결과가 최종적으로 확정되는 경우는 아주 드물다. 어떤 이론이 결과를 정확하게 예측하지 못하는 상황을 발견하는 것은 실패가 아니라 성과다. 이전에 실패한 상황을 설명할 수 있도록 이론을 보완하는 데서 진전이 이뤄진다. 따라서 실패 사례를 계속 찾아내지 않으면 경영 이론은 발전할 수 없다.

우리의 바람

어떤 이론을 참고할지 고민할 때 그 유용성을 확실하게 평가해주는 정부기관은 없다. 경영 저널은 중요한 사안에 대한 폭넓은 관점을 다뤄 독자들이 어떤 이론을 지침으로 삼을지 스스로 결정하게 만든다.

경영 이론의 경우 독자들에게 이런 책임을 떠넘기는 것은 책임 회피나 마찬가지다. 대개 새로운 이론이 통할지 실험하기란 불가능하다. 너무 많은 것이 걸려 있기 때문이다. 우리는 연구자들이 좋은 이론을 구성하는 요소를 더 잘 이해해 기업이 바라는 결과를 가져오는 기제를 더 잘 발견하도록 도움을 주고 싶다. 또한 그들이 속성과 결과의 상관성에 대한 통계적 유의도를 측정하는 수준에서 만족하지 않기를 바란다. 대신 "어떤 경우에 이 이론이 통하지 않을까?"라는 질문에 담긴 가치를 깨닫기를 바란다. 이런 고민은 기업이 처할 수 있는 일련의 상황을 파악하고 해당 상황을 고려해 인과관계를 설명하는 데 도움을 줄 것이다.

　우리는 이론을 유용하게 만드는 요소에 대한 더 깊은 이해를 통해 경영 저널의 편집자들이 논문의 게재 여부를 결정할 때 혹은 경영자들이 어떤 논문을 읽거나 믿을지 결정할 때 저자의 경력이나 지난 성공이 아닌 합리적 기준을 적용하기를 바란다. 또한 경영자들이 좋은 이론은 자신 있는 '구매'를 가능하게 만드는 객관적인 토대로 평가할 수 있다는 사실을 활용하기 바란다.

[2003년 9월호]

주석

1 칼 포퍼Karl Popper는 무엇을 관찰하게 될지 이론을 토대로 정확하게 예측할 수 있는 단계에 이르렀다고 해도 해당 실험이 이론을 '반증하지 못했다'고만 말해야 한다고 주장했다. *The Logic of Scientific Discovery*(1968) 참조.

11. 당신의 삶을 어떻게 평가할 것인가

- 클레이튼 크리스텐슨

나는 『혁신기업의 딜레마』를 펴내기 전에 당시 인텔 회장이던 앤드루 그로브Andrew Grove의 연락을 받았다. 그는 내가 이전에 발표한 파괴적 기술에 대한 논문을 읽었다면서, 그 내용과 함께 인텔에 시사하는 의미를 설명해달라고 요청했다.

나는 들뜬 마음으로 실리콘 밸리로 날아가 약속된 시간에 인텔을 방문했다. 그런데 정작 그로브는 급한 일이 생겨 시간이 10분밖에 없으니 파괴적 모델이 인텔에 어떤 의미를 지니는지만 알려달라고 했다. 나는 그럴 수 없다고 말했다. 모델을 설명하는 데만 30분이 걸리고 그 내용을 토대로 삼아야 인텔에 대한 나의 의견이 타당성을 지니기 때문이었다. 겨우 그로브를 설득한 후 설명을 시작했다. 그러나 10분이 지나자 다시 그가 끼어들더니 "그만하면 모델은 이해했어요. 이제 인텔에 어떤 의미를 지니는지만 설명해요"라고 말했다.

나는 파괴가 일어나는 양상을 이해할 수 있도록 철강 산업에서 파괴가 진행된 과정을 설명하려면 10분이 더 필요하다고 강력하게 요청했다. 덕분에 뉴코와 다른 중소 철강사들이 최저가 시장인 보강용 철근을 공략한 후 고가 시장으로 올라가면서 전통적인 철강사들의 기반을 뒤흔든 양상을 설명할 수 있었다.

그로브는 내 이야기를 다 듣더니 이렇게 말했다. "알았어요. 그러니까 우리도 저가 시장을 공략해야 한다는 거군요." 이 전략에 따라 셀러론 Celeron 프로세서가 출시되었다.

이후 나는 이 일을 수없이 생각했다. 만약 그때 그로브의 재촉에 떠밀려 마이크로프로세서 사업에 대해 어떤 생각을 가져야 하는지 말했다면 아마 묵살당했을 것이다. 나는 무엇을 생각해야 하는지가 아니라 어떻게 생각해야 하는지에 대해 조언했다. 그러자 그는 스스로 정확한 결론에 이르렀다.

이 경험은 내게 심대한 영향을 끼쳤다. 이제는 사람들에게 어떻게 해야 하느냐는 질문을 받으면 직접적인 대답을 거의 하지 않는다. 대신 내가 수립한 모델을 통해 문제를 분명하게 조명한다. 예를 들어 아주 다른 산업에서 해당 모델에 속한 과정이 진행된 양상을 설명한다. 그러면 대개 나름의 이해를 얻고 스스로 통찰이 담긴 답을 구한다.

내가 하버드 경영대학원에서 진행하는 강의는 좋은 경영 이론이란 어떤 것이고 어떻게 구축되는지 이해할 수 있도록 구성된다. 이를 토대로 학생들이 혁신과 성장을 촉진하는 과업의 다양한 측면을 생각할 수 있게 다른 모델이나 이론을 덧붙인다. 강의는 이런 모델들을 통해 사례를 분석하는 방식으로 진행된다. 즉, 이론을 활용해 해당 기업이 특정한 상황에 이른 양상에 대해 설명하고, 어떤 결정이 필요한 결과로 이어졌을지 분석한다.

마지막 강의에서는 학생들에게 이론적 렌즈를 자신에게 돌려 세 가지 질문에 대한 설득력 있는 답을 구하라고 말한다. 그 세 가지 질문은 이렇다. "어떻게 해야 앞으로 경력을 쌓아가면서 행복할 수 있을까?", "어떻게 해야 배우자나 가족과 맺은 관계를 행복의 원천으로 삼을 수 있을까?", "어떻게 해야 감옥에 가는 일을 하지 않을 수 있을까?"

마지막 질문이 농담처럼 들리지만 그렇지 않다. 내가 가르친 32명의 로즈 장학생 중 2명이 감옥에 갔다. 엔론Enron 사태로 악명 높은 제프 스킬링Jeff Skilling은 나와 하버드 경영대학원 동창이다. 그들은 좋은 사람이었다. 그러나 그들의 삶에 존재한 어떤 요소가 그들을 잘못된 길로 접어들게 만들었다.

학생들이 답을 구하는 동안 나는 일종의 사례 연구로서 나의 인생 이야기를 들려준다. 삶에서 결정해야 할 때 내게서 배운 이론을 지침으로 활용하는 방법을 보여주기 위해서다.

프레드릭 허츠버그Frederick Herzberg가 한 말은 일을 통해 행복을 찾는 방법에 대한 답을 찾는 데 큰 도움이 된다. 그는 우리의 삶에 가장 강력한 동기를 부여하는 것은 돈이 아니라 배우고, 책임 속에서 성장하고, 타인을 위해 기여하고, 성과를 인정받는 기회라고 주장했다.

나는 학생들에게 학계에 들어오기 전에 회사를 운영할 때 품었던 이상에 대해 이야기한다. 예를 들어 어떤 회사의 직원들이 아침에 높은 자존감과 함께 출근하는 모습을 그려보라. 그런 다음 그들이 10시간 후 자신의 가치를 인정받지 못하고, 능력을 충분히 발휘할 기회를 얻지 못하고, 인간적 품위가 손상당해 좌절한 채 집으로 돌아가는 모습을 그려보라. 그리고 낮아진 자존감이 아이들을 대하는 태도에 어떤 영향을 미칠지 그려보라. 그러고 나서 반대로 그들이 회사에서 많은 것을 배우고, 귀중한 성과를 올린 데 대한 인정을 받고, 중요한 프로젝트를 성공시키는 데 상당한 역할을 했다는 생각에 한층 자존감이 높아져서 집으로 돌아가는 모습을 그려보라. 그런 다음 이런 기분이 배우자와 부모로서 보이는 모습에 얼마나 긍정적인 영향을 미칠지 상상해보라.

나의 결론은 제대로만 한다면 경영은 세상에서 가장 고귀한 직업이라는 것이다. 다른 어떤 직업도 경영만큼 수많은 방식으로 배우고 성장하며, 책임을 지고 성과를 인정받으며, 팀의 일원으로 성공에 기여하도록 도울 수 없다.

비즈니스란 결국 사거나 팔거나 투자하는 것이 전부라고 생각하는 MBA 학생들이 늘고 있다. 이는 안타까운 일이다. 거래는 사람을 성장시키는 데서 얻는 깊은 보람을 안겨주지 못한다.

나는 학생들이 강의실을 떠날 때 이 깨달음을 얻기 바란다.

크리스텐슨은 MBA 과정 학생들에게 경영 이론과 혁신 이론을 활용해 강력한 기업을 만드는 방법을 가르친다. 또한 그는 이 모델들이 더 나은 삶을 사는 데도 도움이 된다고 믿는다. 이 글에서 그는 모두가 자문해야 하는 질문들을 탐구하면서 그 양상을 설명한다.

그 질문은 바로 일을 통해 행복을 얻는 방법과 가족과의 관계를 행복의 원천으로 삼는 방법 그리고 도덕적인 삶을 사는 방법에 대한 것이다. 첫 번째 문제에 대한 답은 삶의 가장 강력한 동기는 돈이 아니라 배우고, 책임 속에서 성장하고, 기여하고, 인정받는 기회라는 프레드릭 허츠버그의 주장에서 구할 수 있다. 제대로만 한다면 경영이 대단히 고귀한 직업이 될 수 있는 이유가 여기에 있다. 다른 어떤 직업도 사람들에게 그런 기회를 수많은 방식으로 제공할 수 없다. 통념과 달리 사고파는 것, 투자하는 것이 경영의 전부가 아니다. 자원 배분 원칙은 집에서 행복을 얻는 데 도움을 준다. 잘 관리하지 않으면 자원 배분 절차를 통해 얻은 결과가 전략적 의도와 크게 다를 수 있다. 삶의 경우도 마찬가지다. 분명한 목적의식을 갖지 않으면 실로 중요한 가치가 아닌 가시적이고 단기적인 성과의 징표를 획득하느라 시간과 활력을 낭비할 가능성이 높다.

또한 한계비용에 대한 집착은 기업에서 나쁜 결정을 초래하듯이 사람들을 잘못된 길로 이끈다. '이번 한 번만' 잘못된 일을 하는 데 따른 한계비용은 언제나 유혹적일 만큼 작아 보인다. 그래서 최종적인 결과를 보지 못한다. 요점은 지키고자 하는 가치를 정하고 안전한 지점에서 선을 긋는 것이다.

삶을 위한 전략

가족과의 관계를 행복의 원천으로 만드는 방법에 대한 두 번째 질문에 답하는 데 도움이 되는 이론이 있다. 바로 전략을 수립하고 실행하는 방법에 대한 이론이다. 핵심적인 내용은 기업의 전략이 투자하고자 하는 프로젝트의 유형에 좌우된다는 것이다. 자원 배분 절차를 잘 관리하지 않으면 의도한 것과 많이 다른 결과가 나올 수 있다. 기업의 의사결정 체계는 가시적이고 즉각적인 수익을 제공하는 프로젝트에 투자하도록 설계되어 있다. 그래서 장기적 전략에 중요한 프로젝트에 대한 투자를 간과하기 쉽다.

나는 1979년부터 지금까지 하버드 경영대학원 출신들의 운명을 지켜보았다. 그들 중 다수는 결혼에 실패하고 아이들과 소원해진 채 불행한 얼굴로 동창회에 나왔다. 장담컨대 졸업할 때 그런 상황을 목표로 삶의 전략을 세운 사람은 단 한 명도 없을 것이다. 그런데도 놀랍도록 많은 사람이 잘못된 전략을 실행했다. 그 이유가 뭘까? 시간과 재능 그리고 활력을 어떻게 쓸지 결정할 때 삶의 목적을 전면에 두지 않았기 때문이다.

매년 하버드 경영대학원에 입학하는 900명의 전 세계 인재 중에서 상당수가 삶의 목적을 제대로 생각하지 않는다는 사실은 실로 놀랍다. 나는 학생들에게 지금이 이 문제를 깊이 고민할 마지막 기회일지 모른다고 말한다. 나중에 더 많은 시간과 활력이 생길 것이라는 생각은 틀렸다. 삶은 갈수록 버거워질 것이기 때문이다. 집도 사야 하고, 일주일에 70시간씩 일해야 하며, 가족도 돌봐야 한다.

나의 경우는 분명한 삶의 목적을 갖는 일이 대단히 중요했다. 그 목적을 찾기까지 오랜 고민이 필요했다. 나는 로즈 장학생이던 시절 옥스퍼드에서 벅찬 연수 과정을 밟으며 힘들게 공부에 매달렸다. 그래도 매일 밤

독서와 명상, 기도에 한 시간을 할애하기로 결심했다. 대단히 지키기 어려운 결심이었다. 그 시간만큼 공부 시간이 줄어들기 때문이었다. 정말로 그래도 괜찮을지 갈등했지만 그 결심을 지켰다. 덕분에 삶의 목적을 찾을 수 있었다.

회귀분석의 자기상관autocorrelation 문제를 공부하는 데 그 시간을 썼다면 삶을 제대로 살지 못했을 것이다. 계량경제학에 대한 지식을 실생활에 활용하는 일은 1년에 몇 번밖에 안 되지만 삶의 목적은 매일 활용한다. 삶의 목적은 내가 습득한 가장 유용한 지식이다. 나는 학생들에게 지금 시간을 들여 삶의 목적을 찾으면, 나중에 그것이 여기서 얻은 가장 중요한 배움임을 깨달을 것이라고 말한다. 삶의 목적을 찾지 않으면 키 없이 무작정 항해에 나서 삶의 거친 바다에서 시달린다. 삶의 목적을 아는 것은 활동 기준 원가 계산, 균형성과표, 핵심 역량, 파괴적 혁신, 4P, 다섯 가지 힘에 대한 지식보다 중요하다.

내가 찾은 삶의 목적은 종교적 믿음에서 나왔다. 그러나 신앙만이 삶의 방향을 부여하는 것은 아니다. 예를 들어 내 제자 중 한 명은 모국에서 공정성과 경제적 번영을 증진하고 아이들도 같은 목적을 갖도록 키우는 것을 삶의 목적으로 삼았다. 그가 찾은 삶의 목적 역시 나의 경우처럼 가족과 타인들을 위한 것이었다.

직업을 선택하고 갖는 것은 삶의 목적을 이루기 위한 수단에 불과하다. 목적이 없는 삶은 공허하다.

2010년 졸업반의 사례

"처음 입학할 때 가졌던 목적과 지금 졸업하면서 갖게 된 목적이 완전히 다릅니다. 지금까지는 민간 부문에서만 일했습니다. 모두가 똑똑한 사람들은 민간 부문으로 가야 한다고 말했으니까요. 하지만 이제는 공공 부문에 들어가 거기서 더 많은 의미를 찾을 수 있을지 알아볼 생각입니다. (…) 과거에는 기업계가 안전하다고 생각했어요. 그러나 불황은 어느 곳도 안전하지 않다는 사실을 보여줬지요."

– 루하나 하피즈 Ruhana Hafiz(향후 진로: FBI)

"여기도 변화가 일어나고 있어요. 과거에는 일자리를 찾을 때 돈이 기준이었어요. 그런데 많은 돈을 벌면 더 많이 갖기를 원합니다. 참으로 아이러니한 일이죠. 결국엔 행복의 원천이 무엇인지, 정말로 중요한 가치가 무엇인지 잊어버리게 됩니다. 하지만 이제는 다른 시각을 가진 사람들이 많아요. 그들은 '돈과 삶의 동력을 최대한 같이 얻을 수 있는 곳이 어디지?'가 아니라 '돈은 필요한 만큼만 벌더라도 삶의 동력을 얻을 수 있는 곳은 어디지?'라고 생각해요."

– 패트릭 천 Patrick Chun(향후 진로: 베인 캐피털 Bain Capital)

"금융 위기는 정말로 좋아하는 일을 하면서 살아야 한다는 깨달음을 줬어요. 지금 내가 가진 성공의 이상은 돈이나 위신보다 내가 미칠 수 있는 영향, 내가 겪을 수 있는 경험, 내가 찾을 수 있는 행복을 토대로 삼아요. 나의 주된 동기는 가족이나 소중한 사람과 함께하는 것, 재미있고 흥미롭고 영향력 있는 일을 하는 것, 창업투자 부문에서 장기적인 경력을 쌓는 것입니다. 세상이 돌아가는 방식을 바꾸는 회사들을 만들고 싶어요."

– 맷 샐즈버그 Matt Salzberg(향후 진로: 베서머 벤처 파트너스 Bessemer Venture Partners)

"나의 경우는 매킨지로 다시 돌아가기 때문에 별로 바뀐 게 없는 것처럼 보일 수 있어요. 하지만 하버드 경영대학원에 다니는 동안 케네디 스쿨에서 동시에 학위를 따기로 결정했어요. 2008년 대선이 끝나고 경제가 어려운 상황에서 공공 부문과 비영리 부문을 더 잘 알아야겠다는 생각이 들었어요. 어떤 의미에서는 그 생각 때문에 매킨지로 다시 돌아간 겁니다. 민간 부문, 공공 부문, 비영리 부문을 두루 탐구할 수 있으니까요. (…) 불황은 우리가 얼마나 운이 좋은지 돌아보게 만들었어요. '4월까지 일자리를 구할 수 있을까?'라는 고민만 하면 되니까요. 많은 사람이 집에서 쫓겨나지 않을까 고민하잖아요."

– 존 콜먼John Coleman(향후 진로: 매킨지앤드컴퍼니McKinsey & Company)

자원을 배분하라

당신이 가진 시간, 활력, 재능을 어떻게 배분할지에 대한 결정이 궁극적으로 삶의 전략을 이룬다.

나는 수많은 '사업'을 놓고 자원 배분을 고민한다. 그 대상은 아내와 긍정적인 관계를 맺는 일, 아이들을 잘 키우는 일, 공동체에 기여하는 일, 직업적으로 성공하는 일, 교회에 기여하는 일 등이다. 이 점에서 나는 기업들과 같은 문제를 안고 있다. 내가 가진 시간, 활력, 재능은 한정되어 있다. 그렇다면 수많은 일에 각각 어느 정도나 할당해야 할까?

이 선택은 의도와 아주 다른 삶을 살게 만들 수 있다. 때로는 예상치 못한 기회가 생기는 것처럼 좋은 결과가 생길 수 있다. 그러나 자원을 잘못 투자하면 대개 결과가 좋지 않다. 뜻하지 않게 공허하고 불행한 삶에 투자한 나의 동창들에게 닥친 문제는 단기적인 시각에서 기인한다.

하버드 경영대학원 졸업자를 비롯해 성취욕이 강한 사람들은 시간이나 활력에 여유가 생기면 가시적인 성과를 낼 수 있는 활동에 할애한다. 경력은 진전을 이루고 있다는 가장 확실한 증거를 제공한다. 그래서 우리는 제품을 선적하고, 설계를 완성하고, 발표를 마치고, 계약을 맺고, 강의를 하고, 논문을 발표하고, 급여를 받고, 승진을 한다. 반면 배우자나 자녀와의 관계에 시간과 활력을 투자하는 것은 즉각적인 성취감을 안기지 않는다. 아이들은 매일 잘못된 행동을 한다. 아이들을 잘 키웠다는 보람을 얻으려면 20년을 기다려야 한다. 배우자와의 관계를 간과해도 상황이 악화되고 있다는 느낌이 매일 드는 것은 아니다. 성취욕이 강한 사람들은 가족을 위하는 일에 너무 적게 투자하고 경력을 위하는 일에 너무 많이 투자하는 경향이 있다. 가족과 맺은 친밀하고 애정 어린 관계가 강력하고 오래가는 행복의 원천인데 말이다.

기업이 실패한 원인을 살펴보면 즉각적인 성과를 낼 수 있는 일에 집착하는 경향을 거듭 확인할 수 있다. 같은 렌즈로 개인의 삶을 비춰보면 마찬가지로 놀랍고 우려스러운 패턴이 드러난다. 사람들은 가장 소중하다고 말하던 것에 갈수록 적은 자원을 할당한다.

문화를 창출하라

우리가 강의에서 다루는 주요 모델 중 협력 도구Tools of Cooperation라는 것이 있다. 이 모델에 따르면, 경영자가 단지 이상을 제시하는 것으로는 충분하지 않다. 물론 흐릿한 미래를 정확하게 내다보고 필요에 따라 회사가 나아갈 방향을 수정하는 일은 중요하다. 그러나 앞으로 일어날 미래를 보지 못하는 직원들을 정렬시켜 새로운 방향으로 나아가도록 협력하게 만드는 일도 마찬가지로 중요하다. 이런 협력을 이끌어내는 데 필요한 도구를 아는 것은 경영자가 갖춰야 할 필수적인 자질이다.

이 도구는 두 가지 측면을 지닌다. 하나는 구성원들이 조직의 사업에 참여하는 데서 얻는 대가에 동의하는 정도이고, 다른 하나는 원하는 결과를 얻기 위해 해야 하는 행동에 동의하는 정도다. 이 두 축에서 합의가 부족하면 협력을 이끌어내기 위해 강제, 위협, 처벌 같은 '고강도 도구'가 필요하다. 많은 기업이 이런 상태에서 출발한다. 사업 초기에는 경영진이 어떤 일을 어떻게 해야 할지 확실하게 제시해야 하는 이유가 여기에 있다. 직원들이 이런 과제를 수행하는 방식이 거듭 성공을 거두면 공감대가 형성되기 시작한다. MIT의 에드거 샤인Edgar Schein은 이 과정을 문화가 구축되는 기제로 설명했다. 궁극적으로 사람들은 일하는 방식이 성공으로 이어질지 생각하지 않는다. 명시적 결정이 아니라 본능과 가정을 토대로 우선순위를 받아들이고 절차를 따른다. 이는 나름의 문화가 생겼다는 뜻이다. 문화는 명시적이지 않아도 강력한 방식으로 반복적인 문제에 대응하는 검증되고 용인된 수단을 제시한다. 또한 문제에 따라 다른 우선순위를 부여한다. 그래서 강력한 경영 수단이 될 수 있다.

가족 관계에 이 모델을 적용하면, 부모가 자녀들의 협력을 이끌어내기 위해 활용할 수 있는 가장 간단한 도구가 고강도 도구임을 알 수 있다. 그러나 자녀들이 사춘기에 접어들면 고강도 도구도 더 이상 효과 없다. 그제야 부모는 자녀들이 어릴 때부터 서로를 존중하고, 부모의 말을 잘 듣고, 올바른 행동을 하도록 유도하는 문화를 구축하지 못한 것을 후회한다. 기업의 경우처럼 가족에게도 문화가 있다. 가족 문화는 의도적으로 구축되기도 하고, 의도치 않게 형성되기도 한다.

대다수 부모는 자녀들이 힘든 문제를 스스로 해결할 만큼 높은 자존감과 자신감을 갖기를 원한다. 그러나 이런 자질은 고등학교에 들어간다고 해서 마술처럼 생기는 것이 아니다. 가족 문화에서 자연스럽게 길러지도록 해야 한다. 이 문제는 자녀들이 어릴 때부터 고민해야 한다. 아이들은 힘든 일을 해내고 무엇이 좋은 방법인지 익히면서 자존감을 키운다.

'한계비용'의 오류를 피하라

금융학 및 경제학에서는 여러 투자 대안을 고려할 때 매몰비용이나 고정비용을 무시하고 한계비용과 한계매출을 토대로 결정 내려야 한다고 가르친다. 그러나 이런 원칙은 기업들이 미래에 필요한 역량을 창출하도록 이끄는 것이 아니라 과거에 성공하기 위해 확보한 요소를 활용하는 데 집중하게 만든다. 미래가 과거와 똑같다면 상관없다. 그러나 거의 언제나 그렇듯 미래가 다르게 펼쳐진다면 문제가 생긴다.

한계비용 이론은 (감옥에 가지 않도록) 도덕적인 삶을 사는 문제와 연관된다. 살다보면 자신도 모르게 한계비용 이론을 삶에 적용하는 경우가 많다. 예를 들어 옳은 일과 잘못된 일 사이에서 갈등할 때 '일반적인 경우에는 하면 안 되는 일이야. 하지만 딱 한 번만 하는 정도는 정상 참작이 돼'라는 생각이 든다. 잘못된 일을 '딱 한 번만' 하는 데 따른 한계비용은 언제나 유혹적일 만큼 낮아 보인다. 그래서 당신을 꼬드기면서 그 길의 종착지와 그 선택에 따른 전체 비용을 보지 못하게 만든다. 부정과 거짓에 대한 온갖 합리화는 '딱 한 번'의 한계비용을 따지는 태도에서부터 이뤄진다.

나도 '딱 한 번만'이라는 생각이 지닌 위험을 깨달은 적이 있다. 나는 옥스퍼드에 다닐 때 농구부원이었다. 우리는 열심히 노력한 끝에 무패의 전적으로 시즌을 끝마쳤다. 당시 팀원들은 내게 최고의 친구였다. 우리는 영국의 대학농구대회에 출전해 4강전까지 진출했다. 문제는 4강 경기가 일요일에 열린다는 것이었다. 나는 열여섯 살 때 일요일에는 절대 경기를 뛰지 않겠다고 하느님께 다짐했다. 그래서 감독에게 사정을 설명했다. 감독은 믿을 수 없다는 반응이었다. 팀 동료들도 마찬가지였다. 내가 주전 센터였기 때문에 더욱 그랬다. 모든 팀원이 내게 "경기에 출전해야 돼. 한 번만 규칙을 깨면 안 돼?"라고 말했다.

나는 신앙심이 깊은 사람이기에 답을 구하기 위해 기도를 올린 끝에 다짐을 어기면 안 된다는 확신을 얻었다. 결국 경기에 출전하지 않았다.

이 결정은 여러모로 사소한 것이었다. 그날은 앞으로 맞을 수천 번의 일요일 중 하나에 불과했다. 이론적으로는 분명 딱 한 번만 선을 넘고 다시 그러지 않으면 괜찮았다. 그러나 돌이켜보면 '특별한 경우에는 딱 한 번만 해도 괜찮아'라는 논리를 내세운 유혹에 맞서는 것은 내 삶에서 가장 중요한 결정 중 하나였다. 왜 그럴까? 살다보면 특별한 경우가 연이어 생기기 때문이다. 내가 그날 선을 넘었다면 이후에도 계속 그랬을 것이다.

내가 그때 얻은 교훈은 원칙을 98퍼센트만 지키는 일보다 100퍼센트 지키는 일이 더 쉽다는 것이다. 나의 많은 동창이 그랬듯이 한계비용을 핑계로 '딱 한 번'의 유혹에 넘어가면 결국 후회할 것이다. 스스로 지키고자 하는 가치를 정하고 안전한 지점에서 선을 그어야 한다.

겸손의 중요성을 명심하라

이 통찰은 하버드 대학에서 겸손에 대한 강의를 하면서 얻은 것이다. 학생들에게 자신이 아는 가장 겸손한 사람이 어떤 특징을 지녔는지 물었다. 그 결과 한 가지 공통점이 두드러졌다. 바로 자존감이 높다는 것이었다. 그들은 자신이 어떤 사람인지 알았고, 자신의 정체성에 만족했다. 또 다른 특징은 자기비하적 태도가 아니라 다른 사람을 존중하는 태도였다.

겸손한 마음에서는 선한 행동이 자연스럽게 흘러나온다. 예를 들어 겸손한 사람은 절대 도둑질을 하지 않는다. 상대방을 존중하기 때문이다. 또한 거짓말도 절대 하지 않는다.

겸손한 태도로 세상을 살아가는 것이 대단히 중요하다. 명문 경영대학원에 들어가기 전까지는 부모, 교수, 상사 등 자신보다 똑똑하고 경험 많은 사람에게서 대부분의 교훈을 얻는다. 그러나 졸업한 후에는 매일 접하는 대부분의 사람이 자신보다 똑똑하지 않을 수 있다. 그렇다고 자기보다 똑똑한 사람에게서만 배울 게 있다는 생각을 가지면 학습 기회가 몹시 제한된다. 반면 겸손한 태도로 모든 사람에게서 무엇이든 배우려고 노력하면 무한한 학습 기회가 열린다.

긍정적인 자아상을 가져야만 겸손할 수 있다. 이런 경우엔 주위 사람들도 긍정적인 자아상을 갖도록 도와주고 싶은 생각이 든다. 오만한 태도로 다른 사람들을 괴롭히거나 함부로 대하는 것은 거의 언제나 자존감이 부족한 탓이다. 자존감이 부족하면 다른 사람을 무시해야만 자신이 더 나은 듯한 기분을 느낄 수 있다.

올바른 잣대를 선택하라

작년에 나는 암 진단을 받고 예상보다 빨리 생을 마감할 가능성에 직면했다. 다행히 이제는 그럴 일이 없을 것 같다. 이 경험은 내게 삶에 대한 중요한 통찰을 안겼다.

나는 기업들이 나의 연구 성과를 활용해 엄청난 매출을 올린다는 사실을 잘 알고 있다. 또한 내가 상당한 영향력을 지녔다는 사실도 안다. 그러나 죽을병에 걸리고 보니 그 영향력이란 것이 아무런 의미도 없었다. 하느님이 나의 삶을 평가할 잣대는 돈이 아니라 나로 인해 삶을 바꾼 사람들이었다.

나는 이 잣대가 모든 사람에게 유효할 것이라고 생각한다. 당신이 얼마나 두각을 드러냈는지는 신경 쓰지 마라. 다른 사람들이 더 나은 삶을 살도록 도와주고 있는지만 신경 써라. 나의 마지막 조언은 어떤 잣대로 자신의 삶을 평가할 것인지 생각하고, 그 잣대에 따라 성공적인 삶을 살겠다고 다짐하라는 것이다.

[2010년 7월호]

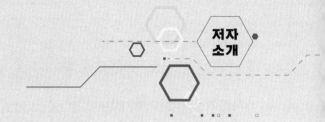

클레이튼 크리스텐슨^{CLAYTON M. CHRISTENSEN}
파괴적 혁신 이론의 주창자이자 최고 권위자로 하버드 경영대학원에서 경영 관리를 가르치고 있다. 세계적인 전략 혁신 컨설팅 그룹 기업인 이노사이트와 투자 기업인 로즈 파크 어드바이저스, 비영리 싱크탱크인 '파괴적 혁신을 위한 클레이튼 크리스텐슨 연구소'의 공동 설립자이기도 하다. 파괴적 혁신 이론을 다룬 『혁신기업의 딜레마』, 『성장과 혁신』, 『미래 기업의 조건』이 베스트셀러가 되면서 세계적 경영사상가로 명성을 얻었으며, 이외에도 『이노베이터 DNA』, 『당신의 인생을 어떻게 평가할 것인가』, 『일의 언어』 등 많은 책을 펴냈다. 경영학계의 노벨상으로 불리는 '싱커스 50'에 두 차례나 세계 최고의 경영사상가 중 1위로 선정되었다.

리처드 올턴^{RICHARD ALTON}
하버드 경영대학원 성장 및 혁신 포럼 수석 연구원.

조지프 바워^{JOSEPH L. BOWER}
하버드 경영대학원 교수.

스콧 쿡^{SCOTT COOK}
인튜이트 공동 창립자 겸 대표.

태디 홀^{TADDY HALL}
뉴욕 소재 광고연구재단 최고전략책임자.

마크 존슨^{MARK W. JOHNSON}
세계적인 전략 혁신 컨설팅 그룹 기업 이노사이트(Innosight)의 공동 설립자 겸 대표.

헤닝 카거만 HENNING KAGERMANN
독일의 소프트웨어 기업 SAP AG의 전 대표.

스티븐 카우프먼 STEPHEN P. KAUFMAN
전 애로 일렉트로닉스(Arrow Electronics) 대표, 하버드 경영대학원 선임 강사.

로리 맥도날드 RORY MCDONALD
하버드 경영대학원 조교수.

마이클 오버도프 MICHAEL OVERDORF
하버드 경영대학원 연구원.

마이클 레이너 MICHAEL E. RAYNOR
딜로이트 리서치(Deloitte Research) 소장, 캐나다 리처드 아이비 경영대학원 교수.

커티스 라이징 CURTIS RISING
외적 성장 및 리더십 평가에 초점을 둔 컨설팅 기업 하버드 스퀘어 파트너스(Harvard Square Partners) 대표.

윌리 시 WILLY C. SHIH
IBM, 실리콘 그래픽스(SGI), 코닥에서 임원 역임, 현재 하버드 경영대학원 교수.

매슈 벌린든 MATTHEW VERLINDEN
국제 전략 컨설팅 기업 인테그럴(Integral) 대표.

앤드루 월덱 ANDREW WALDECK
매사추세츠주 워터타운 소재 이노사이트 파트너.

맥스웰 웨슬 MAXWELL WESSEL
하버드 경영대학원 선임 연구원이자 성장 및 혁신 포럼 연구원.

찾아
보기

파괴적 혁신 4.0

지은이	클레이튼 크리스텐슨
옮긴이	김태훈
펴낸이	박숙정
펴낸곳	세종서적(주)
주간	정소연
책임편집	이진아
편집	김하얀
디자인	전성연 전아름
마케팅	임종호
경영지원	홍성우
출판등록	1992년 3월 4일 제4-172호
주소	서울시 광진구 천호대로132길 15, 세종 SMS 빌딩 3층
전화	경영지원 (02)778-4179, 마케팅 (02)775-7011
팩스	(02)776-4013
홈페이지	www.sejongbooks.co.kr
네이버포스트	post.naver.com/sejongbooks
페이스북	www.facebook.com/sejongbooks
원고 모집	sejong.edit@gmail.com

초판 1쇄 발행 2018년 7월 31일
　　5쇄 발행 2023년 7월 15일

ISBN 978-89-8407-722-5 03320